Christian Rabini | Katharina Dimmroth
Klaus Brummer | Mischa Hansel

# Entscheidungsträger in der deutschen Außenpolitik

Führungseigenschaften und politische Überzeugungen
der Bundeskanzler und Außenminister

Nomos

Das Werk wurde mit Mitteln der Deutschen Forschungsgemeinschaft (DFG) gefördert.

**Die Deutsche Nationalbibliothek** verzeichnet diese Publikation in
der Deutschen Nationalbibliografie; detaillierte bibliografische
Daten sind im Internet über http://dnb.d-nb.de abrufbar.

ISBN 978-3-8487-6784-7 (Print)
ISBN 978-3-7489-0888-3 (ePDF)

Onlineversion
Nomos eLibrary

1. Auflage 2020

# Danksagung

Das Interesse an der deutschen Außenpolitik teilen wir mit vielen ForscherInnen. Zugleich hoffen wir mit diesem Band einen neuen Beitrag zu dieser Debatte beisteuern zu können, und zwar einen, bei dem die Eigenschaften und Eigenheiten von Bundeskanzlern und Außenministern im Mittelpunkt stehen. Hierfür wurden Analyseinstrumente entwickelt, mit deren Hilfe die Führungseigenschaften (*leadership traits*) und politischen Überzeugungen (*operational codes*) der maßgeblichen deutschen außenpolitischen EntscheidungsträgerInnen computergestützt mittels der Auswertung von deutschen Sprechakten erhoben werden können.

Ohne die Förderung durch die Deutsche Forschungsgemeinschaft (DFG) wäre die Durchführung des Projekts (Projektnummer 288437573) nicht möglich gewesen. Von daher möchten wir uns ausdrücklich für diese Unterstützung bedanken, die zwischen 2016 und 2019 für das Projekt „Individuals Matter: Überzeugungen und Führungsstile in der deutschen Außenpolitik" erfolgte.

Im Projekt entstandene Arbeitspapiere wurden auf einer Reihe von nationalen und internationalen Konferenzen und Workshops vorgestellt. Hierzu zählen: das 40. Jahrestreffen der *International Society of Political Psychology* in Edinburgh (2017), die 11. Pan-European Conference der *European International Studies Association* in Barcelona (2017), die DVPW-IB-Sektionstagung in Bremen (2017), die 43. und 44. Jahreskonferenz der *British International Studies Association* in Bath (2018) bzw. London (2019), die 5. *European Workshops in International Studies* in Groningen (2018) sowie die 59. und 60. Jahreskonferenz der *International Studies Association* (ISA) in San Francisco (2018) bzw. Toronto (2019). Das Projekt wurde ferner im Rahmen von Forschungsseminaren an den Universitäten von Edinburgh und Indiana (Bloomington, USA) präsentiert.

Mit Blick auf inhaltliche Anmerkungen und konstruktive Kritik gilt unser Dank insbesondere Michael Young, der gerade bei der Erstellung der im Rahmen des Projekts entwickelten Kodierungsschemata unschätzbare Unterstützung leistete. Besonderer Dank gilt ferner den Teilnehmern eines Workshops, der im Rahmen des Projekts im Frühjahr 2019 in Eichstätt durchgeführt wurde. Neben Michael Young waren dies Stephen Benedict Dyson, Sebastian Harnisch, Friedrich Kießling, Kai Oppermann und Wolfgang Wagner. Weitere hilfreiche Anregungen erhielten wir von Margaret

Hermann, Stephen Walker, Jamie Gaskarth, James Strong, Felix Bethke und Thomas Jamieson.

Ebenfalls bedanken möchten wir uns bei Mirko Beckers, Fabio Jacob, Joshua Meier, Susanna Schmitt und Kaya Van der Wyst, die als studentische bzw. wissenschaftliche Hilfskräfte an der KU Eichstätt-Ingolstadt bzw. der RWTH Aachen zum Gelingen des Projekts beigetragen haben.

München/Stuttgart/Eichstätt/Herzogenrath, im April 2020
Christian Rabini, Katharina Dimmroth,
Klaus Brummer und Mischa Hansel

# Inhaltsverzeichnis

# Abbildungsverzeichnis

# Verzeichnis wichtiger Abkürzungen

| | |
|---|---|
| AM | Außenminister |
| BACE | *Belief in the ability to control events* |
| BK | Bundeskanzler |
| CC | *Conceptual complexity* |
| DIS | *Distrust in others* |
| EU | Europäische Union |
| GG | Grundgesetz |
| IGB | *In-group bias* |
| LT | *Leadership trait* |
| MW | Mittelwert |
| NATO | Nordatlantische Allianz |
| OC | *Operational code* |
| PWR | *Need for Power* |
| SA | Standardabweichung |
| SC | *Self-confidence* |
| TASK | *Task focus* |
| VICS | *Verbs in Context System* |

# 1. Einleitung

Seit Gründung der Bundesrepublik haben einzelne EntscheidungsträgerInnen die deutsche Außenpolitik maßgeblich geprägt. Sinnbildlich hierfür stehen Verbindungen von Personen und Politiken, wie Adenauers Politik der Westbindung oder Brandts Neue Ostpolitik. Diese Hervorhebung von einzelnen Personen steht im deutlichen Gegensatz zur politikwissenschaftlichen Auseinandersetzung mit der deutschen Außenpolitik. Hier stehen strukturelle Erklärungsfaktoren im Mittelpunkt, während individuelle EntscheidungsträgerInnen kaum Beachtung finden.

Dieser Band möchte zeigen, wie in der theoriegeleiteten Forschung zur deutschen Außenpolitik der Blick stärker auf einzelne EntscheidungsträgerInnen – genauer: auf Bundeskanzler und Außenminister – gerichtet werden kann. Zu diesem Zweck entwickeln wir Analyseinstrumente, die eine standardisierte Erfassung von bestimmten Eigenschaften und Eigenheiten von außenpolitischen EntscheidungsträgerInnen in Deutschland auf der Grundlage deutscher Sprechakte ermöglichen. Im Mittelpunkt stehen dabei zum einen Führungseigenschaften (*leadership traits*) und zum anderen politische Überzeugungen (*operational codes*). Außerdem illustrieren wir, wie diese Instrumente für empirische Untersuchungen nutzbar gemacht werden können und dabei nicht nur zum besseren Verständnis von deutscher Außenpolitik, sondern auch zu grundlegenden Debatten im Bereich der theoriegeleiteten Außenpolitikforschung (*Foreign Policy Analysis*) beitragen.

Die Analyseinstrumente sowie die empirischen Anwendungen werden im weiteren Verlauf dieses Bandes angeführt. In dieser Einleitung geht es zunächst darum, die Relevanz individueller EntscheidungsträgerInnen in der und für die deutsche Außenpolitik darzulegen (Kapitel 1.1) wie auch zu verdeutlichen, dass ein solcher Zugang in theoriegeleiteten Untersuchungen der deutschen Außenpolitik bislang kaum Beachtung gefunden hat (Kapitel 1.2). Die Ausführungen enden mit Hinweisen zur Struktur des Bandes (Kapitel 1.3).

## 1.1 Auf den Bundeskanzler und die Außenminister kommt es (auch) an

Wie eingangs angeführt, ist die Personalisierung von Außenpolitik nichts Ungewöhnliches im deutschen Kontext. Die hierdurch angezeigte prägende Rolle von Einzelpersonen kommt nicht von ungefähr in der deutschen „Kanzlerdemokratie" (Baring 1969; Niclauß 2015). Zu deren Merkmalen zählen schließlich die Festschreibung einer hervorgehobenen Rolle des Bundeskanzlers im Grundgesetz, die Personalisierung von Politik in Verbindung mit der medialen Fokussierung auf den Bundeskanzler sowie „ein deutliches Engagement des Bundeskanzlers in der Außenpolitik" (Niclauß 2015: 64-65).

Artikel 65 GG legt allerdings nicht nur die Richtlinienkompetenz des Bundeskanzlers fest, sondern auch das Ressortprinzip. Innerhalb des vom Bundeskanzler mittels der Richtlinienkompetenz abgesteckten Rahmens „leitet jeder Bundesminister seinen Geschäftsbereich selbständig und unter eigener Verantwortung" (Art. 65 Abs. 2 GG). Entsprechend hat der Außenminister eine maßgebliche Rolle bei der Konzeption und Umsetzung der deutschen Außenpolitik. In Abwandlung eines früheren Wahlkampfslogans kommt es in der deutschen Außenpolitik demnach auf „den Bundeskanzler und den Außenminister an". Diese beiden Ämter und damit die jeweiligen AmtsinhaberInnen dominieren auch im deutschen Fall die „außenpolitische Exekutive", die laut Hill in erster Linie aus Regierungschef und Außenminister besteht und „a significant influence on policy" ausübt (Hill 2016: 63, 65)

Vor dem Hintergrund dieses für sich genommen wohl wenig überraschenden Befundes ist es dann aber durchaus erstaunlich, dass in der theoriegeleiteten politikwissenschaftlichen Auseinandersetzung mit der deutschen Außenpolitik diesen beiden Ämtern und umso mehr den Eigenschaften und Eigenheiten der jeweiligen AmtsträgerInnen bislang nur wenig Beachtung geschenkt worden ist. Stattdessen werden strukturelle und hier insbesondere gesellschaftlich verankerte Faktoren häufig in den Mittelpunkt der Untersuchung gestellt (siehe Kapitel 1.2).

In diesem Band wollen wir den Einfluss von strukturellen Erklärungsfaktoren keineswegs in Abrede stellen. Unseren Überlegungen liegt die Annahme zugrunde, dass Strukturen zwar Möglichkeits- und damit Handlungsräume eröffnen oder verschließen, ohne dabei jedoch spezifische Entscheidungen oder Handlungen zu determinieren. Zugleich können EntscheidungsträgerInnen etwaige aus Strukturen erwachsende Begrenzungen herausfordern und mitunter überwinden und auch auf diese Weise die deutsche Außenpolitik maßgeblich „individuell" beeinflussen und prägen.

Hinzu kommt, dass sich auf der Ebene der individuellen Entscheidungsträ-gerInnen empirisch beobachtbare Implikationen struktureller Ansätze (et-wa zum Einfluss vom Ämtern, „externen Schocks" oder Generationenzu-gehörigkeit) finden lassen, die mit Hilfe unserer Daten und Analyseverfah-ren erfasst und ausgewertet werden können. Auf diese Weise lassen sich Brücken zwischen strukturellen und akteurszentrierten Erklärungen schla-gen.

Vor diesem Hintergrund möchten wir den Blick darauf lenken, wie die individuellen Eigenschaften und Eigenheiten von EntscheidungsträgerIn-nen systematisch erhoben werden können und was sich hieraus wiederum für die deutsche Außenpolitik bzw. allgemein die theoriegeleitete Außen-politikforschung ableiten lässt. Zu diesem Zweck greifen wir nachfolgend zwei in der theoriegeleiteten Außenpolitikforschung seit Jahrzehnten eta-blierte „At-a-distance"-Methoden zur Untersuchung bzw. zum *profiling* von politischen EntscheidungsträgerInnen auf (Schafer 2000; Post 2005). Dies sind der *Leadership Trait*-Ansatz (LT-Ansatz) und der *Operational Code*-An-satz (OC-Ansatz). Während bei ersterem vergleichsweise stabile und the-menbereichsübergreifende Führungseigenschaften im Mittelpunkt stehen, richtet letzterer den Blick auf leicht(er) wandelbare und themenbereichs-spezifische politische Überzeugungen.

Der methodische Beitrag unserer Forschung besteht darin, die mit den beiden Ansätzen verbundenen Kodierungsschemata zur standardisierten Erhebung der Führungseigenschaften bzw. politischen Überzeugungen von EntscheidungsträgerInnen ins Deutsche übertragen zu haben. Nun-mehr können die Führungseigenschaften und Überzeugungen von deut-schen außenpolitischen EntscheidungsträgerInnen systematisch und inter-subjektiv auf der Grundlage von deutschsprachigen Texten computerge-stützt erhoben und, darauf gründend, empirische Studien durchgeführt werden (allgemein zu „text-as-data" siehe bspw. Grimmer und Stewart 2013). Wie die nachfolgende Literaturübersicht verdeutlicht, greifen wir damit einen Strang in der theoriegeleiteten Forschung zur deutschen Au-ßenpolitik auf, der bislang wenig Beachtung gefunden hat.

## 1.2 Theoriegeleitete Erklärungen deutscher Außenpolitik

In der nationalen wie internationalen Forschung zur deutschen Außenpo-litik findet sich eine signifikante Lücke hinsichtlich der Untersuchung des Einflusses individueller EntscheidungsträgerInnen. Die meisten theoriege-leiteten Analysen der deutschen Außenpolitik haben gemein, dass sie der

Rolle einzelner Akteure sowie allgemein von „agency" nur nachgeordnete Bedeutung beimessen, sofern sie überhaupt systematisch in den Blick genommen werden. Die zumeist aus institutioneller, liberaler oder konstruktivistischer Perspektive argumentierenden Studien rücken stattdessen zumeist strukturelle Faktoren in den Mittelpunkt der Erklärung.

Dies gilt für Studien, die auf internationale Institutionen (z.B. Rittberger 2001; Miskimmon 2012; Bulmer und Paterson 2013; Harnisch und Schild 2014; Staack 2000), strategisch-kulturelle Aspekte (z.B. Dalgaard-Nielsen 2006; Giegerich 2006; Dyson 2014) oder nationale Diskurse (z.B. Baumann 2006; Hellmann, Weber und Sauer 2008; Stahl 2012; Roos 2017) abheben. Es gilt ebenso für Arbeiten zu „Normalisierung" und Wandel der deutschen Außenpolitik (z.B. Baumann und Hellmann 2001; Karp 2005; Karp 2009; Oppermann 2012; Haftendorn 2001; Behrens 2005; Bredow 1993; Lüdeke 2002; Zagorski 2015; Banerjee 2000; Dyson und Saalfeld 2010) sowie für Beiträge zur Rolle von Deutschland als „Zivilmacht" (z.B. Maull 1990; Kirste und Maull 1996; Harnisch und Maull 2001; Brummer und Kießling 2019). Selbst in Studien, die auf innenpolitische Institutionen bzw. gesellschaftliche Einflüsse auf die deutsche Außenpolitik abheben (z.B. Harnisch 2010; Brummer 2014; Mader und Pötzschke 2014; Oppermann und Brummer 2014; Gast 2011; Ankel 2011; Helms 2001), spielen individuelle Eigenschaften von EntscheidungsträgerInnen häufig keine größere Rolle. Auch die Diskussion um die deutsche Führungsposition innerhalb Europas rekurriert kaum auf den Einfluss von Führungspersönlichkeiten. Stattdessen stehen hier ebenfalls institutionelle und kulturelle Faktoren als erklärende Variablen im Fokus (Schoeller 2015a; Paterson 2008, 2011; Cole 1998; Hellmann 2016; Guerot 2013; Janning 1996; Siddi 2018; Artmann et al. 2016; Link 2015; Hacke 1993; Rödder 2018; Kubbig und Nitsche 2005).

Der vorliegende Band rückt demgegenüber individuelle EntscheidungsträgerInnen in den Mittelpunkt der Untersuchung. Er ist verortet im größeren Kontext der Politischen Psychologie (Sears, Huddy und Jervis 2003; Cottam et al. 2010), die auch in der deutschen Forschungslandschaft zunehmende Beachtung findet (Hansel 2012: 291-338; Faas, Frank und Schoen 2015). (Außen-)Politisches Handeln erklärt sich danach nicht primär durch Umwelteinflüsse (im Falle der Außenpolitik etwa Machtverhältnisse, Handelsstrukturen oder gesellschaftliche Präferenzen) oder Institutionen (bspw. internationale Organisationen oder innenpolitische Vetospieler). Im Vordergrund stehen vielmehr einerseits die individuellen persönlichen Merkmale und Erfahrungen der EntscheidungsträgerInnen (Hermann 1980; Jervis 1976: 217-282). Andererseits werden allgemeine Erkenntnisse über die menschliche Informationsverarbeitung (Kognition) herangezogen (Cottam et al. 2010: 39-41; Fiske und Taylor 2010: 154-163, 216-223).

Im Gegensatz zu Forschungen zur deutschen Außenpolitik ist es in der internationalen Außenpolitikforschung durchaus üblich, aus einer theoriegeleiteten Perspektive die Persönlichkeitsfaktoren der politischen EntscheidungsträgerInnen als die zentrale Variable heranzuziehen. Dies gilt zuvorderst für Untersuchungen der Außenpolitik der USA (z.B. Walker, Schafer und Young 1998; Walker und Schafer 2000; Renshon 2009). Entsprechend konzipierte Studien finden sich aber auch für andere westliche Staaten wie Großbritannien (z.b. Dyson 2006; Dyson und Raleigh 2012; Schafer und Walker 2006a; Brummer 2016) oder Frankreich (Malici 2005).

Bei den politikwissenschaftlichen Studien, die bezogen auf die deutsche Außenpolitik zumindest auch nach dem Einfluss einzelner EntscheidungsträgerInnen fragen, fällt hingegen auf, dass sie zumeist historisch-deskriptiver Natur sind (z.b. Fröhlich 2001; Hacke 2004; Schwarz 1985a, b, 2004, 2012; Langguth 2009; Bierling 2014; Baring 1969; Rother und Larres 2018; Rother 2014; Klecha 2013; Blome 2013; Kornelius 2013; Hacke 2006, Schwarz 2011; Spohr 2013; Krause-Burger 2000; Bandulet 1970; Werth 1991; Kroegel 2009; Osterheld 1992; Seelow 2013). Neben Studien, in denen die außenpolitischen Beziehungen mit klassischen Verbündeten wie Frankreich (Hiepel 2009; Wirth 2007; Mantzke 1975; Schwabe 2005; Lind 1998; Baumann 2003), den USA (Müller-Brandeck-Bocquet 2007; Hofmann 2007; Michel 2010; Schwarz 2007; Heep 1990) und Israel (Fink 2014; Schmidt 2014; Wolffsohn 2018; Hansen 2002) untersucht werden, stehen dabei vor allem die Europapolitik der jeweiligen AmtsträgerInnen (Wilkens 2010; Meyer 2004; Schulz 2004; Grünhage 2007; Lappenküper 2000) und ihre persönlichen Beziehungen zu EntscheidungsträgerInnen anderer Staaten im Fokus (Hiepel 2012; Hildebrand 2004; Waechter 2011; Wiegrefe 2005; Loch 1963; Schoenborn 2014; Rosin 2007).

Die meisten Beiträge zielen dabei auf die Bundeskanzler ab. Nur wenige Untersuchungen beschäftigen sich ausschließlich mit deutschen Außenministern (Eibl 2001; Brauckhoff und Adam-Schwaetzer 2015; Bresselau von Bressensdorf 2015; Bellers 2005; Bude 1994; Wirsching 2010; Wintzer 2011; Thies 2006). Häufiger sind Studien, die Bundeskanzler und Außenminister gleichermaßen in den Fokus rücken und deren Außenpolitik im Abgleich mit weiteren AmtsträgerInnen untersuchen (Egle 2010; Egle et al. 2003; Baring und Schöllgen 2010; Blasius 1994; Kuper 1974; Wolffsohn 1986; Miard-Delacroix 1999; Peter 2010; Fischer 1996; Rödder 2011; Roloff 1995; Hacke 2005; Adam 2011; Szatkowski 2017; Copur 2012).

Zu den Ausnahmen für theoriegeleitete Analysen deutscher Außenpolitik, die einzelne EntscheidungsträgerInnen in den Mittelpunkt rücken, gehört eine Studie von Yoder (2011), die den Einfluss von Angela Merkels Persönlichkeit auf die deutsche Politik gegenüber der Europäischen Union und Russland untersucht. Brummer analysiert wiederum zum einen aus der Perspektive der *Prospect Theory* den Einfluss von Gerhard Schröders Risikoneigung auf die Entscheidung zur Teilnahme an der Intervention im Kosovo (Brummer 2012) und zum anderen die Folgen von Konflikten zwischen Mitgliedern der Bundesregierung während der ersten Amtszeit von Bundeskanzlerin Angela Merkel auf Entscheidungen zu Auslandseinsätzen der Bundeswehr (Brummer 2013a, b). Dabei verbindet Brummer Einsichten des bürokratietheoretischen Ansatzes mit der *Poliheuristic Theory of Decision Making*. Hansel und Oppermann (2014) beziehen die politischen Überzeugungen Guido Westerwelles in eine kontrafaktische Analyse der deutschen Nichtbeteiligung an der NATO-geführten Intervention in Libyen 2011 mit ein. Helms, Van Esch und Crawford (2019) untersuchen Angela Merkels außenpolitisches Handeln in der Euro- und Flüchtlingskrise unter dem Aspekt von *conviction leadership*.

Die im vorliegenden Band im Mittelpunkt stehenden Fragen von Führungseigenschaften (*leadership traits*) und politischen Überzeugungen (*political beliefs*) wurden ebenfalls vereinzelt aufgegriffen. Dies geschah jedoch in der Regel gestützt auf anderen theoretisch-konzeptionellen wie auch methodischen Zugängen als diejenigen, die nachfolgend zur Anwendung kommen. So analysiert Gottschalk (2013) in seinem Beitrag zu den Bundeskanzlern Erhard und Adenauer, welche Führungsinstrumente es Amtsinhabern ermöglichen, ihren Willen durchzusetzen. Harlen (2002) vergleicht wiederum die Führungsstrategien der Bundeskanzler Schmidt, Kohl und Schröder und baut dabei auf Korte auf, der zuvor den Regierungsstil Helmut Kohls analysiert hatte (Korte 1998).

Kohl ist bereits mehrfach zum Fokus von Untersuchungen zu Führungsstilen geworden. Stüwe (2006) vergleicht den Regierungsstil von Schröder und Kohl, die von ihm beide als Beispiele für informelles Regieren benannt werden. Schmidtke (2001) nutzt in ihrem Vergleich der Regierungsstile Helmut Kohls und Konrad Adenauers das Konzept der Kanzler- und Parteiendemokratie, wobei sie Adenauer einen eher kanzlerdemokratischen und Kohl einen parteiendemokratischen Führungsstil attestiert. Helms (2016) wiederum nutzt in einer Studie das *leadership capital*-Konzept, indem er Kohls Kanzlerschaft in diesem Kontext untersucht und zum Schluss kommt, dass Kohl unter anderem durch seinen informellen Führungsstil in den drei *leadership capital*-Dimensionen *skill, relations* und *reputation* erfolgreich agierte.

Rosenberger (2015) entwirft einen eigenen Ansatz für die Untersuchung von „leadership", der Bundeskanzler Willy Brandt und seinen Führungsstil mithilfe der herangezogenen Dimensionen Persönlichkeit, Inhalt und Machttechnik analysiert. Die Studie von Tils (2011) zur Regierungssteuerung der Administrationen Schröder und Blair kommt zum Schluss, dass vor allem die individuellen Strategiefähigkeiten des Regierungschefs zum Erfolg einer Administration beitragen. Patzelt (2004) untersucht ebenfalls Schröders Regierungsstil, bezieht sich dabei aber fast ausschließlich auf innenpolitische Themen.

Kaspari (2008) analysiert die „politische Führung" von und durch Gerhard Schröder, hebt in empirischer Hinsicht allerdings auf die Wirtschafts- und Sozialpolitik ab und verwendet daher keine in der Außenpolitikforschung etablierten Konzepte. Olsen (2011) untersucht den Einfluss von Geschlecht und Persönlichkeit auf den Führungsstil innerhalb von Großen Koalitionen mithilfe eines Vergleichs von Kiesinger und Merkel, bezieht sich dabei aber empirisch auf Außen- wie Innenpolitik. Dyson (1998) betont die Wirkungskraft von Bundeskanzler Kohls strategischen Führungsfähigkeiten in Bezug auf die Etablierung einer europäischen Währungsunion, und Van Esch (2012) untersucht in diesem Kontext seine politischen Überzeugungen in Anlehnung an den Ansatz des *cognitive mapping*.

Der vorliegende Band setzt an solchen auf einzelne EntscheidungsträgerInnen abhebende Zugängen zur Erklärung der deutschen Außenpolitik an und erweitert diese um analytische Perspektiven, die auf weithin anerkannten theoretisch-konzeptionellen und methodischen Grundlagen basieren. Es kommt zur Anwendung von zwei in der theoriegeleiteten Außenpolitikforschung (Hudson 2013; Brummer und Oppermann 2019) entwickelten und in zahlreichen empirischen Studien erprobten Analyseansätzen. Dies sind der *Leadership Trait*-Ansatz (LT-Ansatz), der auf als weitgehend stabil geltende Führungseigenschaften abhebt, und der *Operational Code*-Ansatz (OC-Ansatz), der kurzfristig wandelbarere politische Überzeugungen in den Blick nimmt. Während diese Ansätze in der englischsprachigen Forschung seit Jahrzehnten etabliert sind und die Entwicklung einer Software für die computerbasierte Auswertung ihre quantitative Anwendung möglich macht, liegen entsprechende Studien zu deutschen Entscheidungsträgern kaum vor.

Die wenigen Ausnahmen nutzen oftmals qualitative Verfahren. Ashby (1969) untersucht die politischen Überzeugungen von Kurt Schumacher und Willy Brandt. Außerdem analysieren Brummer (2011) und Nykänen

(2016) die Überzeugungen von Angela Merkel. Die einzige quantitative Untersuchung zu deutschen EntscheidungsträgerInnen unter Nutzung des LT-Ansatzes bieten Van Esch und Swinkels (2015), die Angela Merkel in ihre Untersuchung der Reaktionen europäischer Regierungschefs auf die Eurokrise einbeziehen. Der Artikel wendet allerdings nur einen Ausschnitt der im LT-Ansatz angeführten Dimensionen an und wertet für die Bundeskanzlerin nur wenige Sprechakte aus. Die einzige quantitative Untersuchung von deutschen außenpolitischen Entscheidungsträgern unter Nutzung des OC-Ansatzes ist ein von Malici (2006) vorgelegter Artikel zu den außenpolitischen Überzeugungen Helmut Kohls, Hans-Dietrich Genschers, Klaus Kinkels, Gerhard Schröders und Joschka Fischers. Allerdings konnte diese Arbeit nicht auf die Vorteile eines standardisierten Codebuches für die Analyse deutschsprachiger Texte zurückgreifen und war somit ähnlich wie qualitative Untersuchungen auf die Auswertung einer relativ schmalen Textmenge beschränkt.

## 1.3 Zielsetzung und Struktur des Bandes

Die bisherigen Ausführungen legen nahe, dass Bundeskanzler und Außenminister zwar eine hervorgehobene Rolle in der deutschen Außenpolitik spielen, diese jedoch in theoriegeleiteten Untersuchungen bislang nur selten systematisch untersucht wurde. Der vorliegende Band hat entsprechend zum Ziel, zu dieser aus unserer Sicht noch „ausbaufähigen" Debatte beizutragen. Im Mittelpunkt stehen dabei zum einen die Führungseigenschaften und zum anderen die politischen Überzeugungen der zentralen Mitglieder der außenpolitischen Exekutive Deutschlands.

Wie im Fazit (Kapitel 6) noch genauer erläutert wird, erheben wir nicht den Anspruch, dass diese über den LT-Ansatz bzw. den OC-Ansatz gelegten Zugänge die einzig relevanten oder gar möglichen sind, um den Einfluss individueller Eigenschaften und Eigenheiten von Bundeskanzlern und Außenministern auf die deutsche Außenpolitik zu untersuchen. Jedoch handelt es sich um zwei im Feld *Foreign Policy Analysis* seit Jahrzehnten etablierte und bewährte Zugänge (Hermann 1980, 2005; Leites 1951; George 1969; Walker, Schafer und Young 1998). Aufgrund dessen erscheint uns die grundsätzliche Relevanz dieser Ansätze in der Disziplin unstrittig. Für eine Einordnung von OC- und LT-Analysen in den Kontext psychologischer Außenpolitikforschung insgesamt sei an dieser Stelle auf Dyson und Briggs (2017) sowie auf Brummer und Oppermann (2019: 135-210) verwiesen. Im Folgenden richten wir den Blick hingegen darauf, wie der LT- und der OC-Ansatz für die Forschung zur deutschen Außenpolitik nutzbar gemacht werden können. Zugleich zeigen wir, wie auf dieser im Feld der theoriegeleiteten Außenpolitikforschung weithin geteilten Grundlage der „deutsche Fall" zu grundlegenderen Debatten zu Führungseigenschaften und politischen Überzeugungen und damit zur Rolle von Individuen in der Außenpolitik beitragen kann.

Die weitere Diskussion ist wie folgt gegliedert. In den nächsten beiden Kapiteln stehen die neu entwickelten Analyseinstrumente im Mittelpunkt. In Kapitel 2 geht es um das deutschsprachige Kodierungsschema für den LT-Ansatz und in Kapitel 3 um dasjenige für den OC-Ansatz. In beiden Kapiteln stellen wir zunächst jeweils die beiden Analyseansätze allgemein dar, um anschließend anzuführen, wie das deutschsprachige LT- bzw. OC-Kodierungsschema entwickelt wurde und auf welcher Datengrundlage das *profiling* der bundesdeutschen außenpolitischen EntscheidungsträgerInnen für den einen bzw. anderen Ansatz erfolgte. Kapitel 4 stellt die Persönlichkeitsprofile aller deutschen Bundeskanzler sowie von Bundeskanzlerin Merkel und aller Außenminister bezogen auf ihre Führungseigenschaften sowie ihre politischen Überzeugungen dar. Außerdem gleichen wir in vier Fällen (Adenauer, Brandt, Kohl und Merkel) diese Befunde mit den Einschätzungen der jeweiligen Persönlichkeiten ab, die in politischen Biographien zu finden sind. Kapitel 5 bietet schließlich eine Reihe von empirischen Anwendungen. Hierbei diskutieren wir sowohl Fragen, die speziell für die deutsche Außenpolitik von Relevanz sind (etwa nach einem außenpolitischen Rollenwandel nach der Wiedervereinigung) wie auch solche, die für die theoriegeleitete Außenpolitikforschung im Allgemeinen wichtig sind (bspw. bezüglich der Wandelbarkeit von Führungseigenschaften und politischen Überzeugungen oder nach den Quellen, aus denen sich diese überhaupt speisen). Das abschließende Kapitel 6 fasst die zentralen Ergebnisse zusammen, zeigt auf, wie diese mit strukturellen Zugängen zur Erklärung deutscher Außenpolitik verknüpft werden können, und gibt Anregungen für die weitere Forschung.

## 2. Führungseigenschaften

Dieses Kapitel geht der Frage nach, wie Führungseigenschaften von EntscheidungsträgerInnen im Allgemeinen und deutschsprachigen EntscheidungsträgerInnen im Speziellen erfasst werden können. Hierzu wird zunächst der *Leadership Trait*-Ansatz (LT-Ansatz) eingeführt (Kapitel 2.1). Anschließend erörtern wir, wie das Kodierungsschema, mittels welchem die im LT-Ansatz erfassten Führungseigenschaften erhoben werden können und welches bislang nur zur Auswertung von englischsprachigen Texten vorlag, ins Deutsche übertragen werden kann (Kapitel 2.2). Dabei geht es nicht um eine reine Übersetzung des Wörterbuchs und der Kodierungsregeln des englischsprachigen Schemas. Es geht vielmehr darum, ein Kodierungsschema zu erstellen, welches einerseits den Besonderheiten der deutschen Sprache gerecht wird und andererseits Ergebnisse hervorbringt, die mit den Ergebnissen vergleichbar sind, die mittels des englischsprachigen Schemas generiert werden. Mit Adcock und Collier (2001) lässt sich hier zum einen auf die „context sensitivity" verweisen, laut welcher Konzepte und deren Messungen bzw. Operationalisierungen den jeweiligen Kontexten ausreichend Rechnung zu tragen haben, und zum anderen auf die „measurement equivalence", die gewährleisten soll, dass in unterschiedlichen Kontexten erhobene Ergebnisse auch miteinander vergleichbar sind. Abschließend wird in diesem Kapitel angeführt, welches Datenmaterial – genauer gesagt: welche Art von Sprechakten – zusammengetragen wurde, um die Führungseigenschaften der bundesdeutschen außenpolitischen EntscheidungsträgerInnen zu ermitteln (Kapitel 2.3).[1]

---

1 Teile der Überlegungen der Kapitel 2.2 und 2.3 finden sich auch in unserem Artikel „Profiling Foreign Policy Leaders in Their Own Language: New Insights into the Stability and Formation of Leadership Traits", der im *British Journal Politics and International Relations* erschienen ist (Rabini et al. 2020), sowie im Beitrag mit dem Titel „Profiling Leaders in German" im Forum zum Thema „Coding in Tongues: Developing Non-English Coding Schemes for Leadership Profiling", der in *International Studies Review* erscheinen wird (Brummer et al. 2020).

## 2.1 Der Leadership Trait-*Ansatz*

*Grundsätzliche Annahmen*

In Abkehr von *Rational Choice*-Ansätzen nimmt der LT-Ansatz durch die Erstellung eines Persönlichkeitskonzeptes, welches Kognitionen, Dispositionen und Motivationen von EntscheidungsträgerInnen berücksichtigt, den Einfluss von Individuen auf außenpolitische Entscheidungsprozesse und Entscheidungen in den Blick und versucht diesen zu erklären (Frank 2017: 447-449). Im Mittelpunkt des Ansatzes stehen einzelne Führungseigenschaften (*leadership traits*) und sich daraus ergebende Führungsstile (*leadership styles*) (Hermann 1980, 1984, 2005).[2] Margaret Hermann, die Begründerin des Ansatzes, definiert Führungsstil als „the ways in which leaders relate to those around them – whether constituents, advisers, or other leaders – and how they structure interactions and the norms, rules, and principles they use to guide such interactions" (Hermann 2005: 181). Der Führungsstil von EntscheidungsträgerInnen setzt sich wiederum zusammen aus einer Reihe von Führungseigenschaften, die Aufschluss über den Umgang der Akteure mit Restriktionen, deren Offenheit gegenüber Informationen sowie deren Motivation geben.

Der LT-Ansatz erfasst insgesamt sieben Führungseigenschaften. An diesen wird deutlich, dass der Ansatz nicht exklusiv auf „personality traits" abhebt, sondern, wie bereits angedeutet, auch kognitive Aspekte um- und damit erfasst. Die Führungseigenschaften lauten wie nachfolgend angeführt, wobei in Klammern stets die englische Bezeichnung und die daraus abgeleiteten Akronyme benannt werden:

- Glaube an die eigenen Kontrollfähigkeiten (*belief in the ability to control events*; BACE);
- Machtbedürfnis (*need for power*; PWR);
- Konzeptionelle Komplexität (*conceptual complexity*; CC), verstanden als die Fähigkeit, unterschiedliche Facetten und Nuancen eines Sachverhalts oder von anderen Personen zu erkennen;
- Selbstbewusstsein (*self-confidence*; SC);
- Aufgaben- bzw. Beziehungsorientierung (*task focus*; TASK), also ob EntscheidungsträgerInnen zuvorderst auf die Lösung von Problemen oder aber auf die Pflege von Beziehungen abheben;
- Misstrauen gegenüber Anderen (*distrust of others*; DIS); und

---

2  Eine ausführliche deutschsprachige Einführung in den Ansatz, in der auch zahlreiche empirische Anwendungen angeführt werden, findet sich in Brummer und Oppermann (2019): Kapitel 10.

• Eigengruppenfavorisierung (*in-group bias*; IGB), im Sinne einer Bevorzugung der für EntscheidungsträgerInnen maßgeblichen Gruppe – diese kann beispielsweise sozial, politisch oder ethnisch definiert sein – gegenüber anderen Gruppen.

Mit bestimmten, d.h. „hohen" oder „niedrigen" Ausprägungen von diesen Führungseigenschaften sind eine Reihe von Verhaltenserwartungen verknüpft (wie genau diese Einordnungen in hoch bzw. niedrig erfolgen, wird weiter unten diskutiert). Abbildung 2.1 illustriert die angenommenen Zusammenhänge zwischen Führungseigenschaften und Verhalten.

*Abbildung 2.1: Führungseigenschaften und Verhaltenserwartungen*

| Führungseigenschaft | Exemplarische Verhaltenserwartung bei einer... | |
|---|---|---|
| | ...*hohen* Ausprägung der Führungseigenschaft | ...*niedrigen* Ausprägung der Führungseigenschaft |
| Glaube an die eigenen Kontrollfähigkeiten (BACE) | • Aktive Einbindung in Entscheidungsprozesse<br>• Geringe Bereitschaft zur Delegation von Aufgaben | • Eher zögerliches und abwartendes Verhalten<br>• Geringe Neigung, Initiative zu ergreifen |
| Machtbedürfnis (PWR) | • Fokus auf Eigennutzenmaximierung<br>• Geringe Rücksichtnahme auf andere Personen | • Bereitschaft zur Einordnung in Entscheidungsgruppen<br>• Fokus auf Ausgleich und Fairness |
| Konzeptionelle Komplexität (CC) | • Betrachtung von Situationen aus unterschiedlichen Blickwinkeln<br>• Offenheit für neue Informationen und Ratschläge | • Eigene Intuition wesentlich<br>• Stereotype Vorstellungen von Sachverhalten und/oder Personen |
| Selbstvertrauen (SC) | • Geringe Neigung zur kritischen Auseinandersetzung mit sich selbst und/oder Sachverhalten<br>• Ignorierung oder Uminterpretation von „unpassenden" Informationen | • Zögerlich bei Entscheidungen; Dritte haben großen Einfluss auf Entscheidungsfindung<br>• Erratische und wenig konsistente Positionen |
| Aufgaben- bzw. Beziehungsorientierung (TASK) | • Fokus auf Aufgaben und/oder Themen<br>• Gruppen dienen primär als Mittel zur Bearbeitung oder Lösung von Problemen | • Fokus auf Beziehungen<br>• Beziehungen zwischen Gruppenmitgliedern und Gruppenzusammenhalt zentral |

| Führungseigenschaft | Exemplarische Verhaltenserwartung bei einer… | |
|---|---|---|
| | …*hohen* Ausprägung der Führungseigenschaft | …*niedrigen* Ausprägung der Führungseigenschaft |
| Misstrauen gegenüber Anderen (DIS) | • Kategorischer Argwohn gegenüber Handlungen und Motivationen von Dritten (insb. Widersachern) <br> • Erwartung an hohe Loyalität der Mitglieder der eigenen Gruppe | • Unvoreingenommeneres Bild gegenüber Dritten <br> • Misstrauen nicht ausgeschlossen, aber situativ bzw. situationsspezifisch |
| Eigengruppenfavorisierung (IGB) | • Wahrung der Eigenständigkeit der eigenen Gruppe zentral <br> • Mangelnde Differenzierung von sowie Schuldzuweisungen an andere Gruppen | • Keine kategorischen Abgrenzungen zu anderen Gruppen <br> • Geringere Neigung, andere Gruppen für die eigenen Probleme verantwortlich zu machen |

Quelle: Eigene Darstellung basierend auf Hermann (2005).

Die Führungseigenschaften stellen die Grundlage für die beiden weiteren im LT-Ansatz enthaltenen Ebenen dar. Diese ergeben sich aus der Interaktion der einzelnen Führungseigenschaften zu zwischengelagerten Dimensionen sowie schließlich zu Führungsstilen (siehe Abbildung 2.2). Diese Ebenen werden nachfolgend jedoch nur kurz dargestellt. Grund hierfür ist, dass in diesem Band – wie auch in den meisten anderen Studien, die den LT-Ansatz nutzen – der Fokus auf den dargestellten Führungseigenschaften liegt.

Auf der zweiten Ebene erlaubt die Kombination der Führungseigenschaften BACE und PWR Rückschlüsse darauf, ob EntscheidungsträgerInnen Restriktionen angehen oder diese respektieren. Die Interaktion von CC und SC zeigt wiederum an, ob EntscheidungsträgerInnen offen bzw. geschlossen gegenüber Informationen sind. Und die Interaktion von TASK, DIS und IGB gibt Hinweise auf die Motivation von EntscheidungsträgerInnen (im Sinne von: Problem- oder Beziehungsfokus).

Die jeweiligen Ausprägungen lassen sich auf der dritten Ebene des Ansatzes zu „Führungsstilen" (*leadership styles*) aggregieren. So steht beispielsweise das Angehen von Restriktionen, eine Geschlossenheit gegenüber Informationen sowie ein Problemfokus für einen „expansionistischen" Führungsstil oder das Respektieren von Restriktionen, die Offenheit für Informationen sowie ein Beziehungsfokus für einen „kollegialen" Führungsstil.

Mit jedem der insgesamt acht Führungsstile sind bestimmte Verhaltenserwartungen verknüpft (siehe Hermann 2005: 185).

*Abbildung 2.2: Der Leadership Trait-Ansatz*

| Ebene I:<br>Führungs-<br>eigenschaften<br>(*leadership traits*) | 1. Kontrolle über Entwicklungen<br>2. Machtbedürfnis | 3. Konzeptionelle Komplexität<br>4. Selbstvertrauen | 5. Aufgabenfokus<br>6. Misstrauen gegenüber Anderen<br>7. *In-group bias* | | | |
|---|---|---|---|---|---|---|
| | ↓ | ↓ | ↓ | | | |
| **Ebene II:**<br>**Dimensionen** | Umgang mit Restriktionen | Offenheit für Informationen | Motivation | | | |
| | | | | Problemfokus | Beziehungsfokus | |
| | ↓ | ↓ | ↓ | | ↓ | |
| | Geht Restriktionen an | Geschlossen gegenüber Informationen | Expansionistisch | | Evangelistisch | |
| | Geht Restriktionen an | Offen für Informationen | Aktiv-unabhängig | | Direktiv | |
| | Respektiert Restriktionen | Geschlossen gegenüber Informationen | Inkrementell | | Einflussreich | |
| | Respektiert Restriktionen | Offen für Informationen | Opportunistisch | | Kollegial | |

**Ebene III:**
**Führungsstile**
(*leadership styles*)

Quelle: Brummer und Oppermann (2019): 223.

Problematisch an der Zusammenführung der einzelnen Führungseigenschaften zu Führungsstilen ist, dass dieser Schritt alles andere als eindeutig ist. Gerade wenn EntscheidungsträgerInnen durchschnittliche Werte aufweisen[3], lassen sich keine validen Rückschlüsse für die auf der zweiten

---

3 Die Frage nach „durchschnittlichen" bzw. „hohen" oder „niedrigen" Werten in den Führungseigenschaften wird nachfolgend genauer erörtert.

Ebene vorzufindenden Dimensionen (Umgang mit Restriktionen etc.) ziehen, weshalb sich dann auch die Erhebung von Führungsstilen nicht eindeutig bewerkstelligen lässt. Diese Unklarheiten sind vermutlich maßgeblich dafür, dass sich die meisten LT-Studien auf die Führungseigenschaften beziehen und nicht auf Führungsstile (siehe exemplarisch Dyson und Preston 2006; Dyson 2007; Yang 2010; Keller und Foster 2012; Brummer 2016; Cuhadar et al. 2017).

*Erhebung und Einordnung von Führungseigenschaften*

Aus den vorhergehenden Ausführungen ergeben sich zwei Fragen: Wie können die Führungseigenschaften überhaupt erhoben werden? Und wie lassen sich die Führungseigenschaften bzw. genauer die für die Führungseigenschaften ermittelten Werte als „hoch" oder „niedrig" einordnen? Zunächst zur Frage nach der Erhebung.

Bei der Ermittlung der Führungseigenschaften von außenpolitischen EntscheidungsträgerInnen zeigt sich eine bzw. wohl sogar die zentrale Herausforderung für das *profiling* von EntscheidungsträgerInnen im Allgemeinen. Sie besteht darin, dass ForscherInnen nur sehr selten direkten und schon gar nicht wiederholten Zugang zu den zu untersuchenden Personen haben, der eine „traditional psychological analysis" (Schafer 2000: 512) ermöglichen würde.

Zur Erhebung von Persönlichkeitsmerkmalen greift der LT-Ansatz daher auf eine „At-a-distance"-Technik (Schafer 2000; Post 2005) zurück, mittels derer auch ohne direkten Zugang zu außenpolitischen EntscheidungsträgerInnen relevante Eigenschaften und Eigenheiten erfasst werden können.[4] Die Grundlage hierfür stellen die Sprechakte von EntscheidungsträgerInnen dar. Diese Sprechakte haben dabei bestimmte qualitative und quantitative Kriterien zu erfüllen, um aussagekräftig zu sein (Hermann 2005: 179-181). Es muss sich zunächst um *spontane* Sprechakte handeln. Der Fokus bei der Recherche liegt also zuvorderst auf Interviews im Fernsehen und Radio sowie auf Äußerungen in Parlamentsdebatten. Für jeden Entscheidungsträger bzw. jede Entscheidungsträgerin müssen *mindestens 50 solcher spontanen Sprechakte* gesammelt werden, die *jeweils mindestens 100 Wörter* enthalten und *thematisch eine große Bandbreite* (Außen-, Wirtschafts- und Innenpolitik) abzudecken haben. Zudem sollten die Sprechakte die *gesamte Amtszeit* abdecken.[5]

---

4  Entsprechendes gilt für den in Kapitel 3 diskutierten *Operational Code*-Ansatz.
5  Weitere Details finden sich in Kapitel 2.3.

Für alle zu untersuchenden EntscheidungsträgerInnen müssen somit entsprechende Textsammlungen durchgeführt werden. Die Werte für die einzelnen Führungseigenschaften ergeben sich aus der Anzahl der verwendeten Indikatoren (zumeist Verben, Nomen und Adjektive bzw. Kombinationen dieser Wortarten in Form von Kollokationen und Phrasen), wobei es sowohl Indikatoren gibt, die für eine hohe Ausprägung einer Führungseigenschaft stehen, als auch solche, die für eine niedrige Ausprägung stehen.[6]

Die Auswertung der kompilierten Sprechakte mit Blick auf die den einzelnen Führungseigenschaften zugeordneten Indikatoren erfolgt mithilfe der Analysesoftware *Profiler Plus*. Während eine solche Automatisierung der Analyse – im Vergleich zur aufwendigen Handkodierung – bisher nur für Sprechakte in englischer Sprache möglich war, kommt in diesem Band ein neu entwickeltes Kodierungsschema für LT-Studien für Sprechakte in deutscher Sprache zur Anwendung. Wie dieses Schema entwickelt und welches Datenmaterial zur Erhebung der Führungseigenschaften der zentralen außenpolitischen EntscheidungsträgerInnen Deutschlands ausgewertet wurde, wird in den Kapiteln 2.2 (Kodierungsschema) und 2.3 (Datenmaterial) diskutiert.

Abschließend noch eine Erläuterung zu den Werten, die sich aus der Analyse von Sprechakten mittels des in *Profiler Plus* enthaltenen LT-Kodierungsschemas ergeben. Für alle sieben Führungseigenschaften bewegen sich die Werte auf einer Skala zwischen 0 und 1. Die konkrete Ausprägung einer Führungseigenschaft ergibt sich aus dem Verhältnis der Indikatoren, die eine hohe bzw. eine niedrige Ausprägung einer Eigenschaft ausweisen. Wie bereits angedeutet und im nachfolgenden Unterkapitel noch genauer erläutert, können diese Indikatoren beispielsweise Verben oder Nomen oder auch Kombinationen von diesen oder anderen Wortarten sein. Sämtliche Indikatoren sind im Lexikon des Kodierungsschemas hinterlegt. Die Zuordnung von Indikatoren zu Führungseigenschaften – genauer: zu hohen bzw. niedrigen Ausprägungen von Führungseigenschaften – erfolgt wiederum über die im Kodierungsschema enthaltenen Regeln.

Als Beispiel: Indikatoren für eine hohe Ausprägung der Führungseigenschaft Konzeptionelle Komplexität (CC) sind Wörter wie „abhängig von", „differenzieren" oder „Tendenz". Für eine geringe Ausprägung diese Führungseigenschaft stehen wiederum Wörter wie „absolut", „zwangsläufig" oder „unwiderruflich". Das Kodierungsschema sucht die zu analysierenden Texte (d.h. die Sprechakte der untersuchten EntscheidungsträgerInnen)

---

6 Siehe Kapitel 2.2 für Details.

nach diesen Indikatoren ab und setzt die jeweiligen Gesamtwerte zueinander ins Verhältnis. Wenn somit die Texte für eine zu analysierende Person insg. 100 Indikatoren aufweisen, die mit Konzeptioneller Komplexität verbunden sind, von denen wiederum 66 Indikatoren für eine hohe Ausprägung dieser Führungseigenschaft stehen und 34 für eine niedrige Ausprägung, beträgt der letztendliche Wert für die zu analysierende Person in der Führungseigenschaft Konzeptionelle Komplexität 0,66.

Daran anschließend stellt sich die Frage nach der Einordnung und Interpretation von solchen Werten. Da, wie angeführt, die Skala von 0 bis 1 reicht, lässt sich mit Blick auf unser Beispiel sagen, dass die analysierte Person bemessen an dieser Skala einen über dem Mittelwert liegenden Wert aufweist. Dies ist für sich benommen bereits ein Ergebnis. Es sagt jedoch nichts darüber aus, ob die Person auch im Vergleich zu anderen außenpolitischen EntscheidungsträgerInnen einen überdurchschnittlichen Wert aufweist und damit „besonders" ist.

Um solche Einordnungen in eine „peer group" von außenpolitischen EntscheidungsträgerInnen vornehmen zu können, gibt es für den LT-Ansatz eine „Normgruppe" (*norming group*). In dieser finden sich derzeit die Untersuchungsergebnisse von 284 außenpolitischen EntscheidungsträgerInnen aus allen Regionen der Welt.[7] Genauer: Die Übersicht gibt die Durchschnittswerte für diese Gruppe für alle sieben Führungseigenschaften an, verbunden mit einer Information zu den jeweiligen Standardabweichungen. Auf dieser Grundlage kann nunmehr ein Wert für eine Führungseigenschaft als „hoch", „durchschnittlich" oder „niedrig" klassifiziert werden. Als hoch gilt ein Wert dann, wenn er mindestens eine Standardabweichung über dem Durchschnittswert der Normgruppe in der jeweiligen Führungseigenschaft liegt. Niedrig ist ein Wert wiederum dann, wenn er mindestens eine Standardabweichung unter dem Durchschnittswert der Normgruppe in der jeweiligen Führungseigenschaft liegt. Und als durchschnittlich gilt ein Wert, wenn er sich „im Rahmen" der Standardabweichungen bewegt. Für derlei Einordnungen können entweder die Werte für die Gesamtgruppe der knapp 300 EntscheidungsträgerInnen aus aller Welt herangezogen werden oder aber die Werte für sechs zuvorderst geografisch definierte Untergruppen, in welche die Gesamtgruppe heruntergebrochen wird (u.a. Westeuropa, Osteuropa, Anglo-Amerika, Lateinamerika).

---

7 Die „norming group" ist zugänglich über die Website *profilerplus.org*. Sie wird in den Kapiteln 4 und 5 zu Vergleichen mit den Werten der deutschen EntscheidungsträgerInnen herangezogen.

Leider sind keine Informationen verfügbar, aus welchen Entscheidungs-trägerInnen sich die Normgruppe zusammensetzt, geschweige denn wie die Einzelwerte für einzelne Akteure aussehen. Gleichwohl eröffnet die Normgruppe die Möglichkeit, die Ergebnisse von eigenen Untersuchungen einzuordnen, ohne selbst weitere Erhebungen durchführen zu müssen. Entsprechend wird die Normgruppe auch in den empirischen Anwendungen in Kapitel 5 wiederholt als Referenzrahmen zur Einordnung von Werten deutscher EntscheidungsträgerInnen herangezogen.

Um zum Abschluss dieser allgemeinen Ausführungen zum LT-Ansatz zum obigen Beispiel zurückzukommen: Die untersuchte Person hatte einen Wert von 0,66 für die Führungseigenschaft Konzeptionelle Komplexität. Der Durchschnittswert für die globale Normgruppe in dieser Führungseigenschaft beträgt wiederum 0,59 bei einer Standardabweichung von 0,06. Unsere Person liegt entsprechend mehr als eine Standardabweichung über der globalen Normgruppe. Entsprechend kann ihr eine hohe Ausprägung in dieser Führungseigenschaft attestiert werden, was sich beispielsweise in einer ausprägten Fähigkeit zur Differenzierung von Sachverhalten bemerkbar machen sollte. Eine solche Zuschreibung ist von daher etwa für Willy Brandt zu treffen, dessen Wert für die Führungseigenschaft Konzeptionelle Komplexität eben 0,66 beträgt.

## 2.2 Übertragung des LT-Kodierungsschemas ins Deutsche

Die Erstellung eines deutschen Kodierungsschemas für LT-Analysen geht aus mehreren Gründen über die bloße Übersetzung der englischen Begriffe und die Übernahme der Kodierungsregeln der englischen Sprache hinaus. Die Unterschiede zwischen den Sprachen haben sich als schlichtweg zu groß erwiesen, als dass sie eine Wort-für-Wort-Übertragung zuließen. Pointiert brachte der Schriftsteller Mark Twain diesen Eindruck bereits in seinem Essay „Die schreckliche deutsche Sprache" (1985a) zu Papier, als er die Unmöglichkeit beklagte, eine Sprache mit drei Artikeln, Nomen- bzw. Adjektivkomposita und trennbaren Verben zu erlernen.

Doch abgesehen von grammatikalischen Unterschieden zwischen dem Deutschen und dem Englischen spielen auch geschichtliche und kulturelle Aspekte eine tragende Rolle, wie die Tabuisierung von durch den Nationalsozialismus diskreditierten Begriffen verdeutlicht (Schmitz-Berning 2007). Dies hat, wie später noch detaillierter ausgeführt wird, insbesondere im politischen Kontext der Bundesrepublik Deutschland Folgen auf die Wortwahl der EntscheidungsträgerInnen. Das Zusammenwirken von

grammatikalischen und kulturellen Faktoren erfordert daher eine Herangehensweise an die Übertragung der LT-Kodierungsschemata, die über
eine bloße Übersetzung hinausgeht. Die Erkenntnisse der konstrastiven
Linguistik müssen folglich in den einzelnen Schritten des Übertragungs-
prozesses berücksichtigt werden. Dieser setzt sich – wie in Abbildung 2.3
dargestellt – aus der Erstellung der Wortlisten sowie der Regeln für das
Programm *Profiler Plus* zusammen.

*Abbildung 2.3: Schritte zur Erstellung der deutschen LT-Schemata*

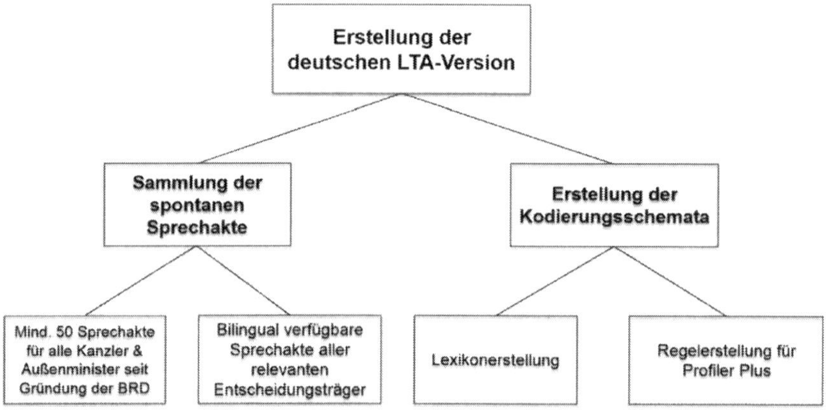

Quelle: Eigene Darstellung.

## 2.2.1 Lexikonerstellung

Die Lexikonerstellung besteht aus der Zusammenstellung aller relevanten
englischen Indikatoren und deren Übertragung ins Deutsche unter Verwendung von bi- und monolingualen Wörterbüchern sowie der korpusba-
sierten Methode (siehe Abbildung 2.4). In einem ersten Schritt erfolgte die
Sammlung aller relevanten englischen Indikatoren für die sieben LT-Kategorien, was durch Extraktion aus den Arbeiten Margaret Hermanns (1999,
2002) erfolgte und durch interne Dokumente von *Social Science Automation*[8] komplettiert wurde.

---

8 Diese unveröffentlichten Berichte aus den Jahren 2005 und 2006, die uns von
   Michael Young von *Social Science Automation* zur Verfügung gestellt wurden, sind:
   Robalyn Stone und Courtney Brown: Revised Indicator for Distrust; Robalyn

Auch wenn sich die LT-Kategorien auf unterschiedliche Wortarten fokussieren, lässt sich der zweite Schritt der Lexikonerstellung auf alle verallgemeinern. Die englischen Indikatoren wurden nun mithilfe von redaktionellen bilingualen (Langenscheidt sowie PONS) und (semi-)kollaborativen Online-Wörterbüchern (Dict.cc sowie LeoDict) ohne strenge Filterung in eine Liste potentieller Indikatoren übernommen. Während die Mehrzahl der möglichen Indikatoren aus den Onlineausgaben der redaktionellen Wörterbücher stammen, erweitern kollaborative Wörterbücher das Spektrum der Ergebnisse um Modewörter sowie Alltags- und Umgangssprache, die insbesondere für Sprechakte von Bedeutung sein können (Melchior 2012: 352). Meyer und Gurevych definieren das kollaborative als „ein Wörterbuch, das überwiegend durch direkte Nutzerbeiträge entsteht" (2014: 188) und – je nach Grad der Einflussnahme einer Redaktion – von semikollaborativen und redaktionellen Wörterbüchern unterschieden wird.

Eine erste, durch die Verquickung der zwei Wörterbucharten entstandene Liste potentieller Indikatoren musste im nächsten Schritt auf Relevanz hin geprüft werden. Dies erfolgte mithilfe des von Barbaresi (2012) erstellten „Korpus politischer Reden", in welchem Reden unter anderem von Bundeskanzler Schröder und Bundeskanzlerin Merkel aus den Jahren 1998 bis 2011 gesammelt sind und welcher es ermöglicht, nach einzelnen Wörtern und deren Auftrittshäufigkeit zu suchen. Insbesondere Begriffe aus der Liste, die je nach Kontext verschiedene Bedeutungen annehmen können sowie jene mit äußerst geringer Auftretenswahrscheinlichkeit (bspw. Umgangssprache oder veraltete Begriffe) konnten durch den Abgleich mit dem „Korpus politischer Reden" aussortiert bzw. verifiziert werden. Eine Differenzierung war insbesondere bei polysemantischen Begriffen notwendig, da „the more general the meaning of a word is [...], the more translational equivalents it will have in other languages" (König und Gast 2009: 217). Die polysemantischen Begriffe wurden letztlich beibehalten – wenn sie nicht missverständlich im Korpus auftauchten – und modifiziert, um falsche Positive zu verhindern. Begriffe, die entweder dem englischen Ausgangsindikator nicht entsprachen oder erhebliche Zweifel bei der Zuordnung aufwiesen und nicht im Korpus auftraten, wurden entfernt. Ergebnis

---

Stone und Angelina Dye: Development of a Revised Indicator for Self-Confidence; Robalyn Stone und Zach Pickens: Revised In-Group Bias Coding Scheme; Robalyn Stone, Adam Wagner und Courtney Brown: Development of a Revised Indicator for Conceptual Complexity; Robalyn Stone et al.: Development of a Revised Indicator for Need for Power; sowie Robalyn Stone et al.: Development of a Revised Indicator for Task Orientation.

dieses Schrittes war die erste deutsche Indikatorenliste, welche nun noch durch die Synonymsuche ergänzt werden musste.

*Abbildung 2.4:* Schritte der Lexikonerstellung für die deutsche LT-Version

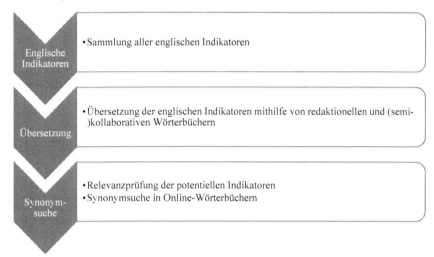

Quelle: Eigene Darstellung.

Die Synonymsuche stellt das Herzstück der Lexikonerstellung dar. Hier werden nun die Eigenheiten der deutschen Sprache und ihr Variantenreichtum in die Zusammenstellung einbezogen. Wir haben uns hierbei für den Einsatz dreier Online-Wörterbücher entschieden, die korpusunterstützt die Suche nach synonymgebrauchten Wörtern zu den Indikatoren optimieren. Bei diesen handelt es sich um Duden Online[9], das Digitale Wörterbuch der Deutschen Sprache DWDS[10] sowie den Wortschatz der Universität Leipzig.[11]

Das Duden Online-Wörterbuch dient dabei nicht nur als Referenzwerk, sondern bietet mit den für jeden Suchbeitrag erhältlichen Synonymen (vgl. Sánchez Hernández 2016: 60-61), computergestützt erstellten „typischen Verbindungen"[12] sowie Begriffen aus zahlreichen Sprachregistern

---

9  http://www.duden.de.
10  http://www.dwds.de.
11  http://wortschatz.uni-leipzig.de.
12  D.h. Wörter, die häufig vor oder nach dem Suchwort auftreten; auch Kookkurrenzen (siehe Storjohann 2012: 124-125).

drei unverzichtbare Funktionen bei der Synonymsuche. Das DWDS ergänzt die Instrumente des Duden um den Einbezug von Synonymgruppen, die auf dem Synonymwörterbuch OpenThesaurus basieren. Es ermöglicht zudem die Suche in Zeitungs- und Spezialkorpora wie dem Korpus der gesprochenen Sprache (vgl. Klein und Geyken 2010: 93), was insbesondere die Suche nach Neologismen[13] (wie Nomenkomposita) und umgangssprachlichen Wendungen ermöglicht. Schließlich wird die Synonymsuche durch den Wortschatz der Universität Leipzig vervollständigt, welcher durch die Funktion der Dornseiff-Bedeutungsgruppen[14] sowie der Kookkurrenzanalyse (vgl. Storjohann 2012: 124-125) das Suchraster weiter verfeinert (vgl. Sánchez Hernández 2016: 59-60) und im ersten Fall eine neue Methode der Synonymanordnung liefert und im zweiten Fall die Suche auch auf Kollokationen ausweitet. Gerade die Kookkurrenzanalyse eröffnet dabei neue Möglichkeiten zur Ausleuchtung des Kontextes von Indikatoren, etwa: Welche Adjektive oder Adverbien treten beispielsweise gehäuft in Verbindung mit einem Indikator auf und haben diese Folgen für dessen Bedeutung? Dadurch ergeben sich nicht zuletzt wichtige Hinweise zur qualitativen Einschränkung von Indikatorenregeln.

Die Kombination der drei Wörterbücher sollte eine möglichst lückenlose Ausleuchtung der Synonymbeziehungen der möglichen Indikatoren gewährleisten. Sobald alle Indikatoren mithilfe der drei Wörterbücher analysiert wurden, erfolgte erneut eine Überprüfung zweifelhafter Wörter mithilfe des Korpus von Barbaresi (2012). Nach Abschluss dieses Tests konnten die Arbeitsversionen der Wörterbücher für die sieben LT-Kategorien abgeschlossen und mit der zweiten Phase – der Erarbeitung der Regeln für *Profiler Plus* – begonnen werden.

---

13  Neologismen sind „eine lexikalische Einheit bzw. eine Bedeutung, die in einem bestimmten Abschnitt der Sprachentwicklung in einer Kommunikationsgemeinschaft aufkommt und von der Mehrheit der Sprachbenutzer über eine gewisse Zeit hin als neu empfunden wird" (Lemnitzer 2010: 67).

14  Die Dornseiff-Bedeutungsgruppen eröffnen eine weitere Perspektive bei der Synonymsuche. Dabei werden die Wörterbucheinträge nicht alphabetisch geordnet, sondern nach Begriffsgruppen. Diese Methode (vgl. Kühn 1985: 63-66) ermöglicht sowohl die Suche nach Oberbegriffen (bspw. direkt nach den LT-Kategorien wie Machtbedürfnis oder Selbstbewusstsein) als auch den Abgleich der einzelnen untergeordneten Begriffe mit dem Rest der Begriffsgruppe.

## 2.2.2 Regelerstellung für *Profiler Plus*

Die Regelerstellung der deutschen Version der LT-Analyse erfordert die Berücksichtigung und Integration der Eigenheiten der deutschen Sprache. Ging es im ersten Schritt der Lexikonerstellung noch lediglich um die Übernahme bzw. das Verwerfen von Übersetzungen und Synonymen der Indikatoren, muss nun bei der Regelerstellung der Kontext definiert werden, in welchem die Begriffe und Phrasen aus Schritt eins tatsächlich zu Indikatoren werden. Dieser Kontext ergibt sich aus der dem Deutschen eigenen Syntax, den Unterschieden bei den Wortarten und den lexikalischen Eigenheiten. Neben den grammatischen Aspekten gilt es aber auch geschichtliche und kulturelle Eigenheiten der deutschsprachigen Länder und Regionen zu berücksichtigen.

*Syntax: S-O-V, Inversion und trennbare Verben*
Ein Kenner der deutschen Sprache und seiner Fallstricke war der bereits erwähnte amerikanische Schriftsteller Mark Twain. Im Zuge seiner Reisen durch Deutschland Mitte des 19. Jahrhunderts entstanden zahlreiche Reiseberichte und Essays, in welchen er sich humoristisch mit den Eigenheiten des Landes und seiner Sprache auseinandersetzte. In seinem berühmt gewordenen Essay „Die schreckliche deutsche Sprache" seziert Twain, der die Sprache fließend beherrschte, die Besonderheiten des Deutschen, besonders jene, die diese seiner Meinung nach so schwer erlernbar werden ließen.

Die erste Herausforderung bestand für Twain in der Syntax, welche im Deutschen die Verwendung von Parenthesen (Einschüben) erlaubt, die wiederum Einfluss auf die Stellung des Verbs haben:

> „Ein Durchschnittssatz in einer deutschen Zeitung ist eine erhabene und ehrfurchtgebietende Kuriosität; [...] Er handelt von vierzehn oder fünfzehn verschiedenen Gegenständen, jeder in einer eigenen Parenthese eingeschlossen, mit zusätzlichen Parenthesen hier und da, die wiederum drei oder vier Unterparenthesen einschließen, so daß Hürden innerhalb der Hürden entstehen; schließlich werden alle Parenthesen und Unterparenthesen zwischen zwei Überparenthesen zusammengeballt, deren eine in der ersten Zeile des majestätischen Satzes liegt und die andere in der Mitte der letzten Zeile – *und danach kommt das Verb* [Hervorhebung im Original], und man bekommt zum erstenmal heraus, wovon der Mann gesprochen hat; und nach dem Verb [...] schaufelt der Schreiber „haben sind gewesen gehabt haben geworden

sein" oder Worte ähnlicher Bedeutung hinein, und das Monument ist fertig" (Twain 1985a: 1069-1070).

Während die englische Syntax fast ausschließlich die Reihenfolge Subjekt-Verb-Objekt einhält (König und Gast 2009:160), hängt diese im Deutschen von der Art des Satzes ab. Hauptsätze werden zumeist mit der Reihenfolge Subjekt-Verb-Objekt gebildet. Nebensätze und damit auch Parenthesen folgen hingegen dem Schema Subjekt-Objekt-Verb (König und Gast 2009: 164-165). Für Twain wird also nicht nur der Kontrast zum Englischen in der Syntax zur Herausforderung, sondern auch die mögliche Stellung des Verbs bzw. Teilen davon am Satzende. Hierbei bleiben Hilfsverben und Modalverben in der finiten Form zumeist an zweiter Stelle (S-V-O), während das dazugehörige Partizip II bzw. der dazugehörige Infinitiv des Hauptverbs an das Ende des Satzes wandern (ibid.). Eine derartige Aufteilung der Verbteile kann aber auch ohne Hilfs- oder Modalverb erfolgen, wie Twain an anderer Stelle beklagt:

„Die Deutschen haben noch eine Art von Parenthese, die sie bilden, indem sie ein Verb in zwei Teile spalten und die eine Hälfte an den Anfang eines aufregenden Absatzes stellen und die andere Hälfte an das Ende. Kann sich jemand etwas Verwirrenderes vorstellen? Diese Dinger werden ‚trennbare Verben' genannt" (Twain 1985a: 1071-1072).

Welche konkreten Auswirkungen die Satzgliedfolge und trennbare Verben auf die Erstellung der deutschen *Profiler-Plus*-Regeln haben, soll im Folgenden (Abbildung 2.5) anhand des Verbs „durchsetzen", welches einen Indikator unter anderem für die LT-Kategorie Machtbedürfnis (PWR) darstellt, illustriert werden. Die Abbildung verdeutlicht, dass einzig Beispielsatz 1 der englischen Satzgliedstellung entspricht – und auch diese vollständig nur bei nicht trennbaren Verben. Alle vier übrigen Beispiele weisen entweder eine Verberst- (5,6) oder Verbletztstellung (2,3,4) auf. In den Beispielsätzen 5 und 6 zeigt sich mit der Inversion sogar noch ein weiterer Unterschied des Deutschen gegenüber dem Englischen. Obwohl diese Form der Änderung der Wortstellung in beiden Sprachen durchgeführt werden kann, ist sie im Englischen nur unter bestimmten Bedingungen möglich, während sie im Deutschen in bestimmten Situationen unbedingt erforderlich ist und folglich häufiger auftritt (König und Gast 2009: 169).

*Abbildung 2.5:* Varianten in der Satzstellung des Deutschen am Beispiel des Verbs „durchsetzen"

| Nr. | Satz | Art |
|---|---|---|
| 1 | Ich **setze** meinen Willen **durch**. | Präsens, S-V-O, Verbpräfix am Ende |
| 2 | Ich **habe** meinen Willen **durchgesetzt**. | Partizip II, finites Hilfsverb an zweiter, Hauptverb an letzter Stelle, S-O-V |
| 3 | Ich **kann** meinen Willen jederzeit **durchsetzen**. | Präsens, finites Modalverb an zweiter, Hauptverb an letzter Stelle, S-O-V |
| 4 | Ich habe bewiesen, dass ich meinen Willen jederzeit **durchsetzen kann**. | Präsens, Nebensatz, Modalkonstruktion im Präsens, Infinitiv vor finitem Modalverb, S-O-V |
| 5 | Ich bin äußerst geschickt, deshalb **setze** ich mich immer **durch**! | Präsens, Nebensatz, trennbares Verb, V-S-O |
| 6 | **Durchgesetzt** habe ich mich! | Partizip II, Verberststellung, Inversion, Hilfsverb nach Partizip, V-S-O |

Quelle: Eigene Darstellung.

Die Folgen der abweichenden Wortstellungsregeln im Englischen und Deutschen für die Regeln in *Profiler Plus* werden bei einer Betrachtung möglicher Übersetzungen der sechs Beispielsätze deutlich. Wie in Abbildungen 2.5 und 2.6 dargestellt folgen alle Übersetzungen ins Englische dem Grundmuster S-V-O, weshalb sich für das Verb „to impose" eine einheitliche Regel in *Profiler Plus* anbietet, unabhängig davon, ob das Verb im Präsens oder einer Vergangenheitsform, in einem Neben- oder Hauptsatz, auftritt. Die deutschen Wortstellungsregeln hingegen erfordern mindestens drei Regeln, um das Verb „durchsetzen" in all seinen potentiellen Positionen sowie als ungetrenntes bzw. getrenntes trennbares Verb zu erkennen.

*Abbildung 2.6:* Übersetzung der Beispielsätze

| Nr. | Satz | Übersetzung |
|---|---|---|
| 1 | Ich **setze** meinen Willen **durch**. | I impose my will on them. |
| 2 | Ich **habe** meinen Willen **durchgesetzt**. | I have imposed my will on them. |
| 3 | Ich **kann** meinen Willen jederzeit **durchsetzen**. | I can always impose my will on them. |
| 4 | Ich habe bewiesen, dass ich meinen Willen jederzeit **durchsetzen kann**. | I have proven that I can always impose my will on them. |
| 5 | Ich bin äußerst geschickt, deshalb **setze** ich mich immer **durch**! | I am very clever. That is why I can always impose my will on others! |
| 6 | **Durchgesetzt** habe ich mich! | I have imposed my will on them! |

Quelle: Eigene Darstellung.

Die notwendigen Regeln sind in Abbildung 2.7 aufgeführt und mit Erläuterungen versehen.[15] Zum besseren Verständnis sei erwähnt, dass die Suche nach Indikatoren in der Kategorie Machtbedürfnis (PWR) aus zwei Elementen besteht. Dies ist einerseits ein Ankerelement (Token 0), das als Orientierungspunkt für die Indikatorensuche dient. In dem angeführten Beispiel handelt es sich dabei um Eigen- und Eigengruppenreferenzen, also Personal-, Reflexiv- und Possessivpronomen, die entweder auf die Führungspersönlichkeit selbst (ich, mich, mir, mein) oder auf die Eigengruppe (wir, uns, unser) verweisen. Unter Token verstehen wir nach Schiller et al. Wortformen, wozu neben eigentlichen Wörtern auch „Zahlen in Ziffern, Satzzeichen, Sonderzeichen wie z.B. §, &), abgetrennte Wortteile oder Kompositions-Erstglieder (wie z.B. **Ein-** und **Aus**gang)" (Schiller et al. 1995: 4; Hervorhebung im Original) zu zählen sind. Der Befehl „variable" sorgt dafür, dass Entfernungen zum Ankerelement nicht als absolut gesehen werden, sondern innerhalb einer angegebenen Entfernung variabel sind. Entsprechend besagt die englische Regel, dass die Grundform (Lemma) des Verbs „impose" dann als Indikator für hohes Machtbedürfnis zu werten ist, wenn sich dieses maximal drei Wortformen (Token) nach einer Eigen- oder Eigengruppenreferenz (self-ig) befindet. Durch die in Abbildung 2.7 aufgeführte Regel lassen sich folglich alle sechs englischen Beispiele erfassen.

*Abbildung 2.7: Englische Sätze und Regelzuweisung*

| Nr. | Satz | Regel |
|---|---|---|
| 1 | I impose my will on them. | (variable)<br>(Token: 0 slot7= %null% slot8= self-ig)<br>(Token: 3 lemma= impose)[16] |
| 2 | I have imposed my will on them. | |
| 3 | I can always impose my will on them. | |
| 4 | I have proven that I can always impose my on them. | |
| 5 | I am very clever. That is why I can always impose my will on others! | |
| 6 | I have imposed my will on them! | |

Quelle: Eigene Darstellung.

---

15 Die folgende Darstellung der Regelerstellung dient zur Veranschaulichung und verzichtet deshalb auf eine Erläuterung von zusätzlich erforderlichen Metaregeln, die für das Grundverständnis nicht notwendig sind.

Bei einem Blick auf die deutschen Regeln[17] (siehe Abbildung 2.8) wird deutlich, dass die Variationen in der Wortstellung, insbesondere bei trennbaren Verben, nicht durch nur eine Regel erfasst werden kann. Stattdessen bedarf es dreier Regeln, die das trennbare Verb sowohl getrennt in der Wortstellung S-V-O (Beispielsatz 1) und V-S-O (Beispielsatz 5), als auch ungetrennt in der Wortstellung S-O-V erkennen kann. Lediglich der Beispielsatz 6 mit der eingebauten Inversion lässt sich mit Hilfe dieser Regel nicht identifizieren. Hierbei galt es allerdings, eine Ermessungsentscheidung zu treffen, da eine Ausweitung der Regel auf „(Token: -2 lemma= durchsetzen)" zwar diese selten auftretende Inversion identifizierbar machen würde, allerdings gleichzeitig zu häufiger auftretenden falschen Positiven führen könnte.[18] Ein falscher Indikator kann beispielsweise „Land A hat diese Maßnahmen durchgesetzt, wir hatten dabei kein Mitspracherecht" sein. Abgesehen davon zeigt sich im Unterschied zum Englischen die größere Variabilität der deutschen Regeln, was vor allem der Wortstellung S-O-V und dem damit verbundenen größeren Abstand der Eigen(gruppen)referenzen zum Verb geschuldet ist. Durch entsprechende Anpassung der Regeln lassen sich diese Problemstellungen also durchaus lösen. Eine Folge davon ist lediglich, dass LT-Kategorien, die besonders auf Verben basieren (BACE und PWR), mehr Regeln aufweisen als ihre englischen Pendants (siehe Abbildung 2.8).

---

16 Slots (Slot7 bzw. Slot8) sind Ablagefächer für Zusatzinformationen zu bestimmten Begriffen. Um nicht alle Eigenreferenzen und Eigengruppenreferenzen einzeln in die Regel aufnehmen zu müssen, können diese mit dem Label „self-ig" in Slot8 versehen werden, wodurch in der Regel zu „impose" automatisch darauf zurückgegriffen werden kann. Slot7 beinhaltet die Information, ob dieses Ankerelement bereits als Indikator für Machtbedürfnis (PWR) erkannt worden ist. Entsprechend fordert die Eingabe „%null%", dass eine Eigenreferenz bzw. Eigengruppenreferenz nur dann für die Analyse herangezogen werden darf, wenn diese nicht bereits als Indikator für Machtbedürfnis (PWR) erkannt worden ist. Mit dieser Eingabe soll die Wiederholung einer Regelanalyse in Endlosschleife („loop") verhindert werden.

17 Deutsche Regeln zur besseren Übersicht teilweise vereinfacht dargestellt.

18 Eine Analyse der Gesamttexte ergab, dass eine Inversion wie in Beispielsatz 6 dargestellt kein einziges Mal verwendet wurde. Wäre diese Regel jedoch in das Kodierungsschema aufgenommen worden, hätte es drei falsche Positive zur Folge gehabt

*Abbildung 2.8: Deutsche Sätze und Regelzuweisung*

| Nr. | Satz | Regel |
|---|---|---|
| 1 | Ich **setze** meinen Willen **durch**. | (variable) (Token: 0 self-ig) (Token: 1 lemma= setzen) (Token: 9 lemma= durch) |
| 2 | Ich **habe** meinen Willen **durchgesetzt**. | (variable) (Token: 0 self-ig) (Token: 9 lemma= durchsetzen) |
| 3 | Ich **kann** meinen Willen jederzeit **durchsetzen**. | |
| 4 | Ich **habe** bewiesen, dass ich meinen Willen jederzeit **durchsetzen kann**. | |
| 5 | Ich bin äußerst geschickt, deshalb **setze** ich mich immer **durch**! | (variable) (Token: -1 lemma= setzen) (Token: 0 self-ig) (Token: 9 lemma= durch) |
| 6 | **Durchgesetzt** habe ich mich! | |

Quelle: Eigene Darstellung.

*Unterschiede bei den Wortarten*

Es sind insbesondere zwei Unterschiede bei den Wortarten, die Auswirkungen auf die Erstellung der deutschen Regeln haben: die Unterspezifizierung bestimmter englischer Verben und die Unterschiede in der Verwendung von Partikeln im Deutschen. Der erste Unterschied verweist auf das Vorhandensein englischer Verben, die semantisch unterspezifiziert sind und erst durch den Kontext an Bedeutung gewinnen. Da solche Allgemeinverben wie „to put" im Deutschen nicht vorhanden sind, ergibt sich für König und Gast, dass „in German one has to choose a more specific meaning since no general expressions are available whereas in English one has the choice between a highly general verb (e.g. put) and a set of more specific ones (set, lay, stand, etc.)" (König und Gast 2009: 220). Allgemeinverben wie „to put" müssen folglich je nach Kontext mit spezifischen deutschen Verben wie „setzen", „stellen" oder „legen" übersetzt werden, was sich bereits bei der Lexikonerstellung der deutschen Regeln durch eine insgesamt höhere Anzahl an Indikatoren bemerkbar gemacht hat und dadurch auch die Anzahl der Regeln erhöht (siehe Abbildung 8).

Ob ein spezifisches Verb für ein englisches Allgemeinverb letztlich als Indikator übernommen wird, hängt dabei von Stichprobenanalysen im Korpus von Barbaresi (2012) bzw. von der Kookkurrenzanalyse[19] ab. Diese

---

19 Die auf Korpusdaten setzende Kookkurrenzanalyse liefert mithilfe der Kookkurrenzdatenbank CCDB (http://corpora.ids-mannheim.de/ccdb/) Informationen über den Kontext von Begriffen, d.h. es werden Begriffe angezeigt, die häufig in Verbindung mit dem Suchbegriff auftreten und damit eine Kookkurrenz aufweisen (Belica 2001). Dadurch lässt sich einerseits zeigen, in welchen Kontexten der

erlaubt die Suche nach Wörtern, die häufig in Verbindung mit dem Verb auftreten und gibt zudem Aufschluss darüber, wie wahrscheinlich falsche Positive im Zusammenhang mit diesen Verben sind. Weitere Beispiele für solche Allgemeinverben sind „to know, „to leave" und „to stop", die im Deutschen mehrere spezifische Verben zulassen und einzeln danach überprüft werden müssen, ob sie den theoretischen Anforderungen der jeweiligen LT-Kategorie entsprechen. Alle eben genannten Beispiele sind Indikatoren für Glaube an die eigenen Kontrollfähigkeiten (BACE), was durch die Übernahme von mehreren spezifischen Verben im Deutschen zu einer höheren Gesamtzahl an Regeln in der deutschen Version (902 zu 635) führt. Letztlich ist das Fehlen von solchen unterspezifizierten Verben im Deutschen sogar ein Vorteil, da die Wahrscheinlichkeit von falschen Positiven durch deren geringere Kontextabhängigkeit abnimmt.

Ein zweiter Unterschied ist die abweichende Verwendung von Partikeln im Deutschen und Englischen, was anhand der Kategorie Konzeptionelle Komplexität (CC) deutlich wird. Unter Partikeln verstehen Hentschel und Weydt (2013: 248) „Wörter ohne kategorematische [lexikalische] und ohne kategorielle Bedeutung". Es handelt sich folglich um Wörter, die erst durch die Kombination mit anderen Wörtern bzw. durch den Kontext ihre Bedeutung erhalten und deren Inhalt sich nicht durch andere Wortarten wiedergeben lässt (Hentschel und Weydt 2013: 15-30). Nach Engel (2009: 384) erfüllen Partikeln – im Gegensatz bzw. in Ergänzung zu anderen Wortarten – Nebenfunktionen, spezifizieren beispielsweise Verben und Nomen näher oder verbinden diese.

König und Gast (2009: 237-249) identifizieren mit den Fokus- sowie den Modalpartikeln zwei Unterarten, deren Verwendung im Englischen teils erhebliche Unterschiede zum Deutschen aufweist. Die Fokuspartikeln (allein, auch, nur, bereits, eben, sogar etc.) sind dadurch gekennzeichnet, dass sie in Verbindung mit dem Wort, das sie näher bestimmen, den Fokus des Satzes bilden (Hentschel und Weydt 2013: 293). Die Tatsache, dass im Deutschen einerseits mehr Fokuspartikeln als im Englischen existieren und andererseits Konstruktionen mit diesen im Englischen häufig nicht ebenfalls durch Partikeln, sondern durch veränderte Satzstrukturen wiedergegeben wird, führt König und Gast zu folgendem Schluss: „German has overall more particles and also more semantic differentiations than English" (2009:240). Die Modal- oder Abtönungspartikeln (ja, denn, doch, wohl, aber) wiederum, die Hentschel und Weydt als „Sonderverwendun-

---

gesuchte Begriff gehäuft auftritt und andererseits kann die Aufnahme von Kookkurenzen in einzelne Regeln deren Genauigkeit erhöhen.

gen von Wörtern, die primär andere Funktionen haben" (2013: 283), definieren, sind in dieser Form im Englischen oftmals nicht vorhanden und müssen stattdessen durch den Wechsel des Satztypen oder durch besondere Betonung eines Satzteils (unterschiedliche Intonation) dargestellt werden (König und Gast 2009: 245-249).

Ein Vergleich der deutschen und englischen Versionen der Kategorie Konzeptionelle Komplexität (CC) bestätigt diese Einschätzungen, sowohl was die Quantität der Partikeln als auch die Zahl der Ergebnisse betrifft. Während bereits der Vergleich der Gesamtzahl der englischen Indikatoren (395) dieser Kategorie mit jenen der deutschen (891) einen deutlichen Unterschied aufweist, wird dieser durch den Vergleich aller sowohl auf Englisch als auch auf Deutsch verfügbaren Texte[20] noch bestätigt: Während die Summe der englischen Ergebnisse für Konzeptionelle Komplexität – also die Addition aller Indikatoren hoher und niedriger Komplexität – 9498 beträgt, ergaben sich in der deutschen Version 11.521 Ergebnisse, was einem Plus von 21,3 Prozent entspricht. Da das Gesamtergebnis für diese Kategorie aber aus dem Verhältnis der hohen zu niedrigen Indikatoren errechnet wird, ergibt sich für die englische Version ein Wert von 0,5705 und für die deutsche der Wert von 0,5757 oder eine Abweichung von 0,91 Prozent. Folglich bestätigt die Kategorie Konzeptionelle Komplexität (CC) die Erkenntnisse von König und Gast bezüglich der häufigeren Verwendung von Fokus- und Modalpartikeln im Deutschen. Sie verdeutlicht zugleich die Notwendigkeit einer deutlich höheren Anzahl an Indikatoren in der deutschen Version.

*Komposita und Neologismen*

Eine weitere Eigenheit des Deutschen, die sich im Englischen nicht in dieser ausgeprägten Form findet, umschreibt Mark Twain (1985b: 537) mit den Worten „ein paar Bemerkungen über einen der eigentümlichsten und bemerkenswertesten Züge des von mir behandelten Gegenstandes – die Länge deutscher Wörter. Manche deutschen Wörter sind so lang, dass man sie nur aus der Ferne ganz sehen kann." Twains Lamento bezieht sich hauptsächlich auf Komposita wie „Bundespräsidentenstichwahlwiederho-

---

20  Sammlung von Sprechakten von zwölf Bundeskanzlern und Außenministern (ca. 150.000 Wörter je Sprache), die sowohl auf Deutsch als auch auf Englisch verfügbar sind. Diese Sammlung dient einzig dem Vergleich der beiden Sprachversionen und erfüllt deshalb nicht alle Vorgaben an spontane Sprechakte, d.h. darunter finden sich auch Reden, die das Kriterium der Spontanität nicht erfüllen. Zudem beinhaltet der Vergleichskorpus nicht für jeden Entscheidungsträger mindestens 50 Sprechakte à 100 Wörter.

lungsverschiebung" (Spiegel Online 2016) – ein jüngeres Beispiel für eine Art von Wortbildung im Deutschen, die auch im politischen Diskurs häufig genutzt wird.

Die Länge der Wortbildungen kommt dabei vor allem durch die Bildung von Substantiven zustande, die nicht nur mit 50-60 Prozent den Hauptteil des deutschen Wortschatzes ausmachen (Erben 1980: 124), sondern die im Deutschen „eine Vielfalt und Produktivität [aufweisen], die von den anderen Wortarten nicht erreicht wird" (Fleischer und Barz 2012: 117). Diese Vielfalt ergibt sich vor allem dadurch, dass substantivische Komposita als Zweitglied einer Komposition in Verbindung mit allen anderen Wortarten gebildet werden können[21] (Fleischer und Barz 2012: 117-118). Sie lassen ferner auch polymorphemische Komposita – also „verzweigte Komposita mit vier und mehr Grundmorphemen" (Fleischer und Barz 2012: 138) – zu, die wie das obige Beispiel aus der österreichischen Innenpolitik illustriert, schwierige Sachverhalte detailliert beschreiben können und den „Mischcharakter" (Klein 2014: 61-67) politischer Sprache widerspiegeln, in welchem Fach- (Institutions-, Ressort- und Ideologievokabular) und Alltagssprache (allgemeinsprachliches Interaktionsvokabular) aufeinandertreffen und gleichermaßen Verwendung finden.

Zusätzliche Bedeutung erlangen Komposita dadurch, dass sie im politischen Kontext oftmals strategisch eingesetzt werden, beispielsweise um eine für die eigenen Zwecke günstige Wortverwendung zu etablieren oder um einen bestehen Begriff umzudeuten (Klein 2014: 105-112). Die Innovationskraft (Wortbildung und Wortneuschöpfung) des Deutschen insbesondere durch Substantivkomposita führt dazu, dass diese sich einerseits nicht in Wörterbüchern wie dem Duden wiederfinden, was den Einsatz von Handkodierungen und Sprachkorpora unablässig macht, um Indikatoren in Kategorien, die besonders viele Nomen beinhalten, zu extrahieren. Andererseits verweisen die Wortbildungen und Neologismen auf den Sprachwandel im politischen Kontext, welcher bei der Indikatorensuche berücksichtigt werden muss.

Eine herausgehobene Rolle spielen Komposita in der Kategorie Aufgaben- bzw. Beziehungsorientierung (TASK), was die Indikatoren für Aufgabenorientierung „ergebnisorientiert", „Reformanstrengung" und „Implementierungsprozess" verdeutlichen. Das Kompositum „ergebnisorientiert" aus dem Nomen Ergebnis und dem Suffix orientiert und das Nomenkompositum „Reformanstrengung" ergeben sich als Indikatoren der deutschen

---

21 Substantiv + Substantiv = Ursachenforschung; Adjektiv + Substantiv = Spätfolgen; Verb + Substantiv = Suchmaschine; Präposition + Substantiv = Bergabfahrt.

Version nicht aus der Übersetzung der zentralen englischen Begriffe, sondern erst im Zuge der Synonymsuche in den drei Wörterbüchern. Da gerade das Nomen „Reform" zahlreiche Komposita bilden kann, die ebenfalls als Indikator dienen – Reformbemühungen, Reformbestrebungen, Reformeifer – wurde eine entsprechende Regel erstellt, die alle Komposita mit „Reform" als erstem Glied als hohe Ausprägung von TASK wertet. Auch wenn es nie ausgeschlossen werden kann, dass ein Begriff (bspw. Reformstau) auch für eine niedrige Ausprägung von TASK stehen und damit zu falschen Positiven führen könnte, fand sich in den gesamten Sprechakten kein Beispiel dafür. Zudem überwiegen in diesem Fall die Vorteile des Erkennens aller Reform-Komposita jene der weitaus geringeren Wahrscheinlichkeit von falschen Positiven. Im Falle des Indikators „Implementierungsprozess" kam zu der Tatsache, dass dieser in den Übersetzungen nicht auftauchte, noch erschwerend hinzu, dass dieser Indikator auch im Duden-Wörterbuch nicht zu finden ist. Erst die Suche in den beiden Korpora der deutschen Sprache ermöglicht das Auffinden solcher Komposita, die für Sprechakte im politischen Kontext entscheidend sind.

Die vielen Variationsmöglichkeiten und persönlichen Sprechstile von EntscheidungsträgerInnen machen derart weit gefasste Regeln wie im Falle von „Reform" in Kompositionserststellung notwendig, denn als Indikator für hohe Aufgabenorientierung steht Bundeskanzler Schröders Notwendigkeit eines guten „Reformklima[s]" ebenso wie Bundeskanzler Kohls Ankündigung unter Zeitdruck „Reformvorhaben" umzusetzen oder wenn Außenminister Fischer in der eigenen „Reformpolitik" die Zukunftsfähigkeit Deutschlands gewährleistet sieht.

*Umgang mit der eigenen Vergangenheit in der politischen Sprache*
Eine Besonderheit in den Sprechakten der bundesdeutschen EntscheidungsträgerInnen ist die bewusste Vermeidung von Termini, die mit der Zeit des Nationalsozialismus in Verbindung gebracht werden und folglich durch Verwendung eine ungewollte Nähe zu nationalsozialistischem Gedankengut suggerieren könnten. Exemplarisch soll dies anhand von drei zentralen Begriffen des politischen Diskurses deutlich gemacht werden, nämlich „Führer", „Ehre" und „Heroismus". Während alle drei Termini vor 1933 bereits zum politischen Sprachrepertoire deutscher Politiker gehörten (vgl. Schmitz-Berning 2008: 240-246, 163-164, 308-309) und dies in

anderen Ländern auch weiterhin der Fall ist[22], werden sie von bundesdeutschen EntscheidungsträgerInnen nur ganz vereinzelt und obendrein nie als Selbst-, sondern nur als Fremdbeschreibung bzw. Fremdzuschreibung verwendet.

Der Begriff „Führer" weckt nicht nur bei Zuhörern mit Deutsch als Muttersprache Assoziationen an Adolf Hitler, sondern ist auch über die Sprachgrenzen hinweg bekannt[23], was eine Vermeidung vonseiten bundesdeutscher EntscheidungsträgerInnen sowohl im nationalen als auch insbesondere im internationalen Kontext nachvollziehbar (wie auch politisch zwangsläufig) werden lässt. Gerade weil die Politik der Bundesrepublik sich in Worten und Taten dezidiert von der Zeit des Nationalsozialismus abgrenzt, überrascht es dann auch nicht, dass das Nomen „Führer" im Gesamttextkorpus (146.000 Wörter, siehe Kapitel 2.3) lediglich sechsmal verwendet wird. In diesen sechs Fällen beziehen sich Bundeskanzler Adenauer sowie die Außenminister Brandt und Westerwelle fast ausschließlich auf verschiedene „Führer der Sowjetunion"[24] und nicht auf sich selbst oder andere deutsche EntscheidungsträgerInnen. Lediglich in einer Äußerung Adenauers vor dem Bundestag aus dem Jahr 1961 wiederholt dieser die Worte des damaligen Bundestagspräsidenten Eugen Gerstenmaier („Sie haben von dem starken Führer der Regierung, dem starken Bundeskanzler gesprochen, dem, wenn ich den Wortlaut genau behalten habe, ein starker Bundestag gegenüberstehe.") und benutzt damit „Führer der Regierung" als Umschreibung des Amtes des Bundeskanzlers, allerdings insofern einschränkend, als dass diesem ein starkes Parlament gegenüberstehe. Ähnlich selten werden synonyme Begriffe wie „Führung" (elf Ergebnisse, davon eine Nennung im Sinne von „Wir übernehmen die Führung"), „Lei-

---

22 Ergebnisse der Auswertung von online verfügbaren Reden von US-Präsident Trumps von seinem Amtsantritt bis Juni 2017 (113.000 Wörter) zeigen die häufige Verwendung im amerikanischen politischen Kontext: *leader* (85x), *honor* (121x) und *hero* (39x). Eine ähnliche Bedeutung haben die Begriffe auch in einer Auswahl von Reden des chinesischen Staatspräsidenten Xi Jinping (160.000 Wörter, dabei *leader* 81x, *honor* 11x, *hero/heroically* 10x) sowie des indischen Premierministers Narendra Modi (509.000 Wörter, dabei *leader* 150x, *honor* 6x, *hero* 22x).

23 Führer (auch fuehrer) findet sich in zahlreichen Fremdsprachen als eigenständiger Begriff wieder: Im *Oxford Dictionary* (Fowler und Thompson 1995) als „leader, especially a tyrannical one", im Französischwörterbuch *Larousse* (Dubois 1992) bzw. dem Italienischwörterbuch *Grande Dizionario della Lingua Italiana* (2000) als ab 1934 von Hitler getragener Beiname.

24 Adenauer: „die sowjetischen Führer", „starken Führer der Regierung"; Brandt: „Führer des Kommunismus", „Führer in Moskau", „die sowjetischen Führer"; Westerwelle: „Führer der Sowjetunion".

tung" (ein Ergebnis im Sinne von „Wir übernehmen die Leitung") oder „Leader(ship)" (keine Ergebnisse) verwendet.

Der Verzicht auf durch das Dritte Reich negativ konnotierte Begriffe zeigt sich auch bei den Begriffen „Ehre" und „Heroismus". Der Ehrbegriff, der zu Zeiten des Nationalsozialismus als „Grundwert der nordischen Rasse und damit der deutschen Volksgemeinschaft" (Schmitz-Berning 2008: 163) angesehen wurde, ist zentral, nicht zuletzt weil dieser den Überlegenheitsgedanken ebenso beinhaltet wie die Pflicht zur Reinhaltung der eigenen Rasse. Abgesehen davon besitzt der Begriff eine militärische Konnotation (Leitspruch der Schutzstaffel [SS]: „Meine Ehre heißt Treue"), die es im bundesrepublikanischen politischen Kontext unbedingt zu vermeiden gilt. Es überrascht entsprechend nicht, dass der Begriff „Ehre" lediglich einmal verwendet wird, und zwar von Außenminister Steinmeier, als er über die Motivationen von IS-Kämpfern spricht.[25] Alternative Verwendungen in Form von Nomen („Ehrhaftigkeit") oder Adjektiven („ehrenhaft", „ehrenvoll") lassen sich in unserem Textkorpus überhaupt nicht finden.

Der Begriff des „Heldentums" schließlich ergänzt den militärischen Aspekt der Ehre und erweist sich für Klemperer sogar als noch problematischer als der Ehrbegriff:

> „Gehört die Sippe der Heldentumsworte in die LTI [*Lingua Tertii Imperii*; unsere Anmerkung]? Eigentlich ja, denn sie sind dicht gesät und charakterisieren überall spezifische Verlogenheit und Rohheit des Nazistischen. Auch sind sie eng verknotet worden mit den Lobpreisungen der germanischen Auserwähltheit: alles Heroische war einzig der germanischen Rasse zugehörig. Und eigentlich nein; denn alle Verzerrungen und Veräußerlichungen haben dieser tönenden Wortsippe schon oft genug vor dem Dritten Reich angehaftet" (Klemperer 2010: 17).

Klemperer konstatiert also, dass Heldentumsbegriffe bereits vor dem Dritten Reich problematische Bedeutungen besaßen, weshalb ein Verzicht im nachkriegsdeutschen Diskurs umso mehr plausibel erscheint. Ein Blick auf unseren Textkorpus bestätigt diese Einschätzung. Der Begriff Heldentum taucht weder selbst, noch in ähnlicher Weise („Heroismus", „Heldenhaftigkeit", „Heroentum", „Heldenmut"), als Personifikation („Held", „Heros", „Heroe") oder als Adjektiv („heldenhaft", „heroisch", „heldisch") auf, was den Schluss zulässt, dass Wörter mit nationalsozialistischen Konnota-

---

25 „Mit Angst vor dem Tod ist ISIS nicht zu beeindrucken, weil der Dschihadist den Tod sucht und als Ehre empfindet."

tionen als Tabuwörter im bundesrepublikanischen politischen Diskurs der EntscheidungsträgerInnen anzusehen sind.

Da politischer Diskurs allerdings ohne zentrale Konzepte wie die Artikulation und Verteilung von Rollen nicht auskommt, also auf einen gewissen politischen Wortschatz (Klein 2014: 60-67) angewiesen ist, stellt sich die Frage, wie die Konzepte der Führung, der Ehre und des Heldentums dann de facto von deutschen EntscheidungsträgerInnen artikuliert werden. Bezogen auf das Konzept der „Führung" ergaben Analysen von zufällig ausgewählten Sprechakten der bundesdeutschen EntscheidungsträgerInnen, dass simple Ersatzbegriffe nicht existieren. In Kontexten der Übernahme von Führungs- oder Entscheidungsverantwortung werden jedoch häufig Formulierungen verwendet, die vor allem die Begriffe „gemeinsam" (196x in allen Sprechakten), „Zusammenarbeit" (171x) und „Partner" (140x) beinhalten, was für eine Konsensorientierung spricht sowie dafür, den Eindruck politischer Alleingänge vermeiden zu wollen. Eine Erweiterung der drei exemplarischen Begriffe um ihre Synonyme[26] verdeutlicht die Bedeutung, die diese Begriffe für die politische Rhetorik deutscher EntscheidungsträgerInnen besitzen.

Auch wenn diese drei Beispiele lediglich einen Ausschnitt der Ausdrucksmöglichkeiten von Übernahme von Führungsverantwortung darstellen und sicherlich nicht alle Ergebnisse in diesem Kontext verstanden werden können, verdeutlicht diese Analyse die Vielfalt der Umschreibungsmöglichkeiten im Deutschen für vergangenheitsbelastetes Vokabular und gleichzeitig die Unmöglichkeit, solche Begriffskonzepte auf einige wenige konkrete Indikatoren herunterzubrechen. In den deutschen Kodierungsschemata wird für diese rhetorischen Umschreibungen in klar definierten Fällen wie „In enger Zusammenarbeit mit den europäischen Partnern entwickelt Deutschland Lösungen für dieses Problem" Führungsverantwortung erkannt und beispielsweise im Falle des LT-Ansatzes auch als Glaube an die eigenen Kontrollfähigkeiten (BACE) gezählt.

Die Konzepte von „Ehre" und „Heldentum" wiederum tauchten in den Diskursen deutscher EntscheidungsträgerInnen auch in anderer Form nicht auf. Die Analyse von zufällig ausgewählten Sprechakten ergaben keinerlei äquivalente Begrifflichkeiten wie im Falle des Konzeptes der „Führung". Einzig in zwei Fällen sprechen die Bundeskanzler Erhard[27] und

---

26  „Gemeinsam" inkl. „zusammen" (230x), „Zusammenarbeit" inkl. „Kooperation" (192x), „Partner" inkl. „Verbündete" (189x).

27  „Die sportliche und turnerische Leibeserziehung in den deutschen Vereinen war und ist vorbildlich."

Schröder[28] zumindest davon, dass Deutschland in gewissen Zusammenhängen ein Vorbild darstellt. In einem Fall konstatiert Außenminister Kinkel Deutschlands Vorbildfunktion in Form eines Musterschülers: „In Berlin wird die NATO der Welt beweisen: Wir haben unsere Hausaufgaben gemacht." Ehre und Heldentum haben anders als das Konzept der „Führung" in der politischen Rhetorik bundesdeutscher EntscheidungsträgerInnen keinerlei Widerhall. Wenn überhaupt finden sich Ausnahmen wie die eben genannten, die die Regel des Verzichts letztlich nur bestätigen.

Der Umgang mit vergangenheitsbelastetem Vokabular im politischen Diskurs deutscher EntscheidungsträgerInnen hat ergeben, dass das Konzept der „Führung" in Verbindung mit bzw. durch Betonung des Aspekts der Zusammenarbeit mit anderen Akteuren konzeptualisiert wird, während Konzepte wie „Ehre" und „Heldentum" nur noch in Einzelfällen – und dann nie mit exakt diesen Begriffen – wiedergegeben werden. Dies bedeutet für die Erstellung der Kodierungsschemata mit potentiellem Bezug zu diesen Konzepten – Führung beispielsweise in der Kategorie Machtbedürfnis (PWR) oder Aufgaben- bzw. Beziehungsorientierung (TASK), Ehre und Heldentum etwa in Eigengruppenfavorisierung (IGB) –, dass vor allem im Falle von „Führung" weitere Begriffe als Indikatoren konzeptualisiert werden müssen, die allerdings stark kontextabhängig zu kodieren sind, um falsche Positive zu verhindern.

## 2.2.3 Kategorien der LT-Analyse

Im Folgenden sollen die sieben Kategorien der LT-Analyse dargestellt werden, wobei der Fokus auf deren Konzeptualisierung und den Vorgaben an die Auswahl der Indikatoren liegt. Allen Kategorien gemein ist der binäre Charakter ihres Zustandekommens. Jede Eigenschaft setzt sich aus Indikatoren zusammen, die für einen hohen bzw. einen niedrigen Wert stehen und das Ergebnis der Analyse ist der Anteil der hohen Werte an den Gesamtergebnissen. In Abbildung 2.9 sind neben den sieben Kategorien selbst noch die Gesamtzahl der dafür erstellten Regeln sowie die Wortarten, die für die jeweilige Kategorie verwendet wurden, aufgelistet. Einzelheiten bezüglich des Zustandekommens und der Wahl der Wortarten finden sich in den nachfolgenden Ausführungen.

---

28  „Deutschland war vorbildlich."

*Abbildung 2.9:* *Deutsche Kodierungsschemata mit Anzahl der Regeln und den Hauptwortarten der Indikatoren*

| Kategorie | Regeln Englisch | Regeln Deutsch | Hauptwortarten |
|---|---|---|---|
| Glaube an die eigenen Kontrollfähigkeiten (BACE) | 635 | 902 | Verben |
| Machtbedürfnis (PWR) | 369 | 1112 | Verben |
| Konzeptionelle Komplexität (CC) | 312 | 891 | Nomen, Adjektive Adverbien, Partikeln und Phrasen |
| Selbstbewusstsein (SC) | 210 | 607 | Verben und Nomen |
| Aufgaben- bzw. Beziehungsorientierung (TASK) | 284 | 1068 | Nomen und Verben |
| Misstrauen gegenüber Anderen (DIS) | 1487 | 787 | Nomen, Adjektive und vereinzelte Verben |
| Eigengruppenfavorisierung (IGB) | 335 | 794 | Verben und Nomen in Verbindung mit bestimmten Adjektiven und Adverbien |

Quelle: Eigene Darstellung.

*Glaube an die eigenen Kontrollfähigkeiten (BACE)*

Unter Glaube an die eigenen Kontrollfähigkeiten (*belief in the ability to control events*; BACE) versteht Hermann (2005: 188-189) „die Einschätzung von Führungspersönlichkeiten, Geschehnisse kontrollieren und als Einzelperson oder als Regierung den Ausgang dieser Ereignisse beeinflussen bzw. mitbestimmen zu können."

Um diese definitorischen Vorgaben in ein Kodierungsschema integrieren zu können, das für das Computerprogramm *Profiler Plus* verwendet werden kann und dabei relevante Satzteile automatisch erkennt, ging Hermann wie folgt vor:

„In coding for belief in control over events, the focus is on verbs or action words. We assume that when leaders take responsibility for planning or initiating an action, they believe that they have some control over what happens. The focus here is on actions proposed or taken by the leader or a group with whom he or she identifies" (Hermann 2005:189).

Wie ausgeprägt der Glaube einer Führungspersönlichkeit in die eigenen Kontrollfähigkeiten ist, zeigt sich demnach anhand von Verben und weiteren handlungsanzeigenden Wörtern. Der Fokus liegt dabei auf Handlungen, die von der Führungspersönlichkeit selbst oder von dessen Eigengruppe vorgeschlagen oder durchgeführt werden. Gerade die Tatsache, dass die

Handlungen unter der Ägide der Führungspersönlichkeit umgesetzt werden, verdeutlicht den Glauben an die eigene Kontrollfähigkeit. Die deutsche Version der Kategorie Glaube an die eigenen Kontrollfähigkeiten besteht aus 902 Regeln, wobei 735 davon Indikatoren für einen hohen (*internal control*) sowie 163 jene für einen niedrigen Glauben an die eigenen Kontrollfähigkeiten (*external control*) näher spezifizieren und vier Regeln neutrale Indikatoren herausfiltern. Die Indikatoren setzen sich aus Verben bzw. im Falle von sehr kontextabhängigen Verben aus diesen in Kombination mit relevanten Kollokationen („den Stein ins Rollen bringen", „in die Offensive gehen") zusammen. Abbildung 2.10 führt Beispielindikatoren an, zumeist nach dem Muster „Eigen- bzw. Eigengruppenreferenz + Indikator".

*Abbildung 2.10: Beispielindikatoren für Glaube an die eigenen Kontrollfähigkeiten*

| Hoher Glaube an die eigenen Kontrollfähigkeiten | Geringer Glaube an die eigenen Kontrollfähigkeiten |
|---|---|
| durchführen, initiieren, angehen, erarbeiten, vorangehen, ins Leben rufen, den Stein ins Rollen bringen, konzipieren, umgestalten, etablieren | bedauern, hoffen, wünschen, herbeisehnen, zweifeln, überdenken, beklagen, sich sorgen, geloben, beunruhigen |

Quelle: Eigene Darstellung.

### Machtbedürfnis (PWR)

Unter Machtbedürfnis (*need for power*; PWR) versteht Hermann (2002: 15) unter Bezug auf Winter (1973) „das Bemühen, eine eigene Machtbasis zu etablieren, diese zu erhalten oder wiederherzustellen. Es ist zudem der Wunsch, andere Menschen zu kontrollieren, zu beeinflussen oder auf diese oder andere Gruppen einzuwirken".

Das derart definierte Machtbedürfnis äußert sich nach Hermann (2005: 190) vor allem im Gebrauch von Verben, die in folgenden Kontexten auftreten:

- Entschlossenes und energisches Handeln, von dem andere Personen direkt negativ betroffen sind. Beispiele dafür sind Gewaltausübung in Form eines Angriffs, der Aufnahme von Feindseligkeiten oder Verbalattacken wie Drohungen, Anschuldigungen oder Zurechtweisungen;
- Unterstützung leisten oder Ratschläge erteilen, ohne dass diese Zuwendungen von anderen Personen oder Gruppen erbeten worden wären;
- Der Versuch, eine andere Person oder Gruppe zu kontrollieren, sei es deren Verhalten, deren Lebensbedingungen oder durch den Versuch

an Informationen zu gelangen, die das Leben oder die Handlungsmöglichkeiten anderer beeinflussen;

- Der Versuch, andere Personen zu beeinflussen, zu etwas zu verleiten, zu überzeugen, zu bestechen, ein Argument anzubringen oder mit einer anderen Person zu streiten, solange es nicht darum geht, sich tatsächlich mit dieser zu einigen oder um Uneinigkeit bzw. Missverständnisse zu verhindern;

- Der Versuch, eine andere Person, eine Gruppe oder die Allgemeinheit zu beeindrucken, oder der Versuch für öffentliches Aufsehen zu sorgen und/oder sich selbst in den Mittelpunkt zu stellen; oder

- Die Sorge um das eigene Ansehen oder die eigene Stellung, die sich zum Beispiel in der Sorge darüber äußert, wie andere über die eigene Machtposition denken. Es kann dabei ebenso um das Bemühen gehen, überlegen und stark zu sein bzw. eine hohe Stellung einzunehmen, als auch um das Bemühen zu verhindern, dass andere dem Akteur Schwäche, Unterlegenheit oder eine niedrige Stellung zusprechen.

Um diese Prinzipien in ein Kodierungsschema integrieren zu können, das für das Computerprogramm *Profiler Plus* verwendet wird und relevante Satzteile automatisch erkennt, ging Hermann wie folgt vor: „Need for power focuses on verbs as well and on verbs that show having influence. […] [D]ictionaries were developed searching thesauruses from multiple countries. And the score is the percentage of the verbs that indicated having influence."[29]

Die deutsche Version der Kategorie Machtbedürfnis besteht aus 1112 Regeln, wobei 1102 davon Indikatoren für einen hohes (*high power*) sowie sechs jene für ein niedriges Machtbedürfnis (*low power*) näher spezifizieren und vier Regeln neutrale Indikatoren herausfiltern. Die Indikatoren setzen sich aus Verben bzw. im Falle von sehr kontextabhängigen Verben aus diesen in Kombination mit relevanten Kollokationen („zum Einlenken bewegen", „in die Mangel nehmen") zusammen. Abbildung 2.11 gibt Beispielindikatoren an, zumeist nach dem Muster „Eigen- bzw. Eigengruppenreferenz + Indikator".

---

29 Aussage laut privatem E-Mailaustausch der AutorInnen mit Margaret Hermann.

*Abbildung 2.11: Beispielindikatoren für Machtbedürfnis*

| Hohes Machtbedürfnis | Niedriges Machtbedürfnis |
|---|---|
| bekämpfen, attackieren, zur Verantwortung ziehen, gewinnen, drohen, ahnden, vergelten, entreißen, eingreifen, durchgreifen | Resteregel (d.h. alle übrigen Verben, die in Verbindung mit einer Eigengruppen- bzw. Eigenreferenz stehen, aber nicht als „high power" gewertet werden, werden automatisch zu „low power") |

Quelle: Eigene Darstellung.

## Konzeptionelle Komplexität (CC)

Unter Konzeptionelle Komplexität (*conceptual complexity*) versteht Hermann (2005: 195) die Differenzierungsfähigkeit einer Führungspersönlichkeit, die sich zeigt, wenn diese über andere Menschen, Politik, Ideen oder sonstige Dinge diskutiert oder diese näher beschreibt. Führungspersönlichkeiten mit einer hohen Konzeptionellen Komplexität sind in der Lage, die verschiedenen Standpunkte der Diskutanten nachzuvollziehen, sie sind willens zu akzeptieren, dass Sachverhalte nicht immer eindeutig sind und haben sich eine gewisse Offenheit gegenüber neuen Ideen und Methoden erhalten. Führungspersönlichkeiten mit einer geringen Konzeptionellen Komplexität hingegen neigen dazu, Sachverhalte und Ideen in ein Schwarz-Weiß-Schema einzuordnen, sie haben Probleme Mehrdeutigkeiten wahrzunehmen und zeigen eine geringere Bereitschaft, auf neue Ideen und Methoden einzugehen.

Um diese definitorischen Vorgaben in ein Kodierungsschema integrieren zu können, das für das Computerprogramm *Profiler Plus* verwendet wird und relevante Satzteile automatisch erkennt, ging Hermann wie folgt vor:

> „In coding for conceptual complexity, the focus is on particular words – words that suggest the speaker can see different dimensions in the environment as opposed to words that indicate the speaker sees only a few categories along which to classify objects and ideas. Words that are suggestive of high conceptual complexity are: approximately, possibility, trend, and for example; words indicative of low conceptual complexity include: absolutely, without a doubt, certainly, and irreversible" (Hermann 2002: 22).

Der Grad der Konzeptionellen Komplexität zeigt sich demnach anhand von zwei Kategorien von Wörtern, die den gedanklichen Horizont einer Führungspersönlichkeit offenlegen sollen. Wörter wie „schätzungsweise", „Möglichkeit" oder „Trend" verdeutlichen dabei die Differenzierungsfähigkeit und gelten als Indikatoren für eine hohe Konzeptionelle Komplexität. Wörter wie „ohne jeden Zweifel" oder „sicherlich" stehen hingegen für den Rückgriff auf ein Schwarz-Weiß-Schema und damit für eine niedrige Konzeptionelle Komplexität.

Die deutsche Version der Kategorie „Konzeptionelle Komplexität" besteht aus 891 Regeln, wobei 529 davon Indikatoren für eine hohe Konzeptionelle Komplexität sowie 362 jene für eine niedrige Konzeptionelle Komplexität näher spezifizieren. Die Indikatoren setzen sich aus Nomen, Adjektiven Adverbien, Partikeln und Phrasen zusammen, wobei Adverbien und Partikeln die Mehrzahl der Indikatoren ausmachen. Abbildung 2.12 führt Beispielindikatoren an.

*Abbildung 2.12: Beispielindikatoren für Konzeptionelle Komplexität*

| Hohe<br>Konzeptionelle Komplexität | Niedrige<br>Konzeptionelle Komplexität |
|---|---|
| abhängig von, bedingt, einerseits…andererseits, differenzieren, Besonderheit, sukzessive, Wahrscheinlichkeit, Tendenz, vielfältig, interpretationsfähig | absolut, keinesfalls, eindeutig, zwangsläufig, alternativlos, ewig, unwiderruflich, um jeden Preis, unstrittig, unbegrenzt |

Quelle: Eigene Darstellung.

*Selbstbewusstsein (SC)*

Unter Selbstbewusstsein (*self-confidence*; SC) versteht Hermann (2005: 194) die „Selbstüberhebung einer Führungspersönlichkeit und die überhöhte Einschätzung der eigenen Fähigkeiten im Umgang mit anderen Menschen und Problemstellungen". Hermann spezifiziert den Begriff unter Verweis auf Ziller et al. (1977) weiter und bezeichnet „Selbstbewusstsein" als Bestandteil des Selbstsystems, der dieses System in Stresssituationen aufrechterhält, beispielsweise, wenn neue – auf die eigene Persönlichkeit bezogene – Informationen verarbeitet werden müssen. Wie diese von außen kommenden Informationen interpretiert und verarbeitet werden, hängt vom Selbstwertgefühl der jeweiligen Führungsperson ab und bestimmt das Selbstbewusstsein entscheidend mit. Das Selbstbewusstsein entwickelt sich dabei hauptsächlich aus dem Vergleich mit anderen Menschen und deren Erfahrungen und, je nachdem wie der Vergleich ausfällt, tritt eine Führungspersönlichkeit mehr oder weniger selbstbewusst auf.

Um diese definitorischen Vorgaben in ein Kodierungsschema integrieren zu können, das für das Computerprogramm *Profiler Plus* verwendet wird und relevante Satzteile automatisch erkennt, ging Hermann wie folgt vor:

„In coding for self-confidence, the focus is on the pronouns ‚my‘, ‚myself‘, ‚I‘, ‚me‘, and ‚mine‘. When speakers interject these pronouns into their speech, how important do they see themselves as being to what is happening? Does the use of the pronoun reflect that the leader is instigating an activity (e.g., ‚I am going to . . . ‘, ‚That is my plan of action‘), should be viewed as an authority figure on this issue (e.g., ‚If it were up to me . . .‘, ‚Let me explain what we mean‘), or is the recipient of a positive response from another person or group (e.g., ‚You flatter me with your praise‘, ‚My position was accepted‘)? In each of these instances, there is an enhanced sense of self-worth and a show of self-confidence" (Hermann 2002: 21).

Die Erkennung des Selbstbewusstseins einer Führungspersönlichkeit ergibt sich demnach vor allem aus der kontextabhängigen Verwendung der Pronomen „mein", „mich", „ich" und „mir", welche die Bedeutung unterstreichen, die Führungspersönlichkeiten sich selbst in einer bestimmten Situation zuschreiben. Hermann betont zudem, dass sich bei Verwendung der genannten Pronomen das Selbstbewusstsein einer Führungspersönlichkeit insbesondere dann zeigt, wenn diese etwas in die Wege leitet, sich selbst als anerkannte Autorität darstellt oder positive Rückmeldung von einer anderen Person oder Gruppe erhält. Der Wert für Selbstbewusstsein ergibt sich aus dem Prozentsatz der genannten Pronomen in Verbindung mit Selbstbewusstsein ausdrückenden Wörtern, die in einem Interview nach einem der drei aufgeführten Arten benutzt wird.

Die deutsche Version der Kategorie Selbstbewusstsein besteht aus 607 Regeln, wobei 550 davon Indikatoren für ein hohes Selbstbewusstsein sowie 57 jene für ein niedriges Selbstbewusstsein näher spezifizieren. Die Indikatoren setzen sich hauptsächlich aus Verben und Nomen zusammen, die in semantischer Verbindung zu einer Selbstreferenz stehen müssen. Abbildung 2.13 führ Beispielindikatoren an.

*Abbildung 2.13: Beispielindikatoren für Selbstbewusstsein*

| Hohes Selbstbewusstsein | Geringes Selbstbewusstsein |
|---|---|
| umsetzen, in die Hand nehmen, zur Chefsache machen, im Alleingang, lenken, erzwingen, einfädeln, die Richtung vorgeben, auskennen, Vision | Lehrgeld zahlen, sich die Finger verbrennen, machtlos, Hände gebunden sein, nicht in meiner Macht, wenn ich könnte, nicht dürfen, mit Sorge sehen, Opfer gebracht, Resteregel (alle übrigen Verben, die in Verbindung mit einer Eigenreferenz stehen, aber nicht als hohes Selbstvertrauen gewertet wurden, werden automatisch als geringes Selbstvertrauen eingestuft) |

Quelle: Eigene Darstellung.

*Aufgaben- bzw. Beziehungsorientierung (TASK)*

Unter Aufgaben- bzw. Beziehungsorientierung (*task focus*; TASK) versteht Hermann (2005: 197-199) zwei gegensätzliche Motivationsfaktoren, nach denen eine Führungspersönlichkeit handeln kann. Hermann versteht die beiden Faktoren als Gegenpole, wobei Führungspersönlichkeiten mit einer hohen Aufgabenorientierung in erster Linie an der Lösung von Problemen interessiert sind, während es Führungspersönlichkeiten mit einer hohen Beziehungsorientierung vor allem um den Zusammenhalt der Eigengruppe geht. Eine Führungspersönlichkeit, die sich zwischen den beiden Polen einordnet, bezeichnet Hermann als „charismatisch".

Um diese definitorischen Vorgaben in ein Kodierungsschema integrieren zu können, das für das Computerprogramm *Profiler Plus* verwendet wird und relevante Satzteile automatisch erkennt, ging Hermann wie folgt vor:

„In coding for task focus, just like in coding for conceptual complexity, attention is directed toward counting specific words, in this case, words that indicate work on a task or instrumental activity as well as words that center around concern for another's feelings, desires, and satisfaction. Examples of the task-oriented words are: accomplishment, achieve(ment), plan, position, proposal, recommendation, tactic. Illustrative of the group maintenance types of words are: appreciation, amnesty, collaboration, disappoint(ment), forgive(ness), harm, liberation, suffering" (Hermann 2002: 25-26).

Der Grad der Aufgaben- bzw. Beziehungsorientierung zeigt sich demnach anhand von spezifischen Wörtern, die bestimmte Aspekte der Problembzw. Aufgabenbewältigung aufgreifen oder das Verständnis der Führungspersönlichkeit bzw. dessen Empathiefähigkeit herausstellen.

Die deutsche Version der Kategorie Aufgaben- bzw. Beziehungsorientierung besteht aus 1068 Regeln, wobei 651 davon Indikatoren für eine hohe Aufgabenorientierung sowie 417 jene für eine niedrige Aufgaben- bzw. hohe Beziehungsorientierung näher spezifizieren. Die Indikatoren setzen sich hauptsächlich aus Nomen und Verben zusammen, wie Abbildung 2.14 zeigt.

*Abbildung 2.14: Beispielindikatoren für Aufgaben- bzw. Beziehungsorientie-*
*rung*

| Aufgabenorientierung | Beziehungsorientierung |
|---|---|
| erzielen, aller Widrigkeiten zum Trotz, Effizienz, Implementierung, Steigerungsmöglichkeiten, Entschlusskraft, ausgestalten, Lösungskonzept, überwinden, Tatendrang | Verständnis, Beistand, Auszeichnung, aufmuntern, Zusammenhalt, Zuversicht, Hoffnung, Loyalität, Geschlossenheit, Einfühlungsvermögen |

Quelle: Eigene Darstellung.

*Misstrauen gegenüber Anderen (DST)*

Unter Misstrauen gegenüber Anderen (*distrust of others*; DIS) versteht Hermann (2005: 202) die allgemeine Einstellung einer Führungspersönlichkeit gegenüber Anderen, die durch Skepsis, Besorgnis und Unbehagen charakterisiert ist und jene ständig die Motive und das Handeln von Dritten anzweifeln lässt.

Um diese definitorischen Vorgaben in ein Kodierungsschema integrieren zu können, das für das Computerprogramm *Profiler Plus* verwendet wird und relevante Satzteile automatisch erkennt, ging Hermann wie folgt vor:

„In coding for distrust of others, the focus is on noun and noun phrases referring to persons other than the leader and to groups other than those with whom the leader identifies. Does the leader distrust, doubt, have misgivings about, feel uneasy about, or feel wary about what these persons or groups are doing? Does the leader show concern about what these persons or groups are doing and perceive such actions to be harmful, wrong, or detrimental to himself/herself, an ally, a friend, or a cause important to the leader? If either of these conditions is present, the noun or noun phrase is coded as indicating distrust" (Hermann 2002: 30-31).

Wie ausgeprägt das Misstrauen einer Führungspersönlichkeit ist, zeigt sich demnach anhand von Nomen und Nominalphrasen, die sich auf Fremdgruppen beziehen und die Skepsis oder das Unbehagen gegenüber diesen zum Ausdruck bringen bzw. die Ansicht verdeutlichen, dass die Motive und Handlungen von Fremdgruppen der Eigengruppe oder ihren Verbündeten schaden. In einem Revisionsbericht von *Social Science Automation* wurde die Hinzunahme von Adjektiven und Verben angeregt, die das Misstrauen der Führungspersönlichkeiten adäquat wiedergeben.[30]

Die deutsche Version der Kategorie Misstrauen gegenüber Anderen besteht aus 787 Regeln, wobei 778 davon Indikatoren für ein hohes Misstrauen sowie neun jene für ein niedriges Misstrauen näher spezifizieren. Die Indikatoren setzen sich hauptsächlich aus Nomen, Adjektiven und vereinzelten Verben zusammen, was einer Erweiterung der Vorgaben Hermanns durch die Revisionsempfehlungen des internen Berichts von *Social Science Automation* entspricht und weitere Indikatoren aus Handkodierungen beinhaltet. Abbildung 2.15 führt Beispielindikatoren an, zumeist nach dem „Muster Fremdreferenz + Indikator bzw. Eigengruppen-/Eigenreferenz + Indikator".

*Abbildung 2.15: Beispielindikatoren für Misstrauen gegenüber Anderen*

| Hohes Misstrauen | Geringes Misstrauen |
|---|---|
| kriminell, rechtswidrig, hinterlistig, unrechtmäßig, subversiv, hinter unserem/meinem Rücken, abgekartetes Spiel, Täuschungsmanöver, ausnutzen, untergraben | partnerschaftlich, Vertrauensverhältnis, Solidarität, Resteregel (alle Eigennamen, in deren Zusammenhang kein hohes Misstrauen festgestellt werden kann, zählen als niedriges Misstrauen) |

Quelle: Eigene Darstellung.

*Eigengruppenfavorisierung (IGB)*

Unter Eigengruppenfavorisierung (*ingroup bias*; IGB) versteht Hermann (2005: 201) die Auffassung von Führungspersönlichkeiten, die eigene Gruppe (u.a. sozial, politisch, ethnisch) als zentral zu erachten. Es herrscht eine starke emotionale Bindung zu dieser Eigengruppe und sie wird als überlegen gegenüber anderen wahrgenommen. Zudem wird die Bedeutung des Erhalts der Eigengruppenkultur und deren Status propagiert. Jegliche Entscheidungen, die getroffen werden, bevorzugen die Eigengruppe.

Um diese definitorischen Vorgaben in ein Kodierungsschema integrieren zu können, das später für das Computerprogramm *Profiler Plus* ver-

---

30  Siehe Robalyn Stone und Courtney Brown: Revised Indicator for Distrust; Robalyn Stone und Angelina Dye: Development of a Revised Indicator for Self- Confidence; Robalyn Stone und Zach Pickens: Revised In-Group Bias Coding Scheme; Robalyn Stone, Adam Wagner und Courtney Brown: Development of a Revised Indicator for Conceptual Complexity; Robalyn Stone et al.: Development of a Revised Indicator for Need for Power; sowie Robalyn Stone et al.: Development of a Revised Indicator for Task Orientation.

wendet wird und relevante Satzteile automatisch erkennt, ging Hermann wie folgt vor:

> „In coding for ingroup bias, the unit of analysis is a word or phrase referring to the particular leader's own group. Of interest is ascertaining when the leader makes a reference to his or her own group, are the modifiers used favorable (e.g., ‚great,' ‚peace-loving,' ‚progressive,' ‚successful,' ‚prosperous'); do they suggest strength (e.g., ‚powerful,' ‚capable,' ‚made great advances,' ‚has boundless resources'); or do they indicate the need to maintain group honor and identity (e.g., ‚need to defend firmly our borders,' ‚must maintain our own interpretation,' ‚decide our own policies')? If any of these modifiers are present, the phrase indicates ingroup bias" (Hermann 2002: 29).

Die Erkennung der Eigengruppenfavorisierung einer Führungspersönlichkeit ergibt sich demnach vor allem aus der Verwendung von Adjektiven, Adverbien und Phrasen in Verbindung mit Verben, die ein positives Gefühl gegenüber der eigenen Gruppe zum Ausdruck bringen, deren Stärke bzw. Einfluss hervorheben oder die Ehre bzw. die Identität der Eigengruppe zu verteidigen suchen.

Die deutsche Version der Kategorie Eigengruppenfavorisierung besteht aus 794 Regeln, wobei 782 davon Indikatoren für eine hohe Eigengruppenfavorisierung (*high bias*), zehn jene für eine niedrige Eigengruppenfavorisierung (*low bias*) näher spezifizieren und zwei Regeln neutrale Satzgefüge herausfiltern. Die Indikatoren setzen sich hauptsächlich aus Verben und Nomen zusammen, die in Verbindung mit bestimmten Adjektiven und Adverbien zu Indikatoren werden (siehe Abbildung 2.16).

*Abbildung 2.16: Beispielindikatoren für Eigengruppenfavorisierung*

| Hohe Eigengruppenfavorisierung | Niedrige Eigengruppenfavorisierung |
|---|---|
| von Weltrang, Geltung, um Lichtjahre voraus, nicht kleinzukriegen, widerstehen, sich bewähren, nicht zurückweichen, nicht nachgeben, X verwehrt uns, X nutzt uns aus, X benachteiligt uns | Resteregel (alle Eigengruppenreferenzen, in deren Zusammenhang kein Indikator mit hoher Eigengruppenfavorisierung steht, werden als geringe Eigengruppenfavorisierung gezählt) |

Quelle: Eigene Darstellung.

## 2.2.4 Kategorienübertragung im Überblick

Zusammenfassend lässt sich festhalten, dass in der generellen Regelstruktur eine größere Übereinstimmung zwischen der englischen und der deutschen Version besteht als in der konkreten Ausgestaltung der einzelnen Regeln. Um das Ziel der Vergleichbarkeit zwischen der deutschen und der englischen Version herstellen zu können, wurden vor allem zentrale Metaregeln – Regeln zu Eigenreferenzen und Gruppenreferenzen, Auswertungsregeln zur Berechnung der Ergebnisse, Regel zur Erstellung einer Ergebnisdatei – und das Muster der Indikatorensuche – Ankerelement (zumeist Eigengruppen- bzw. Eigenreferenz) als erster Referenzpunkt, der in Zusammenhang mit den jeweiligen Indikatoren stehen muss – übernommen, da diese sich ohne Probleme auch für die deutsche Sprache verwenden lassen. Abgesehen davon wurde in der deutschen Version wie in der englischen Version bei den Kategorien Machtbedürfnis, Misstrauen gegenüber Anderen und Eigengruppenfavorisierung so vorgegangen, dass sich die jeweiligen niedrigen Werte hauptsächlich aus jenen Ankerelementen zusammensetzten, die nicht in Verbindung mit einem Indikator für jeweils hohe Werte standen (Resteregel).

Die Unterschiede zwischen der deutschen und der englischen Version ergeben sich aus der konkreten Ausgestaltung der einzelnen Regeln und der Wahl der Wortarten. Das Vorhandensein von trennbaren Verben und des sich wandelnden Satzbaus im Deutschen erforderte teils mehrere Regeln für einen Indikator mit unterschiedlichem Aufbau. Anstatt der wie in Abbildung 2.7 dargestellten einfachen Lösung im Englischen bedarf es mindestens dreier Regeln im Deutschen (Abbildung 2.8), um alle Satzstellungsmöglichkeiten adäquat erfassen zu können. Eine weitere Abweichung betrifft die Kategorie Misstrauen gegenüber Anderen, in welcher sich die deutsche Version die präzise Unterscheidung von Nomen in einfache Nomen und Eigennamen zunutze macht. Dadurch können gerade die „Anderen" genauer erkannt werden und somit präzise nicht nur mit Regeln gearbeitet werden, in denen ein/e Entscheidungsträger/in bzw. seine/ihre Eigengruppe als Subjekt auftritt, sondern nun auch Sätze miteinbezogen werden, in denen diese/r als Objekt auftritt und sich das Misstrauen aus der Handlung der Fremdgruppe als Subjekt ergibt.[31] Der zweite Unterschied ist die freiere Übernahme von Wortarten in bestimmten Gruppen (bei SC, TASK, DST und IGB), da sich diese im Zuge insbesondere der

---

31 Beispiel: „Land X hält sich nicht an die mit uns getroffenen Vereinbarungen."

Korporasuche und den Handkodierungen als eindeutige Indikatoren herausstellten.

Kurzum: Während letztlich die Makrostruktur der Kodierungsschemata größtenteils beibehalten bzw. ins Deutsche übersetzt wurde, hat sich durch die Eigenheiten der deutschen Sprache vor allem die Mikrostruktur verändert. Die Ergebnisse der Übertragung lassen sich anhand der Gegenüberstellung der bereits erwähnten bilingual verfügbaren Sprechakte von zwölf bundesrepublikanischen Kanzlern und Außenministern (ca. 150.000 Wörter pro Sprache, Auswahl erfolgte nach Verfügbarkeit) illustrieren. Wie die in Abbildung 2.17 aufgeführten Resultate zeigen, konnte eine geringe Abweichung (alle sieben Kategorien unter 3 Prozent) erreicht werden, was sich bei einem Blick auf die Einzelergebnisse zwar etwas relativiert, jedoch weisen letztlich alle Entscheidungsträger in den einzelnen Kategorien eine Abweichung von weit unter 10 Prozent auf (siehe Abbildung 2.18). Wir erachten diese Ergebnisse als valide, da die Kodierungsschemata einerseits die Vorgaben Margaret Hermanns mit den Erfordernissen der deutschen Sprache in Einklang bringen und andererseits eine Vergleichbarkeit mit den englischen Ergebnissen zulassen.

*Abbildung 2.17: Ergebnisse des Gesamtvergleichs der bilingual verfügbaren Reden*

| Kategorie | Englisch | Deutsch | Abweichung |
|---|---|---|---|
| **Glaube an die eigenen Kontrollfähigkeiten (BACE)** | 0,3478 | 0,3561 | +2,39% |
| **Machtbedürfnis (PWR)** | 0,2981 | 0,2987 | +0,20% |
| **Konzeptionelle Komplexität (CC)** | 0,5704 | 0,5757 | +0,93% |
| **Selbstbewusstsein (SC)** | 0,3460 | 0,3367 | -2,67% |
| **Aufgaben- bzw. Beziehungsorientierung (TASK)** | 0,6532 | 0,6549 | +0,26% |
| **Misstrauen gegenüber Anderen (DIS)** | 0,1313 | 0,1322 | +0,69% |
| **Eigengruppenfavorisierung (IGB)** | 0,1782 | 0,1829 | +2,64% |

Quelle: Eigene Darstellung.

*Abbildung 2.18:* *Abweichungen der Ergebnisse der deutschen von der englischen Version des LT-Ansatzes für sieben Bundeskanzler und Außenminister*

| Entscheidungs- trägerIn | Amt | BACE | PWR | CC | SC | TASK | DIS | IGB |
|---|---|---|---|---|---|---|---|---|
| Adenauer | BK | +1,21 | +2,94 | +1,04 | +5,06 | +1,96 | +3,73 | +5,50 |
| Fischer | AM | +1,78 | +3,47 | -2,90 | +5,77 | -1,59 | -0,77 | +5,04 |
| Genscher | AM | +2,25 | -1,05 | +1,68 | -2,66 | +1,97 | +5,47 | -2,53 |
| Kohl | BK | -2,72 | +2,60 | +2,25 | -6,54 | -2,40 | -6,40 | +4,17 |
| Merkel | BK | -1,59 | +2,48 | +4,85 | +3,99 | -2,06 | +0,52 | -7,56 |
| Steinmeier | AM | -1,14 | -4,11 | +0,32 | +3,79 | -1,27 | -1,82 | -2,19 |
| Westerwelle | AM | +5,14 | +4,71 | +0,38 | +9,19 | +4,42 | -2,12 | +3,59 |

Quelle: Eigene Darstellung. Angaben in Prozent. BK = Bundeskanzler; AM = Außenminister.

*Beispielanalyse[32]*

Zu Illustrationszwecken sollen im Folgenden die einzelnen Analyseschritte anhand des bereits angeführten Beispielsatzes „Ich habe meinen Willen durchgesetzt" durchgeführt werden, um die Einzelerkenntnisse aus den bisherigen Ausführungen zusammenzuführen.

Im ersten Schritt wird der gesamte Sprechakt – in diesem Falle der Beispielsatz – ohne Metainformationen wie Anlass, Datum, Zielpublikum oder Ähnliches in eine Textdatei überführt, welche dann in das Programm *TreeTagger* geladen wird. Dabei handelt es sich um einen sogenannten *Part-of-Speech-Tagger*, also um ein Programm, das jedem Token eines Textes Wortarten zuweist und damit sowohl die Unterteilung in Tokens erst vornimmt, als auch die Erstellungsmöglichkeiten bei den Kodierungsschemata für *Profiler Plus* erheblich ausweitet (siehe Schmid 1995; Zinsmeister 2015). Das Ergebnis des Wortartentaggings ist in Abbildung 2.19 dargestellt. Dabei wird der Ausgangstext in Spalte 1 (ein Token pro Zeile) angeführt, in Spalte 2 werden die jeweiligen Wortarten angeführt und die dritte Spalte gibt die Grundformen (Lemma) des Tokens wieder.

---

32  Siehe auch den Anhang, wo sich eine Anleitung für das Durchführen von Analysen findet.

*Abbildung 2.19: Ausgabedatei des TreeTagger-Programms*

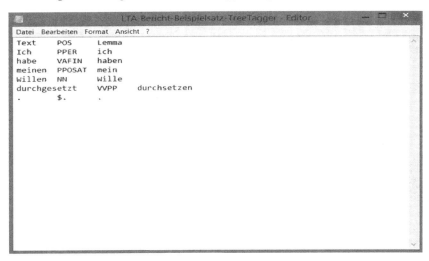

Quelle: Eigene Darstellung. Wortartenabkürzungen: PPER = Irreflexives Personalpronomen, VAFIN = Finites Hilfsverb, PPOSAT = Attribuierendes Possessivpronomen, NN = Normales Nomen, VVPP = Nicht-flektiertes Partizip Perfekt.

Die Ausgabedatei verdeutlicht die Präzision, mit welcher Begriffe annotiert werden, was die Suche erheblich verfeinert. Beispielsweise erlaubt *TreeTagger* dadurch das Herausfiltern aller Verben „durchsetzen", die als Partizip Perfekt auftreten oder nach jenen, die im Aktiv verwendet werden. Zudem kann durch die Unterscheidung von Nomen in einfache Nomen und Eigennamen auch die gezielte Suche nach Personen und/oder bekannten Institutionen vorgenommen bzw. durch zusätzliche Regelerstellungen erheblich vereinfacht werden.

Im zweiten Schritt wird die mithilfe von *TreeTagger* annotierte Datei in *Profiler Plus* verarbeitet. Dabei werden gleichzeitig die Kodierungsschemata der sieben Kategorien geladen und auf den Beispielsatz angewendet. Die Auswertung durch *Profiler Plus* ist in Abbildung 2.20 dargestellt.

*Abbildung 2.20: Ausgabedatei von Profiler Plus*

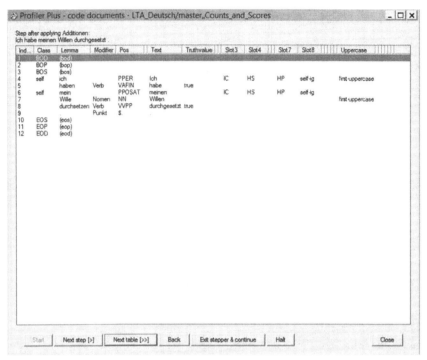

Quelle: Eigene Darstellung. BOD/EOD = Beginning/End of Document, BOP/EOP = Beginning/End of Paragraph, BOS/EOS = Beginning/End of Sentence, Self = Eigenreferenz, self-ig = Eigenreferenz & in Sonderfällen Gruppenreferenz, Truthvalue = true = nicht verneint.

*Profiler Plus* erweitert zunächst die Auswertungsmöglichkeiten um zusätzliche Informationskategorien wie *Class* (v.a. Klassifizierung nach Position im Text), *Truthvalue* (Aussage im Satz bejaht oder verneint) oder *Uppercase* (Groß- bzw. Kleinschreibung eines Tokens) und schafft zusätzliche Slots, welche dann angezeigt werden, wenn beispielsweise ein Begriff ein Indikator für eine der sieben Kategorien darstellt. Während Informationskategorien wie *Class* oder *Uppercase* von *Profiler Plus* vorgefertigte Auswertungen vornehmen, wurden die übrigen Informationskategorien von uns für die Erfordernisse der deutschen Sprache geschrieben. Diese Metaregeln bilden folglich die Basis für die Suche nach Indikatoren, da sie Informationen über Kontextbedingungen liefern. Als Beispiel liefern die Kategorien *Class* bzw. Slot8 Informationen über das Vorhandensein von Eigen- und Gruppenreferenzen, ohne die Begriffe in einigen Kategorien (BACE, PWR, SC und IGB) nicht zu Indikatoren werden, also Grundvoraussetzung für die Indikatoren darstellen.

Der Beispielsatz ist nach Auswertung also ein doppelter Indikator für hohen Glauben an die eigenen Kontrollfähigkeiten, hohes Machtbedürfnis und großes Selbstbewusstsein. In einem letzten Schritt wird dann eine Ergebnisdatei erstellt, wobei sich der Wert der jeweiligen Kategorie (d.h. Führungseigenschaft) aus dem Anteil der hohen Indikatoren an der Gesamtzahl der hohen und niedrigen Indikatoren ergibt.[33]

## 2.3 Datenmaterial

Dieses Unterkapitel beinhaltet Informationen zur Zusammenstellung des Projektdatenkorpus für die LT-Analyse. Als Grundlage dienten die in Kapitel 2.1 angeführten Anforderungen an die zur Analyse heranzuziehenden Sprechakte. Insgesamt beinhaltet das Projekt die Erstellung von LT-Profilen für alle Bundeskanzler inkl. Bundeskanzlerin Merkel sowie alle Außenminister seit 1949, mit der Ausnahme von Heiko Maas, der zum Zeitpunkt der Analyse noch keine ausreichende Anzahl an Interviews in seiner Rolle als Außenminister gegeben hatte.

Für jede der Führungspersönlichkeiten wurden entsprechend der Anforderungen des LT-Ansatzes mindestens 50 spontane Sprechakte gesammelt, die jeweils mehr als 100 Wörter umfassen mussten. Für Außenminister Walter Scheel wurden weitere Sprechakte zusammengetragen, um eine Mindestanzahl von Selbstreferenzen für die Auswertung in einigen Kategorien zu erreichen. Die gesammelten Sprechakte stammen alle aus dem Zeitraum der jeweiligen Amtszeit der Führungspersönlichkeit. Zudem wurde für jedes Amtsjahr mindestens ein Sprechakt dokumentiert. Entsprechend wurden für Willy Brandt zwei Datensammlungen durchgeführt, da er das Amt des Außenministers und darauffolgend das des Bundeskanzlers bekleidete (siehe Abbildung 2.21).

---

33 Aufgrund der geringen Ergebniszahl im Beispielsatz wird auf eine Darstellung der Ergebnisdatei verzichtet.

*Abbildung 2.21: Anzahl und Wortanzahl der Sprechakte pro Entscheidungs-trägerIn*

| Entscheidungs-trägerIn | Anzahl Sprechakte | Wortanzahl aller Sprechakte |
|---|---|---|
| Adenauer | 51 | 9072 |
| Brandt (AM) | 50 | 11497 |
| Brandt (BK) | 50 | 5731 |
| Brentano | 53 | 9952 |
| Erhard | 50 | 9526 |
| Fischer | 50 | 8162 |
| Gabriel | 50 | 7906 |
| Genscher | 56 | 10255 |
| Kiesinger | 50 | 9181 |
| Kinkel | 50 | 7464 |
| Kohl | 50 | 9531 |
| Merkel | 54 | 12901 |
| Scheel | 62 | 9805 |
| Schmidt | 52 | 9623 |
| Schröder (AM) | 53 | 8379 |
| Schröder (BK) | 56 | 10720 |
| Steinmeier | 52 | 7597 |
| Westerwelle | 50 | 7388 |

Quelle: Eigene Darstellung. BK = Bundeskanzler; AM = Außenminister.

Persönlichkeitsmerkmale einer Führungspersönlichkeit offenbaren sich in deren Sprechmustern, so die grundlegende Annahme des LT-Ansatzes (Hermann 2002: 10-11). Ein wesentlicher Aspekt bei der Zusammenstellung von Datenmaterial für eine LT-Analyse ist dabei die Spontanität der Sprechakte. Hermann stuft von Führungspersönlichkeiten gehaltene Reden als unzureichend für eine Analyse von Persönlichkeitsmerkmalen ein, da hier nicht sichergestellt werden kann, dass es sich beim untersuchten Datenmaterial um Sprechmuster des jeweilig untersuchten Akteurs und nicht von dessen Redenschreiber handelt (Hermann 2005: 179). Von Führungspersönlichkeiten gegebene Interviews stellen hingegen ideales Material für die LT-Analyse dar. Der Sprecher bzw. die Sprecherin kann in einer Frage-Antwort-Situation wenig Kontrolle ausüben und muss oftmals ohne Vorwarnung und weitere Hilfe spontan eigene Meinungen formulieren, die wiederum Einsichten in Auffassungen und Persönlichkeitsmerkmale ermöglichen (Hermann 2002: 2).

Aus diesem Grund wurde bei unserer Datensammlung die Richtlinie verfolgt bei der Auswahl der jeweiligen Interviews, wenn möglich die unbearbeitete Version einer Antwort zu verwenden. Somit wurden Interviews, die im Audio- oder Videoformat vorliegen, gegenüber Printinterviews bevorzugt, da hier sichergestellt werden konnte, dass die Antwort nicht bearbeitet wurde. Sofern nur Mitschriften vorhanden waren, wurde vorzugsweise auf Interviews zurückgegriffen, die im Radio oder Fernsehen gegeben wurden, um eine maximale Spontanität der Antworten sicherzustellen.

Durch die Akteneinsicht in mehreren Archiven bestand zudem die Möglichkeit, unbearbeitete Antworten von Printinterviews zu erlangen, die später in einer überarbeiteten Fassung erschienen. Nur falls kein derartiges Datenmaterial vorlag, wurden Printinterviews als Alternative herangezogen. Nicht verwendet wurden sogenannte „schriftliche" Interviews, bei denen aus der Akteneinsicht hervorging, dass die Fragen der jeweiligen Führungsperson in Briefform zugesendet und schriftlich beantwortet wurden, da in diesen Fällen nicht sichergestellt werden konnte, dass es sich bei den Aussagen um die der jeweiligen Führungspersönlichkeit handelt.

Die Interviews wurden aus diversen Quellen gewonnen. Wenn Video- oder Audioformate der Interviews vorhanden waren (bspw. bereitgestellt durch Fernseh- oder Radiosender in deren Onlinepräsenzen), wurden diese transkribiert. Dies war hauptsächlich bei Führungspersönlichkeiten der Fall, deren Amtszeit im Zeitraum zwischen 2010 und 2017 lag. Vereinzelt lagen derartige Dokumente auch für frühere Zeiträume vor. Zudem wurden Interviews aus Onlinepräsenzen von Printmedien gewonnen. Eine weitere Datenquelle stellten die jeweiligen Internetauftritte des Außenministeriums und der Bundesregierung dar. Als problematisch stellte sich zwischenzeitlich heraus, dass Interviews von vergangenen Außenministern und Bundeskanzlern wie Joschka Fischer und Gerhard Schröder nicht mehr von den jeweiligen Behörden online zur Verfügung gestellt wurden. In einigen Fällen konnte durch die Verwendung des *Internet Archives*, das Onlineinhalte in digitaler Form langzeitig archiviert, eine Reihe von ehemalig online gestellten Interviews wiedergewonnen werden.

Eine weitere durch eine Behörde zugänglich gemachte unerlässliche Quelle für die Datensammlung bestand in dem seit 1951 veröffentlichten Bulletin der Bundesregierung, in dem „Reden, Verlautbarungen, Bekanntmachungen, auch Statistiken, welche die Bundespolitik betrafen", veröffentlicht werden (Bulletin der Bundesregierung 2018). Innerhalb des Zeitraums zwischen 1951 und 1980 umfasst das Bulletin die Dokumentation von Interviews und Pressekonferenzen, die Bundeskanzler und Außenminister in ihrer jeweiligen Amtsperiode führten. Das Bulletin erwies sich somit insbesondere für die frühen Jahre der Bundesrepublik als wertvolle Datenquelle.

Einen höchst verlässlichen Zugang zu alternativen spontanen Sprechakten stellen die Plenarprotokolle dar, die auf der Website des Bundestags in einer Datenbank bereitgestellt werden, die jede Sitzung des Bundestags seit Gründung der Bundesrepublik dokumentiert. Zwar beinhalten die aus dieser Datenquelle gewonnenen Dokumente keine Interviews. Dennoch ist es möglich, spontane Sprechakte von deutschen Außenministern und Bundeskanzlern aus der Protokollierung einer Plenarsitzung zu gewinnen. Die Beantwortung von Zwischenfragen während einer gehaltenen Rede und die Antworten innerhalb einer Fragestunde wurden als ausreichend spontan betrachtet, um sie für die Datenerhebung verwenden zu können – vorausgesetzt die jeweiligen Sprechakte umfassen mehr als hundert Wörter.

Neben den oben aufgeführten online verfügbaren Quellen wurde ein großer Teil des Datenmaterials durch die Transkription von Aktenmaterial aus verschiedenen Archiven gewonnen. Das Bundesarchiv in Koblenz stellte eine Reihe von Interviews für den Zeitraum der Bonner Republik bereit. Das Archiv der Konrad-Adenauer-Stiftung in Sankt Augustin beinhaltet eine Sammlung sämtlicher Interviews von Bundeskanzlern und Außenministern aus den Reihen der CDU. Das Politische Archiv des Auswärtigen Amtes in Berlin umfasst die Interviews aller Außenminister seit Gründung der Bundesrepublik. Alle Archive boten die Möglichkeit an, das jeweilige Datenmaterial in einer bestimmten Form zu sichern. Alle Sprechakte sind dementsprechend transkribiert, kopiert oder abfotografiert. Die jeweiligen Transkripte bilden den LT-Datenkorpus.

# 3. Politische Überzeugungen

In diesem Kapitel geht es darum, wie politische Überzeugungen von außenpolitischen EntscheidungsträgerInnen im Allgemeinen und deutschsprachigen EntscheidungsträgerInnen im Speziellen erfasst werden können. Hierzu greifen wir auf den *Operational Code*-Ansatz (OC-Ansatz) zurück. Nach einer Einführung in den Ansatz (Kapitel 3.1) geht es im nächsten Schritt darum, wie das Kodierungsschema zur Erfassung der im OC-Ansatz enthaltenen Überzeugungen auch für deutschsprachige Texte anwendbar gemacht werden kann (Kapitel 3.2). Abschließend folgen Informationen zum Datenmaterial, auf dessen Grundlage die OC-Profile der deutschen Bundeskanzler und Außenminister erstellt wurden (Kapitel 3.3).

## 3.1 Der Operational Code-*Ansatz*

### Grundsätzliche Annahmen

Wie der im vorherigen Kapitel diskutierte LT-Ansatz, stellt der OC-Ansatz ebenfalls einzelne EntscheidungsträgerInnen in den Mittelpunkt der Analyse (Leites 1951; George 1969; Schafer und Walker 2006b).[34] Auch hier sind EntscheidungsträgerInnen somit nicht beliebig austauschbare Personen, deren Handeln von strukturellen Vorgaben und Zwängen (bspw. Parteiideologie oder bürokratische Position) bestimmt wird. Im Unterschied zum LT-Ansatz stehen nunmehr jedoch die politischen Überzeugungen im Zentrum der Analyse. Basierend auf einer kognitiven Perspektive auf die Analyse von Außenpolitik, fungieren diese Überzeugungen als Heuristiken bzw. „mentale Schablonen", durch welche EntscheidungsträgerInnen ihre Umwelt wahrnehmen und Schlüsse für praktisches Handeln ableiten.

---

34 Eine ausführliche deutschsprachige Einführung in den Ansatz, in der auch zahlreiche empirische Anwendungen angeführt werden, findet sich in Brummer und Oppermann (2019): Kapitel 9.

Nach George lassen sich „operational codes" definieren als

> „a set of general beliefs about fundamental issues of history and central questions of politics as these bear, in turn, on the problem of action. [...] They serve [...] as a prism that influences the actor's perceptions and diagnoses of the flow of political events, his definitions and estimates of particular situations. These beliefs also provide norms, standards, and guidelines that influence the actor's choice of strategy and tactics, his structuring and weighing of alternative courses of action" (George 1969: 191).

Der in diesem Zitat angelegten Gruppierung entlang von Wahrnehmungen auf der einen und Handlungen auf der anderen Seite folgend, werden die insgesamt zehn im OC-Ansatz enthaltenen politischen Überzeugungen in zwei Kategorien unterteilt. *Philosophische* Überzeugungen heben auf den diagnostischen Aspekt ab. Hierbei geht es zuvorderst um die Bewertung der Natur des politischen Umfelds, genauer gesagt inwieweit dieses von Harmonie bzw. Kooperation(schancen) oder aber von Konflikt geprägt ist. Die philosophischen Überzeugungen richten sich somit auf Dritte („others"), die das politische Umfeld bestimmen. Demgegenüber thematisieren *instrumentelle* Überzeugungen das Handeln von EntscheidungsträgerInnen, wobei es insbesondere um die Auswahl von Zielen und Strategien und die zu deren Erreichung erforderlichen Instrumente geht. Hier steht somit der zu analysierende Akteur („self") im Blickpunkt.

Abbildung 3.1 zeigt im Detail die zehn im OC-Ansatz erfassten politischen Überzeugungen. Sowohl für die philosophischen Überzeugungen als auch für die instrumentellen Überzeugungen gelten die jeweils erstgenannten Überzeugungen (P-1 bzw. I-1) als übergeordnete bzw. grundlegende „master beliefs"; die weiteren vier Überzeugungen jeder Kategorie (P-2 bis P-5 bzw. I-2 bis I-5) beziehen sich auf diese „Hauptüberzeugungen" und verweisen auf eher spezifischere Aspekte hinsichtlich der Beurteilung von Anderen („Others") bzw. einem selbst („self") (Schafer und Walker 2006b: 33).

*Abbildung 3.1: Philosophische und instrumentelle Überzeugungen*

| Philosophical Beliefs | Instrumental Beliefs |
|---|---|
| P-1 What is the ‚essential' nature of political life? Is the political universe essentially one of harmony or conflict? What is the fundamental character of one's political opponents? (*master belief*) | I-1 What is the best approach for selecting goals or objectives for political action? (*master belief*) |
| P-2 What are the prospects for the eventual realization of one's fundamental political values and aspirations? Can one be optimistic, or must one be pessimistic on this score; and in what respects the one and/or the other? | I-2 How are the goals of action pursued most effectively?  I-3 How are the risks of political action calculated, controlled, and accepted? |
| P-3 Is the political future predictable? In what sense and to what extent? | I-4 What is the best ‚timing' of action to advance one's interest? |
| P-4 How much ‚control' or ‚mastery' can one have over historical development? What is one's role in ‚moving' and ‚shaping' history in the desired direction? | I-5 What is the utility and role of different means for advancing one's interests? |
| P-5 What is the role of ‚chance' in human affairs and in historical development? | |

Quelle: Eigene Darstellung basierend auf George (1969).

Die politischen Überzeugungen können unterschiedliche Ausprägungen erfahren. Mit diesen Ausprägungen – und dabei insbesondere mit extreme(re)n Ausprägungen (im Sinne von: besonders niedrig oder besonders hoch) – lassen sich gewisse Erwartungen an das Verhalten der EntscheidungsträgerInnen verknüpfen (für Details siehe Schafer und Walker 2006b: 31-38). Welche dies sind, wird in Abbildung 3.2 zusammengefasst.

## Abbildung 3.2: Politische Überzeugungen und Verhaltenserwartungen

| Überzeugung | Ausprägungen | Interpretation/ Verhaltensewartungen |
|---|---|---|
| Natur des politischen Universums (P-1) | Zwischen feindlich und freundlich | Je niedriger der Wert ist, umso feindlicher werden andere Akteure („Others") wahrgenommen; je höher der Wert ist, umso freundlicher werden andere Akteure („Others") wahrgenommen. |
| Aussichten für die Umsetzung grundlegender Werte (P-2) | Zwischen pessimistisch und optimistisch | Je niedriger der Wert ist, umso pessimistischer werden die Aussichten zur Umsetzung von Zielen beurteilt; je höher der Wert ist, umso optimistischer werden die Aussichten zur Umsetzung von Zielen beurteilt. |
| Vorhersagbarkeit des politischen Universums (P-3) | Zwischen niedrig und hoch | Je niedriger der Wert ist, desto weniger vorhersehbar erscheint das politische Universum; je höher der Wert ist, desto vorhersehbarer erscheint das politische Universum. |
| Kontrolle über geschichtliche Entwicklungen (P-4) | Zwischen niedrig und hoch | Je niedriger der Wert ist, desto mehr Kontrolle wird Anderen („Others") zugewiesen; je höher der Wert ist, desto mehr Kontrolle wird einem selbst („Self") zugesprochen. |
| Rolle des Zufalls (P-5) | Zwischen niedrig und hoch | Je weniger vorhersehbar das politische Universum (P-3) und je geringer die Kontrolle über Entwicklungen (P-4) erscheinen, desto größer ist die Rolle des Zufalls; je vorhersehbarer das politische Universum (P-3) und je größer die Kontrolle über Entwicklungen (P-4) erscheinen, desto geringer ist die Rolle des Zufalls. |
| Strategische Ausrichtung (I-1) | Zwischen konfliktiv und kooperativ | Je niedriger der Wert ist, desto größer ist der Nutzen, der konfliktiven Strategien zugewiesen wird; je höher der Wert ist, desto größer ist der Nutzen, der kooperativen Strategien zugewiesen wird. |
| Intensität bei der Verfolgung der Ziele (I-2) | Zwischen konfliktiv und kooperativ | Je niedriger der Wert ist, desto größer ist der Nutzen, der feindlichen Taktiken zugewiesen wird; je höher der Wert ist, desto größer ist der Nutzen, der kooperativen Taktiken zugewiesen wird. |
| Risikoorientierung (I-3) | Zwischen risikoavers und risikobereit | Je niedriger der Wert ist, desto geringer ist die Risikobereitschaft; je höher der Wert ist, desto höher ist die Risikobereitschaft. |
| Bedeutung des „Timings" von Handlungen (I-4) *unterschieden nach:* | | |
| Diversität bei Auswahlmöglichkeiten bzgl. konfrontativer und kooperativer Handlungen (I-4a) | Zwischen geringer und hoher Flexibilität | Je niedriger der Wert ist, desto weniger flexibel sind Entscheidungsträger bei der Auswahl ihrer Instrumente; je höher der Wert ist, desto flexibler sind Entscheidungsträger bei der Auswahl ihrer Instrumente. |

| Überzeugung | Ausprägungen | Interpretation/ Verhaltensewartungen |
|---|---|---|
| Diversität in den Handlungen hinsichtlich der Verteilung von „words" und „deeds" (I-4b) | Zwischen geringer und hoher Flexibilität | Je niedriger der Wert ist, desto weniger flexibel sind Entscheidungsträger bei der Auswahl ihrer Instrumente; je höher der Wert ist, desto flexibler sind Entscheidungsträger bei der Auswahl ihrer Instrumente. |
| Nutzen bestimmter Instrumente (I-5) (punish – threaten – oppose – support – promise – reward) | Zwischen niedrig und hoch | Je niedriger der Anteil einer Verbkategorie (punish, threaten etc.) ist, desto niedriger wird der Nutzen des jeweiligen Instruments eingestuft; je größer der Anteil einer Verbkategorie (punish, threaten etc.) ist, desto höher wird der Nutzen des jeweiligen Instruments eingestuft. |

Quelle: Eigene Darstellung basierend auf Schafer and Walker (2006b).

Mit Blick auf die Frage nach Stabilität und Themenspezifizität von politischen Überzeugungen zeigen sich deutliche Unterschiede zum LT-Ansatz. Letzterer geht, wie in Kapitel 2.1 geschildert, davon aus, dass Führungseigenschaften über längere Zeiträume hinweg weitgehend stabil bleiben und sich zugleich in unterschiedlichen Bereichen der Außenpolitik gleichermaßen ausdrücken. Im Unterschied hierzu geht man beim OC-Ansatz davon aus, dass sich politische Überzeugungen sehr wohl – und unter bestimmten Bedingungen sogar sehr schnell – ändern können. Zugleich können sich politische Überzeugungen von Handlungsbereich zu Handlungsbereich unterscheiden, teilweise sogar fundamental (siehe bspw. Walker und Schafer 2000).[35] Während somit ein vergleichsweise stabiles „Repertoire" an Führungseigenschaften das Handeln eines Entscheidungsträgers oder einer Entscheidungsträgerin in sämtlichen Bereichen der Außenpolitik anleiten sollte, geht man beim OC-Ansatz davon aus, dass sich die politischen Überzeugungen von dem Entscheidungsträger oder der Entscheidungsträgerin sehr wohl zwischen Themenbereichen wie Außenhandelsfragen, Sanktionspolitik und Entscheidungen zur Entsendung von Streitkräften ins Ausland unterscheiden können wie auch innerhalb dieser Bereiche Veränderungen über Zeit nicht ausgeschlossen werden.

---

35 Weitere diese Aspekte aufgreifende empirische Studien werden in den Fallstudien von Kapitel 5 angeführt.

*Erhebung und Einordnung von politischen Überzeugungen*

Nach der Einführung von grundlegenden Annahmen des OC-Ansatzes stellen sich als nächstes die Fragen, wie politische Überzeugungen überhaupt erfasst bzw. erhoben und wie die daraus resultierenden Ergebnisse eingeordnet und bewertet werden können. Zunächst zur Frage der Erhebung:

Wie der LT-Ansatz gehört auch der OC-Ansatz zu den „At-a-distance"-Techniken zur Untersuchung politischer EntscheidungsträgerInnen. Auch hier steht die Auswertung von Sprechakten der zu analysierenden Akteure im Zentrum. Diese Auswertung und somit die Erhebung der Werte für die einzelnen politischen Überzeugungen erfolgt inzwischen üblicherweise computergestützt unter Hinzuziehung des Softwareprogramms *Profiler Plus*. Dieses enthält eben nicht nur ein Kodierungsschema für den LT-Ansatz, sondern auch eines für den OC-Ansatz. Dieses wird als *Verbs in Context System* (VICS) bezeichnet. Details zu VICS finden sich in Kapitel 3.2.

Was die Ermittlung der Werte anbelangt, so finden sich beim OC-Ansatz anderweitige Vorgaben an die heranzuziehenden Sprechakte und somit an das Datenmaterial als beim LT-Ansatz. Die Vorgaben sind insofern weniger rigide, als nunmehr neben spontanen Sprechakten auch vorgefertigte Sprechakte, etwa in Form von Reden, herangezogen werden können. Gleichwohl kommt nicht jeder Sprechakt für die Analyse infrage. Vielmehr gelten mehrere qualitative und quantitative Vorgaben.

Da, wie angeführt, von themenspezifischen politischen Überzeugungen ausgegangen wird, müssen sich die Sprechakte stets konkret auf den zu untersuchenden Sachverhalt beziehen. Abhängig von der Forschungsfrage können dies beispielsweise Einsätze von Streitkräften im Ausland sein oder aber die Außenpolitik im Allgemeinen. Auch in zeitlicher Hinsicht sind die Äußerungen gezielt auszuwählen. Wenn etwa erörtert werden soll, wieso es zur Entsendung von Streitkräften kam, dürfen keine Sprechakte herangezogen werden, die nach der entsprechenden Entscheidung geäußert wurden. In quantitativer Hinsicht gilt es, ca. zehn thematisch wie auch zeitlich „passende" Sprechakte heranzuziehen. Jeder einzelne Sprechakt muss dabei jeweils mindestens 1500 Wörter umfassen bzw. jeweils mind. 15 Wörter beinhalten, die von dem oben angeführten *Verbs in Context System* erfasst, kodiert und in politische Überzeugungen übertragen werden können (siehe Schafer und Walker 2006b: 43-46).[36]

---

36 Da das dem *Verbs in Context System* zugrundeliegende Lexikon in Gänze nicht frei zugänglich ist und daher nicht beurteilt werden kann, welche Wörter (genau-

Abbildung 3.3 führt an, in welchen Spannen sich die Werte für die einzelnen politischen Überzeugungen bewegen (je nach Überzeugung zwischen -1 und +1 bzw. 0 und 1) und wie diese Werte berechnet werden. Bei der Berechnung zeigt sich die „Überordnung" der *master beliefs* P-1 und I-1 (siehe Kapitel 3.2 für Details). Walker und Kollegen bemerken hierzu:

> „The indices for I-1 and P-1 summarize the balance between the leader's attribution of cooperative and conflictual properties of self and others. The indices for the remaining instrumental (self) and philosophical (other) elements are disaggregations of these two indices into different measures of central tendency, balance, and dispersion" (Walker, Schafer und Young 1998: 177).

*Abbildung 3.3: Berechnung der Werte für politische Überzeugungen*

| Überzeugung | Skala | Berechnung |
|---|---|---|
| Natur des politischen Universums (P-1) | -1 bis +1 | Prozentanteil positiver Äußerungen über Andere („Others") minus Prozentanteil negativer Äußerungen über Andere („Others") |
| Aussichten für die Umsetzung grundlegender Werte (P-2) | -1 bis +1 | Durchschnittliche Intensität von Äußerungen über Andere („Others") geteilt durch drei |
| Vorhersagbarkeit des politischen Universums (P-3) | 0 bis 1 | 1 minus „Index of Qualitative Variation" |
| Kontrolle über geschichtliche Entwicklungen (P-4) | 0 bis 1 | Zahl der Äußerungen über sich selbst („Self") geteilt durch die Summe der Äußerungen über sich selbst („Self") und über Andere („Others") |
| Rolle des Zufalls (P-5) | 0 bis 1 | 1 minus Wert von P-3 mal Wert von P-4 |
| Strategische Ausrichtung (I-1) | -1 bis +1 | Prozentanteil kooperativer (+) Äußerungen bezogen auf sich selbst („Self") minus Prozentanteil von konfliktiven (-) Äußerungen über sich selbst („Self") |
| Intensität bei der Verfolgung von Zielen (I-2) | -1 bis +1 | Durchschnittliche Intensität von Äußerungen über sich selbst („Self") geteilt durch drei |
| Risikoorientierung (I-3) | 0 bis 1 | 1 minus „Index of Qualitative Variation" bezogen auf Äußerungen über sich selbst („Self") |

---

er: Verben) darin enthalten sind, ist der Zugang über den Gesamtumfang der einzelnen Sprechakte (d.h. mindestens 1500 Wörter pro Sprechakt) der einfachere.

| Überzeugung | Skala | Berechnung |
|---|---|---|
| Bedeutung des „Timing" von Handlungen (I-4) *unterschieden nach:* | | |
| Diversität bei Auswahlmöglich-keiten bzgl. konfrontativer und kooperativer Handlungen (I-4a) | 0 bis 1 | 1 minus des absoluten Werts von [Prozent-anteil von kooperativen Äußerunge minus Prozentanteil von konfliktive Äußerungen] |
| Diversität in den Handlungen hinsichtlich der Verteilung von „words" und „deeds" (I-4b) | 0 bis 1 | 1 minus des absoluten Werts von [Prozent-anteil von „word self"-Äußerungen minus Prozentanteil von „deed self"-Äußerungen] |
| Nutzen bestimmter Instrumente (I-5) (punish – threaten – oppose – support – promise – reward) | 0 bis 1 | Summe der einzelnen Verbkategorien (punish, threaten etc.) geteilt durch die Summe aller auf sich selbst („self") bezogenen Äußerungen (Verben). |

Quelle: Eigene Darstellung basierend auf Schafer und Walker (2006b): 32-38.

Die Einordnung und Bewertung der ermittelten Werte für die einzelnen politischen Überzeugungen, die sich aus der Auswertung der Sprechakte mittels des in *Profiler Plus* enthaltenen Kodierungsschemas für den OC-An-satz ergeben, ist weniger leicht möglich als beim LT-Ansatz. Was für den OC-Ansatz (bislang) fehlt, ist eine Dutzende oder sogar Hunderte von Ent-scheidungsträgerInnen umfassende „norming group" analog zu derjeni-gen, die es beim LT-Ansatz gibt. Entsprechend gibt es keine Referenzgrup-pe, anhand derer die ermittelten Werte als hoch, durchschnittlich oder niedrig eingestuft werden könnten. Ein erster Schritt in Richtung einer „Normgruppe" für den OC-Ansatz findet sich bei Dyson und Parent (2018: 89), deren Vergleichsgruppe allerdings nur elf EntscheidungsträgerInnen umfasst. Von daher verzichten wir bei unseren empirischen Studien in Ka-pitel 5 auf Vergleiche, die sich außerhalb des Samples der bundesdeut-schen außenpolitischen EntscheidungsträgerInnen bewegen.

## 3.2 Übertragung des OC-Kodierungsschemas ins Deutsche

Ähnlich wie bei der Erstellung des deutschen Kodierungsschemas für LT-Analysen wurde auch bei der Erstellung des deutschen Kodierungsschemas für OC-Analysen auf ein bestehendes englisches Schema zurückgegriffen. Dieses wurde einerseits mithilfe der in Kapitel 2.2 angeführten Wörterbü-cher und Korpora ins Deutsche übertragen und erweitert sowie anderer-seits in den Regeln an die Eigenheiten der deutschen Sprache angepasst.

Als Ausgangspunkt für die Erarbeitung einer deutschen OC-Version diente das von Walker, Schafer und Young (1998) entwickelte *Verbs in Context System*. Dieses Verfahren zur Anwendbarmachung des OC-Ansatzes untersucht anhand von Sprechakten von EntscheidungsträgerInnen deren Ansichten über die Ausübung politischer Macht anderer Entscheidungsträger (philosophische Überzeugungen) sowie deren Neigungen bei der Anwendung politischer Macht (instrumentelle Überzeugungen). Macht verstehen Walker und Kollegen dabei als „the interplay of different kinds of control relationships between the self and others in the political universe, including the positive sanctions of authority, influence, and reward versus the negative sanctions of resistance, threat, and punishment" (Walker, Schafer und Young 1998: 177).

Politische Überzeugungen eines Entscheidungsträgers bzw. einer Entscheidungsträgerin werden demnach maßgeblich durch die Machtbeziehungen zwischen dem Entscheidungsträger bzw. der Entscheidungsträgerin (*self*) und Anderen/Dritten (*other*) bzw. deren konkreten sprachlichen und verhaltensbedingten Manifestationen geprägt. Diese können sowohl positiv als auch negativ sein und ergeben sich aus der Anzahl und dem Verhältnis der positiven zu den negativen Manifestationen (siehe Abbildung 3.3). Walker, Schafer und Young (1998: 177) unterteilen dabei die für Macht stehenden Indikatoren in drei positive sowie drei negative Kategorien mit entsprechenden Wertigkeiten. Die positiven Kategorien samt Wertigkeiten lauten belohnen/+3, versprechen/+2, und befürworten/+1; die negativen Kategorien und Wertigkeiten sind bestrafen/-3, drohen/-2 und ablehnen/-1.

Das zentrale Analyseelement zur Berechnung der Werte der philosophischen und instrumentellen Überzeugungen stellt dabei das transitive Verb[37] in Form des Prädikats eines Satzes dar, dessen Kontext genauer betrachtet wird, um mithilfe des Subjekts, des Tempus sowie der Objekte diesem eine Wertigkeit zuordnen zu können. Die Ergebnisse für die einzelnen Überzeugungen können schließlich verglichen und in Beziehung zueinander gesetzt werden, woraus sich, wie in Abbildung 3.2 angeführt, Verhaltenserwartungen und -neigungen der EntscheidungsträgerInnen darstellen lassen. Abbildung 3.4 stellt zusammenfassend den schemati-

---

37  „Verb, das von seiner Valenz her ein Akkusativobjekt erfordert" (Homberger 2000: 589). Im Unterschied dazu wird das intransitive Verb als „Teilmenge der Verben, die kein Akkusativobjekt bei sich haben" definiert, welches nur in Ausnahmefällen ein unpersönliches Passiv bildet (Homberger 2000: 237-238).

schen Ablauf einer manuellen Analyse nach dem *Verbs in Context System* dar.

*Abbildung 3.4: Ablauf einer Analyse nach dem Verbs in Context System*

| Schritte des *Verbs in Context System* |
|---|
| **1. Subjekterkennung**<br>Eigenreferenz oder Fremdreferenz |
| **2. Verbkategorisierung**<br>Vergangenheit – Präsens – Futur<br>Positiv – Negativ<br>Befürworten (+1) – Ablehnen (-1)<br>Versprechen (+2) – Drohen (-2)<br>Belohnen (+3) – Bestrafen (-3) |
| **3. Themenbereich**<br>Innenpolitik – Außenpolitik |
| **4. Objekt & Thema** |

Quelle: Eigene Darstellung nach Walker, Schafer und Young (1998): 183.

Wie im Folgenden dargestellt, basiert die deutsche Version des OC-Kodierungsschemas auf den in Abbildung 3.4 angeführten Kategorien. Anhand der Regeln des in Abbildung 3.5 präsentierten deutschen Schemas soll auf die Unterschiede in der Abfolge und die notwendigen Ergänzungen bzw. Abweichungen eingegangen werden, die die Eigenheiten der deutschen Sprache und die Erfordernisse des Programms *Profiler Plus* widerspiegeln.

*Abbildung 3.5: Regeln des deutschen OC-Kodierungsschemas*

| | Name | Funktion | Entsprechung im *Verbs in Context System* |
|---|---|---|---|
| 1 | Laender_Staedte_Regionen_als_Akteure | Erkennung potentieller Subjekte & Objekte | |
| 2 | Akteure 1 | Erkennung potentieller Subjekte & Objekte | |
| 3 | Akteure 2 | Erkennung potentieller Subjekte & Objekte | Schritt 1 |
| 4 | Akteure 3 | Umgang mit Personal- & Possessivpronomen | |
| 5 | Anglizismen-Anpassung | Wortartenangleichung für *TreeTagger* | - |
| 6 | Kooperation-Konflikt | Für Kooperation bzw. Konflikt stehende Begriffe | Schritt 2 |

| Name | Funktion | Entsprechung im *Verbs in Context System* |
|---|---|---|
| 7 Negationen | Erkennen von Negationen | Schritt 2 |
| 8 Negationen2 | Negation mit Prädikat verknüpfen | Schritt 2 |
| 9 Modalverben | Erkennen von Modalverben | Schritt 2 |
| 10 Phrasenkuerzungen | Irrelevante Satzglieder entfernen | - |
| 11 Restzuweisung-Hilfsverben | Nicht zugewiesene Hilfsverben sein & haben als Intransitiv | Schritt 2 |
| 12 Verbwertigkeiten | Hauptschema mit allen Verbindikatoren & Wertigkeiten | Schritt 2 |
| 13 Verbwertigkeiten-Ausnahmen | Kontextabhängige Änderungen der Wertigkeiten | Schritt 2 |
| 14 Subjekt-Objekterkennung 1 | Identifizierung von tatsächlichen Objekten & Subjekten | Schritt 1 |
| 15 Subjekt-Objekterkennung 2 | Ausnahmen bei Subjekt-Objekt-Stellung je nach Satzart | Schritt 1 |
| 16 Zusammenfassung 1 | Überschriften der Zusammenfassungsdatei | - |
| 17 Zusammenfassung 2 | Subjekt-Objekt-Reihung in der Zusammenfassungsdatei | - |
| 18 Zusammenfassung 3 | Berechnung der einzelnen Werte | - |
| 19 Zusammenfassung 4 | Berechnung der einzelnen Werte | - |
| 20 Zusammenfassung 5 | Darstellung der einzelnen Werte in der Zusammenfassungsdatei | - |

Quelle: Eigene Darstellung.

Die zentralen Unterschiede zwischen dem *Verbs in Context System* und dem deutschen OC-Schema für *Profiler Plus* bestehen in der Notwendigkeit der vorherigen Sprechaktmarkierung, der Mischung der verschiedenen Schritte und einem besonderen Fokus auf die Subjekt-Objekt-Erkennung im Deutschen. Aus Abbildung 3.5 wird ersichtlich, dass die Schritte 3 und 4 des *Verbs in Context System* beim computergestützten Verfahren bereits im Vorhinein erfolgen, d.h. die Sprechakte des jeweiligen Entscheidungsträgers bzw. der Entscheidungsträgerin müssen bereits bei der Recherche nach Themen geordnet werden. Zudem wird in der deutschen OC-Version deutlich, dass die Schritte 1 und 2 nicht direkt aufeinanderfolgen, sondern aufgrund der variablen Stellung von Subjekt und Objekt im Satz zahlreiche Regeln erfordern, um diesem Umstand gerecht zu werden.

Die Subjekt-Objekt-Erkennung erfolgt dabei in zwei Schritten: Zu Beginn der Analyse werden zunächst alle potentiellen Subjekte bzw. Objekte markiert, die im jeweiligen Sprechakt vorkommen. In einem zweiten Schritt werden dann diese potentiellen Satzglieder, die in einem Satz mit einem Indikator als Prädikat auftreten, je nach Art des Satzes als Subjekt oder Objekt identifiziert und mit dem Indikator in Beziehung gesetzt. Diese bereits im Zuge der Erstellung des LT-Schemas (siehe Kapitel 2.2) anhand des Beispielverbs „durchsetzen" erwähnte flexible Stellung der Satzteile gewinnt bei der Erstellung des OC-Schemas ebenfalls eine herausragende Bedeutung, da in jedem Satz neben dem Subjekt auch die Objekte eindeutig identifiziert werden sollten. Entsprechend werden zahlreiche Regeln benötigt, um den möglichen Varianten der Subjekt-Objekt-Stellung (siehe Abbildung 2.8) im Deutschen gerecht werden zu können. Exemplarisch sei hier nur die unterschiedliche Subjekt-Objekt-Stellung in deutschen Haupt- und Nebensätzen erwähnt.

Das zentrale Element bei der Erstellung des deutschen Schemas stellt Schritt 2 des *Verbs in Context System* dar, in welchem nicht nur die Verbindikatoren aufgelistet, sondern diese bereits je nach Modus und Tempus mit Wertigkeiten versehen werden. Die Erstellung erfolgt dabei, wie beim LT-Schema angeführt (Kapitel 2.2), in zwei Schritten. Dies sind die Indikatorensuche und die Zuteilung von Wertigkeiten. Den Ausgangspunkt für die deutsche Indikatorenliste bildet neben den grundlegenden Ausführungen zum OC-Ansatz von Walker, Schafer und Young (1998) eine daraus entwickelte Liste an für die verschiedenen Wertigkeiten (-3 bis +3 sowie 0) typischen englischen Indikatoren.[38] Auf Basis dieser englischen Indikatorenliste wurde dann wie beim LT-Schema mithilfe von mono- und bilingualen Wörterbüchern die Übertragung ins Deutsche vorgenommen. Anschließend wurden die deutschen Indikatoren mithilfe der korpusunterstützten monolingualen Wörterbücher um relevante Synonyme ergänzt. Die deutsche Version besteht aus 1737 Indikatoren sowie 276 Kollokationen und umfasst insgesamt 9051 Regeln. Schließlich erfolgte die Zuordnung von Wertigkeiten anhand der Kriterien des *Verbs in Context System*. Eine Liste von Beispielindikatoren für die verschiedenen Wertigkeiten findet sich in Abbildung 3.6.

---

38  Wir danken Michael Young für die Bereitstellung der Dokumente.

*Abbildung 3.6:* *Beispielliste von Indikatoren der verschiedenen Wertigkeiten*
*nach dem Verbs in Context System*

| Verbkategorien | Indikatoren | Besonderheiten |
|---|---|---|
| Belohnen (+3) | absichern, beistehen, an einen sicheren Ort bringen, entschädigen, integrieren, kooperieren, rehabilitieren, retten, subventionieren, wiederaufbauen | Verben in Präsens und den Vergangenheitsformen |
| Versprechen (+2) | anbieten, bereitstellen, bürgen, einstehen, garantieren, geloben, gewährleisten, versichern, zusagen, zusichern | Zusätzlich zu den genannten Verben häufig Verben mit der Wertigkeit +3 im Futur sowie zahlreiche negierte Verben mit der Wertigkeit -3 im Futur |
| Befürworten (+1) | beipflichten, bejahen, danken, ermuntern, gedenken, loben, mitfühlen, respektieren, Zustimmung signalisieren, wertschätzen | Zusätzlich zu den genannten Verben zahlreiche Verben des Belohnens (+3) mit Modalverb, zahlreiche negierte Verben des Bestrafens mit Modalverb |
| Neutrale Verben (0) | denken, erklären, fühlen, hoffen, sagen, scheinen, sehen, sprechen, warten, hören | |
| Ablehnen (-1) | aufhetzen, ausbremsen, beleidigen, diffamieren, kritisieren, rügen, verspotten, verleumden | Zusätzlich zu den genannten Verben zahlreiche Verben des Bestrafens (-3) mit Modalverb, zahlreiche negierte Verben des Belohnens (+3) mit Modalverb |
| Drohen (-2) | beanspruchen, drohen, einschüchtern, warnen | Zusätzlich zu den genannten Verben zahlreiche Verben mit der Wertigkeit -3 im Futur, zahlreiche negierte Verben mit der Wertigkeit +3 im Futur |
| Bestrafen (-3) | annektieren, attackieren, ausradieren, berauben, bombardieren, infiltrieren, sabotieren, unterjochen, Embargo verhängen gegen, zerstören | Verben in Präsens & den Vergangenheitsformen |

Quelle: Eigene Darstellung.

Die Zuordnung der Wertigkeiten illustriert anschaulich die Kontextabhängigkeit des jeweiligen Indikators. Während – wie bereits dargestellt – jeder Indikator eine Grundwertigkeit zwischen -3 und +3 erhält, kann sich diese je nach Kontext ändern. Der häufigste Wechsel erfolgt durch die Verwendung von Modalverben oder Konjunktiven, wodurch beispielsweise aus einem Indikator der Wertigkeit -3 („Land X hat Land Y angegriffen.") die Wertigkeit -1 („Land X könnte Land Y angreifen.") wird. Entsprechendes gilt auch für Indikatoren -2, +2 und +3, die sich bei Vorhandensein von Modalverben oder Konjunktiven in -1 bzw. +1 wandeln. Weitere kontextbezogene Wertigkeitsänderungen erfolgen bei Verneinungen[39], beim Partikel „zu" („Land X plant, Land Y anzugreifen.") oder in Konditionalsätzen und Satzkonstruktionen, die eine Meinung beinhalten („Ich glaube, dass Land X Land Y angreift."). Schließlich werden auch Futurkonstruktionen unterschiedlich gewertet. Diese werden bei Indikatoren der Wertigkeit -3 wie in dem Satz „Wir werden Land X angreifen." zumeist als Drohung (-2) aufgefasst. Um die kontextabhängigen Wertigkeiten der einzelnen Indikatoren genau zu erfassen, wurden in Schema „14Verbwertigkeiten" je eine Regel für jeden möglichen Kontext erstellt und in Schema „15Verbwertigkeiten-Ausnahmen" auf weitere Änderungen durch Satzkonstruktionen eingegangen.

Als Besonderheiten der deutschen Version sind hervorzuheben, dass wir uns sowohl für den Einbezug von Kollokationen in diese Liste entschieden haben als auch für die Berücksichtigung vereinzelter sogenannter relativer intransitiver Verben, um der Kontext- und Bedeutungsvielfalt der Indikatoren Rechnung zu tragen. Abgesehen von Tempus und Modus dienen Kollokationen[40] als häufig verwendetes sprachliches Mittel, bei welchem unter anderem Verben mit Substantiven verbunden werden und Bedeutungsunterschiede erzeugen, die relevant bei der Zuweisung von Wertigkeiten im *Verbs in Context System* sein können. Beispielsweise wird dem Verb „stillen" grundsätzlich die Wertigkeit 0 zugewiesen. Dies ändert sich allerdings zu der Wertigkeit -3, wenn zusammen mit dem Substantiv „Rachelust" Äußerungen wie diese getätigt werden: „Sie haben ihre Rachelust gestillt und das Dorf vollständig dem Erdboden gleichgemacht."[41]

Kollokationen haben folglich den Vorteil, die Analyse des Verbkontextes zu verfeinern und auch sehr häufig verwendeten Verben wie „geben" oder „nehmen" je nach Kontext unterschiedliche Wertungen zuweisen zu können.[42] Um eine möglichst hohe Zahl an relevanten Kollokationen er-

---

39  Der Satz „Wir werden Land X niemals angreifen." wird als Versprechen gewertet und erhält folglich die Wertigkeit +2.

40  „Collocation has long been the name given to the relationship a lexical item has with items that appear with greater than random probability in its textual context" (Hoey 1991: 6-7).

41  Entsprechendes gilt für die Kollokation „dem Erdboden gleichmachen".

42  So wird beispielsweise „Rückendeckung geben" mit +1 gewertet, „die Schuld geben" aber mit -1.

fassen zu können, wurde zudem eine Liste mit zumeist Substantiven erstellt, die entweder für Konflikt (z.b. Überfall, Bestechung oder Bedrohung) oder Kooperation (Toleranz, Versöhnung oder Hilfsbereitschaft) stehen und in Kombination mit häufig auftretenden, an sich neutralen Verben andere Wertigkeiten zugewiesen bekommen. Neben Kollokationen finden auch relative intransitive Verben (d.h. Verben, die ausschließlich mit einem Dativobjekt verbunden sind) in der deutschen Version Verwendung, da bei diesen Konstruktionen das vom *Verbs in Context System* geforderte Muster eines Handelnden (*source*) sowie eines von dieser Handlung Betroffenen (*target*) gegeben ist (siehe Duden 2016: 404–405). Sowohl Kollokationen als auch relative intransitive Verben erhöhen somit letztlich das Spektrum und die Genauigkeit bei der Kontextanalyse.

Einschränkend muss wiederum erwähnt werden, dass die vorliegende deutsche Version nur für EntscheidungsträgerInnen aus Deutschland reliable Ergebnisse liefert. Dies ist dem Umstand geschuldet, dass Personalpronomen (ich, wir) nicht die einzigen Eigenreferenzen darstellen (Schafer und Walker 2006b: 42). Zahlreiche Entscheidungsträger benutzen Kombinationen wie „mein Land" oder sprechen von „Deutschland wird diesem Vertrag nicht zustimmen." oder „Die deutschen Einwände werden endlich ernst genommen." als Ausdruck der Eigenreferenz, was in der vorliegenden Version auch so gewertet wird. Für eine Analyse österreichischer oder schweizerischer Entscheidungsträger müssten die Regeln im Schema „4Akteure3" mit Deutschlandbezug entsprechend geändert werden.

*Beispielanalyse[43]*

Im Folgenden sollen die einzelnen Analyseschritte des OC-Schemas anhand des Beispielsatzes „Island würde uns zu Hilfe kommen." durchgeführt werden, um die einzelnen Schritte der computergestützten Textanalyse zu verdeutlichen. Im ersten Schritt wird der Beispielsatz ohne Metainformationen wie Anlass, Datum, Zielpublikum oder Ähnliches in eine Textdatei überführt, welche dann in das Programm *TreeTagger* geladen wird. Wie bereits erwähnt ist beim OC-Schema eine manuelle Vorunterteilung der Sprechakte nach Thema notwendig, sofern ein Vergleich nach Thematiken durchgeführt werden soll. Die Textdatei wird im nächsten Schritt wieder mithilfe des *Part-of-Speech-Taggers TreeTagger* mit Wortarten und Grundformen versehen (siehe Abbildung 3.7) und anschließend in *Profiler Plus* geladen.

---

43 Siehe auch den Anhang, wo sich eine Anleitung für das Durchführen von Analysen findet.

*Abbildung 3.7: Ausgabedatei des TreeTagger-Programms*

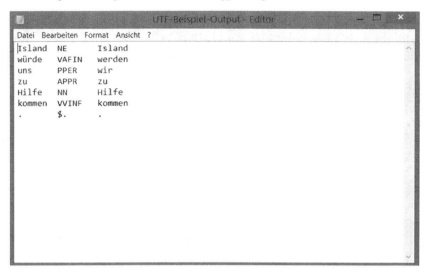

Quelle: Eigene Darstellung. Wortartenabkürzungen: NE = Eigenname, VAFIN = Finites Hilfsverb, PPER = Irreflexives Personalpronomen, APPR = Präposition, NN = Normale Nomen, VVINF = reiner Infinitiv.

Im zweiten Schritt wird die mithilfe von *TreeTagger* annotierte Datei in *Profiler Plus* verarbeitet. Dabei werden die Kodierungsschemata aus Abbildung 3.5 geladen und auf den Beispielsatz angewendet. Die Auswertung durch *Profiler Plus* ist in Abbildung 3.8 dargestellt.

*Abbildung 3.8: Ausgabedatei von Profiler Plus*

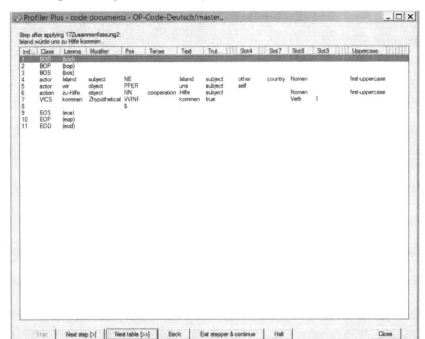

Quelle: Eigene Darstellung. BOD/EOD = Beginning/End of Document, BOP/EOP = Beginning/End of Paragraph, BOS/EOS = Beginning/End of Sentence, Modifier = Subject = Subjekt des Satzes, Other = Fremdreferenz, modifier = object = Objekt eines Satzes, Self = Eigenreferenz, tense = cooperation = Kooperation anzeigender Indikator, Zhypothetical = Konjunktiv, Truthvalue = true = nicht verneint, slot9 = 1 = „kommen" hat in diesem Kontext die Wertigkeit +1.

Die Auswertung zeigt, dass es sich in diesem Fall um eine Unterstützungsleistung durch Dritte handelt, die im Konjunktiv steht und deshalb als +1 statt als +3 gewertet wird. Das Programm erkennt „Island" als Dritten (slot4 = other) und als das Subjekt (modifier = subject), während „wir bzw. uns" als das von der Handlung betroffene Objekt (modifier = object) erkannt wird. Das Programm wählt „uns" im Gegensatz zu „zu-Hilfe" als korrektes Objekt aus, da gleichzeitig „uns" als Akteur (class = actor) identifiziert wird, während bei „zu-Hilfe" die Identifikation als Handlung (class = action) als Ausschlusskriterium wirkt.

Der Indikator „kommen" als Kollokation mit „zu-Hilfe" besitzt im Normalfall also eine Wertigkeit von +3, wird aber aufgrund der Veränderung durch den Konjunktiv „würden" zu einer Wertigkeit von +1. Zudem handelt es sich um eine mögliche Tat von Dritten, die den Sprecher/die Sprecherin bzw. seine/ihre Eigengruppe unterstützen würden. Die schließlich erstellte Ergebnisdatei würde diese Wertigkeit dann in der Spalte „otherreward" auflisten.[44]

*Unterschiede bei der Erstellung des OC-Schemas und des LT-Schemas*
Im Gegensatz zum LT-Schema haben wir uns beim OC-Ansatz gegen einen Vergleich der Ergebnisse von bilingual vorhandenen Sprechakten entschieden. Galt es im Falle des LT-Ansatzes eine deutsche Version zu erstellen, die den theoretischen Vorgaben entspricht und zugleich kaum von der englischen Version abweicht, um – im Sinne der „measurement equivalence" (Adcock und Collier 2001) – eine Vergleichbarkeit mit der oben angeführten, auf der Grundlage des englischsprachigen Kodierungsschemas erstellten „Normgruppe" zu ermöglichen, ist ein solcher Vergleich mit einer externen Referenzgruppe beim OC-Ansatz nur einer unter vielen Ansatzpunkten. Hinzu kommen weitere Analysemöglichkeiten wie Vergleiche nach Jahren oder Themen (Schafer und Walker 2006b: 43).

Die geringere Bedeutung einer Vergleichs- bzw. Normgruppe – die es, wie in Kapitel 3.1 angeführt, für den OC-Ansatz wohl auch deshalb bis heute nur in „Ansätzen" gibt – resultiert somit aus den angenommenen Eigenschaften der Überzeugungen. Da es sich bei diesen um durchaus leicht(er) und rasch(er) wandelbarere Variablen handelt, die obendrein in verschiedenen Handlungsfeldern der Außenpolitik unterschiedlich ausgeprägt sein können – im Unterschied zu den im LT-Ansatz erfassten Führungseigenschaften, die gemeinhin als zeitlich weitgehend stabil sowie identisch über Themenbereiche hinweg gelten –, stehen weniger eine Analyse der Gesamttexte als Vergleiche der verschiedenen Thematiken und Zeiträume im Vordergrund.

Von daher können aus unserer Sicht Abweichungen zwischen dem englischsprachigen und dem deutschsprachigen Kodierungsschema in Kauf genommen werden. Unterschiede in den Ergebnissen offenbaren sich beispielsweise in der rhetorischen Zurückhaltung deutscher EntscheidungsträgerInnen, was sich in den häufigen Nullwerten in den Kategorien „selfpunish" (Wir attackieren Staat X) oder „selfthreaten" (Wir drohen Staat X) zeigt. Im Gegensatz zu englischsprachigen EntscheidungsträgerInnen werden solche Formulierungen seltener verwendet, was folglich Einfluss auf

---

44 Aufgrund der geringen Ergebniszahl im Beispielsatz wird auf eine Darstellung der Ergebnisdatei verzichtet.

die Werte der Überzeugungen hat. Letztlich ist das deutsche OC-Kodierungsschema somit unabhängiger von der englischen Version. Entsprechend dienten die theoretischen Vorgaben des OC-Ansatzes und die zur Verfügung gestellten Hauptverben als Grundlagen, auf denen im Deutschen aufgebaut werden konnte und die dann erweitert wurden. Vergleiche zwischen den deutschen Ergebnissen mit denjenigen aus englischsprachigen Studien sind aufgrund der unterschiedlichen Kodierungsschemata somit nur begrenzt möglich.

## 3.3 *Datenmaterial*

Für die OC-Analyse wurden Sprechakte aller zwischen 1949 und 2017 amtierenden Bundeskanzler und Bundeskanzlerin Merkel wie auch aller Außenminister zu den Themen „Außenpolitik", „Europa" und „Militäreinsätze" gesammelt. Daher ist Außenminister Gabriel noch Teil der Reihe an erfassten Führungspersönlichkeiten, nicht aber Außenminister Maas, der im März 2018 das Amt übernahm. Bei der Zusammenstellung des Projektdatenkorpus folgten wir den in Kapitel 3.1 angeführten Vorgaben.

Wie dort angeführt wird, ist es bei der Zusammenstellung von Datenmaterial für eine OC-Analyse üblich, öffentliche Reden zu erfassen, da spontane Sprechakte der Führungspersönlichkeiten selten in der erforderlichen Länge von mindestens 1500 Wörtern zu finden sind. Zwar ergibt sich aus diesem Kriterium die beim LT-Ansatz umgangene Problematik, dass eventuell Sprechakte ausgewertet werden, die aus der Feder von Redenschreibern anstatt der zu analysierenden Führungspersönlichkeit stammen. Dennoch lassen sich aus diesen Sprechakten Rückschlüsse auf die *belief systems* der Akteure ziehen. Die grundlegenden Neigungen eines Akteurs sollten sich auch in einer von Redenschreibern verfassten Aussage niederschlagen. Da diese als Angestellte die Funktion erfüllen, die Positionen ihres jeweiligen Arbeitgebers in Worte zu fassen, ist es äußerst unwahrscheinlich, dass diese signifikant von denen der Führungspersönlichkeit abweichen (Crichlow 1998: 690).

Innerhalb des Projektes wurde das Ziel gesetzt, nach Möglichkeit für jeden Bundeskanzler und jeden Außenminister jeweils zwei Reden pro Themengruppe und Amtsjahr zu erfassen, um einen möglichst breit gefächerten Datenkorpus zu erzeugen. Für die Themengruppen „Außenpolitik" und „Europa" gelang dies mit geringen Variationen für die gesamte Anzahl der Führungspersönlichkeiten. Der Themenbereich „Militäreinsätze" gewann für deutsche Bundeskanzler und Außenminister allerdings erst zu

Beginn der 1990er Jahre an Bedeutung, was die Suche nach Reden entsprechender Länge zu diesem Thema vor diesem Zeitraum erfolglos machte. Somit sind die ersten Führungspersönlichkeiten, bei denen Reden zu Militäreinsätzen erfasst werden konnten, Helmut Kohl und Hans-Dietrich Genscher. Abbildung 3.9 gibt eine Übersicht über den Umfang den Projektdatenkorpus.

*Abbildung 3.9: Wortanzahl der Sprechakte pro EntscheidungsträgerIn nach Thema*

| Entscheidungs- trägerIn | Wortanzahl Gesamttexte | Wortanzahl Außenpolitik | Wortanzahl Europa | Wortanzahl Militär- einsätze |
|---|---|---|---|---|
| Adenauer | 164.680 | 114.265 | 42.497 | - |
| Brandt (AM) | 43.474 | 29.858 | 13.616 | - |
| Brandt (BK) | 50.786 | 26.035 | 24.751 | - |
| Brentano | 81.988 | 73.129 | 8.859 | - |
| Erhard | 24.108 | 13.832 | 10.276 | - |
| Fischer | 86.011 | 30.920 | 29.152 | 25.939 |
| Gabriel | 24.445 | 8.115 | 10.982 | 5.347 |
| Genscher | 261.454 | 127.017 | 126.819 | 7.709 |
| Kiesinger | 24.265 | 19.942 | 4.323 | - |
| Kinkel | 88.478 | 40.699 | 23.455 | 24.324 |
| Kohl | 284.416 | 114.258 | 128.141 | 44.265 |
| Merkel | 180.512 | 65.280 | 73.565 | 41.435 |
| Scheel | 53.848 | 26.603 | 27.645 | - |
| Schmidt | 105.798 | 83.027 | 22.869 | - |
| Schröder (AM) | 29.613 | 21.550 | 8.063 | - |
| Schröder (BK) | 93.194 | 27.682 | 33.826 | 32.082 |
| Steinmeier | 94.398 | 45.067 | 31.003 | 16.580 |
| Westerwelle | 51.243 | 14.750 | 21.870 | 19.465 |

Quelle: Eigene Darstellung. BK = Bundeskanzler; AM = Außenminister.

Für Führungspersönlichkeiten der letzten Dekade wurden die Reden hauptsächlich aus der Onlinepräsenz des Bundeskanzleramts und des Auswärtigen Amtes gewonnen. Weitere äußerst ergiebige Quellen waren, wie bereits bei der Datensammlung für die LT-Analysen, das Bulletin der Bundesregierung, welches Reden und Interviews der Bundeskanzler und Außenminister seit 1951 umfasst (Bulletin der Bundesregierung 2018) und die Datenbank des Bundestages, in der sämtliche Plenarprotokolle seit 1949 enthalten sind (Bundestag 2018). Als zusätzliche Datenquelle für die

Bundeskanzler Kohl und Adenauer dienten deren jeweilige Redenarchive, die durch die Konrad-Adenauer-Stiftung verwaltet werden (Konrad-Adenauer-Stiftung 2018; Helmut Kohl-Archiv 2018).

# 4. Führungseigenschaften und politische Überzeugungen der Bundeskanzler und Außenminister

In den beiden vorherigen Kapiteln erläuterten wir, wie die Kodierungsschemata zur Ermittlung von Führungseigenschaften (*leadership traits*) und politischen Überzeugungen (*operational codes*) auf der Grundlage deutschsprachiger Texte erstellt wurden. Ebenso stellten wir dar, welche Sprechakte (Typen wie auch Umfang) erforderlich sind, um entsprechende Analysen durchzuführen, und auf welche Weise wir diese Sprechakte zusammengetragen haben. In diesem Kapitel kommt es zur Zusammenführung der neu entwickelten Kodierungsschemata mit den kompilierten Sprechakten. Die Ergebnisse, d.h. die „Profile" der deutschen Bundeskanzler (Abbildung 4.1) und Außenminister (Abbildung 4.2), werden nunmehr dargestellt. Der Datensatz umfasst 17 Personen und zugleich 18 Beobachtungen, da Willy Brandt zunächst Außenminister und anschließend Bundeskanzler war. Für Brandt wurden daher gesonderte Profile erstellt.[45]

*Abbildung 4.1: Deutsche Bundeskanzler*

|  | **Amtszeit** | **Partei** |
|---|---|---|
| Konrad Adenauer | 1949-1963 | CDU |
| Ludwig Erhard | 1963-1966 | CDU |
| Kurt Georg Kiesinger | 1966-1969 | CDU |
| Willy Brandt | 1969-1974 | SPD |
| Helmut Schmidt | 1974-1982 | SPD |
| Helmut Kohl | 1982-1998 | CDU |
| Gerhard Schröder | 1998-2005 | SPD |
| Angela Merkel | seit 2005 | CDU |

Quelle: Eigene Darstellung. Für Walter Scheel, der vom 7. Mai bis zum 16. Mai 1974 geschäftsführender Bundeskanzler war, wurde kein „Bundeskanzler-Profil" erstellt.

---

45 Siehe hierzu auch die empirische Anwendung in Kapitel 5.1, bei der es um die möglichen Folgen von Ämterwechseln auf die Führungseigenschaften bzw. politischen Überzeugungen von EntscheidungsträgerInnen geht.

*Abbildung 4.2: Deutsche Außenminister*

| | Amtszeit | Partei |
|---|---|---|
| *Konrad Adenauer*[a] | *1951-1955* | *CDU* |
| Heinrich von Brentano | 1955-1961 | CDU |
| Gerhard Schröder | 1961-1966 | CDU |
| Willy Brandt | 1966-1969 | SPD |
| Walter Scheel | 1969-1974 | FDP |
| Hans-Dietrich Genscher | 1974-1992 | FDP |
| Klaus Kinkel | 1992-1998 | FDP |
| Joschka Fischer | 1998-2005 | Bündnis 90/ Die Grünen |
| Frank-Walter Steinmeier | 2005-2009 2013-2017 | SPD |
| Guido Westerwelle | 2009-2013 | FDP |
| Sigmar Gabriel | 2017-2018 | SPD |
| *Heiko Maas*[b] | *seit 2018* | *SPD* |

Quelle: Eigene Darstellung.

a: Für Konrad Adenauer, der von 1951 bis 1955 in Personalunion Bundeskanzler und Außenminister war, haben wir keine separaten Profile erstellt, da aus unserer Sicht keine klaren Abgrenzungen möglich waren. Ebenso haben wir für Helmut Schmidt, der vom 17. September bis zum 1. Oktober 1982 Außenminister war, kein gesondertes Profil erstellt.

b: Heiko Maas hatte zum Zeitpunkt, als wir die Datensammlung abschlossen, noch keine ausreichende Anzahl an Sprechakten (insb. spontane Stellungnahmen für eine LT-Analyse) in seiner Rolle als Außenminister gegeben.

In diesem Kapitel präsentieren wir zunächst die Führungseigenschaften der von uns untersuchten außenpolitischen EntscheidungsträgerInnen (Kapitel 4.1). Anschließend führen wir die politischen Überzeugungen dieser EntscheidungsträgerInnen an (Kapitel 4.2). Abschließend kommt es für vier Bundeskanzler (Adenauer, Brandt, Kohl und Merkel) zu einem illustrativen Abgleich unserer quantitativ erhobenen Einordnungen mit denjenigen, die sich in der biographischen Literatur finden lassen (Kapitel 4.3).

*4.1 Die Führungseigenschaften der deutschen Bundeskanzler und Außenminister*

Die Ermittlung der sieben im LT-Ansatz enthaltenen Führungseigenschaften beruht, wie in Kapitel 2.1 erläutert, auf spontanen Sprechakten. Auf der Grundlage dieser Quellen ermittelte das deutsche Kodierungsschema für den LT-Ansatz die in Abbildung 4.3 dargestellten Werte für die maßgeblichen Mitglieder der außenpolitischen Exekutive Deutschlands. Neben den Einzelwerten findet sich für jede Führungseigenschaft auch ein Durchschnittswert für die Gesamtgruppe der deutschen EntscheidungsträgerInnen, wodurch sich eine „deutsche Normgruppe" ergibt. In der Abbildung wird zu Vergleichszwecken außerdem die „globale Normgruppe" angeführt, die rund 300 EntscheidungsträgerInnen aus allen Weltregionen umfasst.[46]

---

46  Für Details zur Normgruppe siehe Kapitel 2.1.

*Abbildung 4.3:  Die Führungseigenschaften der deutschen Bundeskanzler und Außenminister[47]*

| | *Amt* | **BACE** | **PWR** | **CC** | **SC** | **TASK** | **DIS** | **IGB** |
|---|---|---|---|---|---|---|---|---|
| Adenau-er | *BK* | 0,2320 | 0,1909 | 0,5941 | 0,3066 | 0,5644 | 0,1907 | 0,1425 |
| Brandt | *AM* | 0,3121 | 0,1854 | 0,6659 | 0,3203 | 0,6993 | 0,0814 | 0,1246 |
| Brandt | *BK* | 0,3579 | 0,2590 | 0,6510 | 0,4125 | 0,6995 | 0,0915 | 0,0691 |
| Brentano | *AM* | 0,2545 | 0,2209 | 0,5987 | 0,4842 | 0,5703 | 0,1282 | 0,1173 |
| Erhard | *BK* | 0,2718 | 0,2687 | 0,5729 | 0,3248 | 0,6134 | 0,1700 | 0,1396 |
| Fischer | *AM* | 0,2643 | 0,2185 | 0,6447 | 0,2858 | 0,7176 | 0,1767 | 0,1081 |
| Gabriel | *AM* | 0,2718 | 0,2953 | 0,5780 | 0,3116 | 0,6265 | 0,1965 | 0,1100 |
| Genscher | *AM* | 0,2254 | 0,2853 | 0,6358 | 0,4139 | 0,6446 | 0,0708 | 0,1724 |
| Kiesinger | *BK* | 0,3601 | 0,2478 | 0,5579 | 0,3313 | 0,6233 | 0,2064 | 0,0931 |
| Kinkel | *AM* | 0,2763 | 0,2743 | 0,5860 | 0,3790 | 0,6079 | 0,1110 | 0,1231 |
| Kohl | *BK* | 0,2248 | 0,2066 | 0,5655 | 0,3685 | 0,5427 | 0,1697 | 0,1184 |
| Merkel | *BK* | 0,3377 | 0,3117 | 0,5992 | 0,4490 | 0,6461 | 0,0710 | 0,1239 |
| Scheel | *AM* | 0,3114 | 0,3012 | 0,6063 | 0,3403 | 0,6781 | 0,0638 | 0,1033 |
| Schmidt | *BK* | 0,2079 | 0,1942 | 0,6179 | 0,2858 | 0,7072 | 0,0903 | 0,1415 |
| Schröder | *AM* | 0,1796 | 0,2684 | 0,5876 | 0,4010 | 0,6402 | 0,0654 | 0,0867 |
| Schröder | *BK* | 0,3443 | 0,3395 | 0,6065 | 0,4377 | 0,6793 | 0,1821 | 0,1161 |
| Steinmei-er | *AM* | 0,3121 | 0,2597 | 0,6167 | 0,4614 | 0,6569 | 0,2388 | 0,1075 |
| Wester-welle | *AM* | 0,3964 | 0,3945 | 0,6640 | 0,3546 | 0,6644 | 0,2110 | 0,1537 |
| **Deutsche Norm-gruppe (n = 18)** | MW (SA) | **0,29** (0,06) | **0,26** (0,05) | **0,61** (0,03) | **0,37** (0,06) | **0,64** (0,05) | **0,14** (0,06) | **0,12** (0,02) |
| **Globale Norm-gruppe (n = 284)** | MW (SA) | **0,35** (0,05) | **0,26** (0,05) | **0,59** (0,06) | **0,36** (0,10) | **0,63** (0,07) | **0,13** (0,06) | **0,15** (0,05) |

Quelle: Eigene Darstellung. BK = Bundeskanzler; AM = Außenminister; MW = Mittelwert; SA = Standardabweichung.

Ein Vergleich der deutschen EntscheidungsträgerInnen untereinander zeigt, dass es in jeder Führungseigenschaft „Ausreißer" nach oben bzw. unten gibt, verstanden als Werte, die eine Standardabweichung oder mehr

---

47  Die Ausgabedateien für die beiden Ansätze (LT bzw. OC) stellen die jeweiligen Werte mit unterschiedlich vielen Nachkommastellen dar.

über bzw. unter dem Wert für die deutsche Normgruppe liegen.[48] Die Werte bestätigen somit die dem LT-Ansatz zugrundeliegende Annahme, dass sich EntscheidungsträgerInnen in ihren Führungseigenschaften systematisch voneinander unterscheiden können, und zwar selbst dann, wenn sie aus einem Land stammen, derselben Partei angehören oder das gleiche Amt bekleiden.[49] Von daher bestätigen unsere Ergebnisse diejenigen von Cuhadar et al. (2017: 50), die für türkische Premierminister bzw. Präsidenten feststellen, dass es kein einheitliches „prime minister profile" bzw. „president profile" gibt. Für den deutschen Fall existiert entsprechend kein einheitliches „Bundeskanzler-Profil" bzw. „Außenminister-Profil". Dafür sind die Unterschiede zwischen den einzelnen EntscheidungsträgerInnen entlang der sieben Dimensionen zu groß.

Auch wenn auf der individuellen Ebene somit zum Teil deutliche Unterschiede bestehen, heben sich diese allerdings weitgehend auf, wenn man die Durchschnittswerte für die jeweiligen Ämter miteinander vergleicht. Abbildung 4.4 zeigt, dass die Werte von Bundeskanzlern bzw. Außenministern in sechs von sieben Führungseigenschaften sehr ähnlich sind. Einzig für die Eigenschaft Konzeptionelle Komplexität (CC) lässt sich ein signifikanter Unterschied feststellen. Demnach besitzen deutsche Außenminister im Durchschnitt eine höhere Fähigkeit und Bereitschaft, Facetten und Nuancen von Situationen oder Personen wahrzunehmen als Bundeskanzler.

*Abbildung 4.4: Die Führungseigenschaften von Bundeskanzlern und Außenministern im Vergleich*

|   | BACE | PWR | CC | SC | TASK | DIS | IGB |
|---|------|-----|-----|-----|------|-----|-----|
| **BK** | 0,2927 | 0,2570 | 0,5959 | 0,3659 | 0,6354 | 0,1461 | 0,1182 |
| **AM** | 0,2795 | 0,2701 | **0,6180*** | 0,3766 | 0,6498 | 0,1333 | 0,1206 |

Quelle: Eigene Darstellung. BK = Bundeskanzler; AM = Außenminister. * p < 0,01 (zweiseitige t-Tests).

Eine weitergehende inhaltliche Bewertung und Einordnung der Einzelwerte für sämtliche EntscheidungsträgerInnen würde den Rahmen sprengen. In Kapitel 4.3 folgt jedoch ein Abgleich zwischen den LT-Werten (wie

---

48  Solche „Ausreißer" gäbe es auch dann, wenn deren Werte aus der deutschen Normgruppe herausgerechnet würden (siehe auch Kapitel 4.3).

49  In Kapitel 5.1 gehen wir anhand von Willy Brandt der Frage nach, ob ein Ämterwechsel Folgen für Führungseigenschaften und politische Überzeugungen hat.

auch OC-Werten) von Adenauer, Brandt, Kohl und Merkel mit den Ein-schätzungen, die sich in politischen Biographien zu diesen Personen fin-den. Der Abgleich mit der globalen Normgruppe (siehe Abbildung 4.2) zeigt wiederum, dass sich die deutschen außenpolitischen Entscheidungs-trägerInnen als Gruppe in den meisten Führungseigenschaften kaum von ihren „peers" unterscheiden. In sechs der sieben Eigenschaften sind die Werte vielmehr nahezu identisch. Einzig in der Führungseigenschaft Glau-be an die eigenen Kontrollfähigkeiten (BACE) weisen die deutschen Ent-scheidungsträgerInnen im Durchschnitt einen deutlich niedrigeren Wert auf als die globale Normgruppe. Wie wir in Kapitel 5.4 noch ausführen werden, ist hier jedoch eine Veränderung über Zeit hinweg festzustellen: Die EntscheidungsträgerInnen, die vor 1989 im Amt waren, sind hier die „Ausreißer" im Vergleich zur globalen Normgruppe. Demgegenüber ist der Durchschnittswert für BACE für EntscheidungsträgerInnen, die nach 1989 im Amt waren, fast identisch mit demjenigen der globalen Norm-gruppe.

## 4.2 Die politischen Überzeugungen der deutschen Bundeskanzler und Außenminister

Die Erhebung der zehn im OC-Ansatz enthaltenen politischen Überzeu-gungen beruht, wie in Kapitel 3.1 erläutert, auf vorgefertigten Sprechak-ten. Auf der Grundlage dieser Quellen ermittelten wir mit Hilfe des deut-schen Kodierungsschemas für den OC-Ansatz die Werte für die maßgebli-chen Mitglieder der außenpolitischen Exekutive Deutschlands. Wie ange-führt, können politische Überzeugungen themenspezifisch unterschiedlich ausgeprägt sein. Von daher haben wir, wie in Kapitel 3.3 genauer erläutert, Sprechakte für unterschiedliche Themenbereiche zusammengetragen. Dies waren „Außenpolitik", „Europapolitik" und „Sicherheitspolitik", wobei bei Letzterem der Fokus auf Militäreinsätze gelegt wurde. Abbildung 4.5 gibt zunächst die Gesamtwerte wieder, die sich dann ergeben, wenn die Sprechakte zu allen drei Themenbereichen gemeinsam analysiert werden. Abbildungen 4.6 bis 4.8 beruhen wiederum auf der separaten Auswertung der jeweiligen Sprechakte und bieten die themenspezifischen politischen Überzeugungen der deutschen EntscheidungsträgerInnen.

Abbildung 4.5: *Die politischen Überzeugungen von Bundeskanzlern und Außenministern: Gesamt*

| | Amt | P-1 | P-2 | P-3 | P-4 | P-5 | I-1 | I-2 | I-3 | I-4a | I-4b | I-5 Punish | I-5 Threaten | I-5 Oppose | I-5 Appeal | I-5 Promise | I-5 Reward |
|---|---|---|---|---|---|---|---|---|---|---|---|---|---|---|---|---|---|
| Adenauer | BK | 0,29 | 0,10 | 0,20 | 0,39 | 0,92 | 0,50 | 0,19 | 0,38 | 0,50 | 0,34 | 0,07 | 0,03 | 0,16 | 0,63 | 0,02 | 0,10 |
| Brandt | AM | 0,49 | 0,20 | 0,31 | 0,34 | 0,89 | 0,61 | 0,25 | 0,50 | 0,39 | 0,28 | 0,04 | 0 | 0,16 | 0,69 | 0,01 | 0,10 |
| Brandt | BK | 0,43 | 0,22 | 0,25 | 0,45 | 0,89 | 0,53 | 0,24 | 0,37 | 0,47 | 0,34 | 0,04 | 0,02 | 0,18 | 0,62 | 0,02 | 0,13 |
| Brentano | AM | 0,41 | 0,17 | 0,26 | 0,53 | 0,86 | 0,50 | 0,22 | 0,36 | 0,50 | 0,26 | 0,03 | 0,03 | 0,20 | 0,63 | 0,02 | 0,11 |
| Erhard | BK | 0,34 | 0,11 | 0,31 | 0,50 | 0,84 | 0,77 | 0,35 | 0,50 | 0,23 | 0,28 | 0,01 | 0,01 | 0,10 | 0,72 | 0,04 | 0,13 |
| Fischer | AM | 0,27 | 0,12 | 0,22 | 0,55 | 0,88 | 0,60 | 0,28 | 0,44 | 0,40 | 0,30 | 0,02 | 0,02 | 0,16 | 0,65 | 0,01 | 0,14 |
| Gabriel | AM | 0,35 | 0,19 | 0,15 | 0,60 | 0,91 | 0,62 | 0,33 | 0,37 | 0,38 | 0,49 | 0,04 | 0,02 | 0,13 | 0,56 | 0,01 | 0,23 |
| Genscher | AM | 0,47 | 0,21 | 0,26 | 0,43 | 0,89 | 0,66 | 0,31 | 0,42 | 0,34 | 0,35 | 0,02 | 0,02 | 0,12 | 0,66 | 0,02 | 0,15 |
| Kiesinger | BK | 0,40 | 0,14 | 0,31 | 0,61 | 0,82 | 0,38 | 0,17 | 0,29 | 0,62 | 0,40 | 0,07 | 0,03 | 0,22 | 0,54 | 0,01 | 0,13 |
| Kinkel | AM | 0,44 | 0,21 | 0,21 | 0,50 | 0,89 | 0,59 | 0,31 | 0,34 | 0,41 | 0,41 | 0,02 | 0,02 | 0,17 | 0,57 | 0,04 | 0,19 |
| Kohl | BK | 0,60 | 0,31 | 0,28 | 0,60 | 0,83 | 0,74 | 0,35 | 0,44 | 0,26 | 0,41 | 0,02 | 0,02 | 0,09 | 0,67 | 0,02 | 0,18 |
| Merkel | BK | 0,57 | 0,29 | 0,28 | 0,79 | 0,76 | 0,73 | 0,35 | 0,42 | 0,27 | 0,42 | 0,03 | 0,01 | 0,09 | 0,66 | 0,03 | 0,18 |
| Scheel | AM | 0,52 | 0,25 | 0,28 | 0,42 | 0,89 | 0,57 | 0,26 | 0,39 | 0,43 | 0,33 | 0,03 | 0,03 | 0,16 | 0,63 | 0,03 | 0,13 |
| Schmidt | BK | 0,46 | 0,22 | 0,28 | 0,54 | 0,85 | 0,64 | 0,28 | 0,43 | 0,36 | 0,33 | 0,03 | 0,02 | 0,13 | 0,67 | 0,01 | 0,14 |
| Schröder | AM | 0,53 | 0,22 | 0,32 | 0,47 | 0,83 | 0,53 | 0,22 | 0,42 | 0,47 | 0,24 | 0,03 | 0,01 | 0,20 | 0,67 | 0,01 | 0,09 |
| Schröder | BK | 0,54 | 0,28 | 0,26 | 0,56 | 0,86 | 0,77 | 0,39 | 0,42 | 0,23 | 0,42 | 0,01 | 0,02 | 0,09 | 0,64 | 0,03 | 0,21 |
| Steinmeier | AM | 0,47 | 0,24 | 0,25 | 0,76 | 0,80 | 0,68 | 0,32 | 0,40 | 0,33 | 0,39 | 0,04 | 0,01 | 0,12 | 0,64 | 0,04 | 0,16 |
| Westerwelle | AM | 0,44 | 0,23 | 0,22 | 0,76 | 0,83 | 0,73 | 0,36 | 0,42 | 0,27 | 0,45 | 0,03 | 0,01 | 0,09 | 0,65 | 0,02 | 0,20 |

Quelle: Eigene Darstellung. BK = Bundeskanzler; AM = Außenminister; MW = Mittelwert; SA = Standardabweichung.

Abbildung 4.6: Die politischen Überzeugungen von Bundeskanzlern und Außenministern: Außenpolitik

| | Amt | P-1 | P-2 | P-3 | P-4 | P-5 | I-1 | I-2 | I-3 | I-4a | I-4b | I-5 Punish | I-5 Threaten | I-5 Oppose | I-5 Appeal | I-5 Promise | I-5 Reward |
|---|---|---|---|---|---|---|---|---|---|---|---|---|---|---|---|---|---|
| Adenauer | BK | 0,28 | 0,09 | 0,20 | 0,40 | 0,92 | 0,45 | 0,16 | 0,35 | 0,55 | 0,32 | 0,07 | 0,03 | 0,17 | 0,61 | 0,03 | 0,09 |
| Brandt | AM | 0,40 | 0,16 | 0,26 | 0,35 | 0,91 | 0,49 | 0,22 | 0,42 | 0,52 | 0,29 | 0,03 | 0 | 0,23 | 0,61 | 0,02 | 0,11 |
| Brandt | BK | 0,40 | 0,20 | 0,25 | 0,45 | 0,90 | 0,58 | 0,26 | 0,36 | 0,42 | 0,42 | 0,06 | 0,01 | 0,14 | 0,62 | 0,03 | 0,15 |
| Brentano | AM | 0,36 | 0,15 | 0,25 | 0,54 | 0,86 | 0,46 | 0,20 | 0,34 | 0,54 | 0,26 | 0,03 | 0,03 | 0,21 | 0,61 | 0,02 | 0,10 |
| Erhard | BK | 0,40 | 0,11 | 0,30 | 0,45 | 0,87 | 0,73 | 0,38 | 0,40 | 0,27 | 0,47 | 0,02 | 0,02 | 0,10 | 0,63 | 0,02 | 0,22 |
| Fischer | AM | 0,31 | 0,14 | 0,21 | 0,60 | 0,87 | 0,63 | 0,28 | 0,46 | 0,37 | 0,30 | 0,02 | 0,03 | 0,14 | 0,67 | 0,01 | 0,13 |
| Gabriel | AM | 0,38 | 0,24 | 0,16 | 0,74 | 0,90 | 0,75 | 0,27 | 0,64 | 0,25 | 0,04 | 0 | 0 | 0,13 | 0,82 | 0,03 | 0,02 |
| Genscher | AM | 0,46 | 0,22 | 0,25 | 0,41 | 0,89 | 0,64 | 0,30 | 0,41 | 0,36 | 0,37 | 0,03 | 0,03 | 0,13 | 0,65 | 0,01 | 0,16 |
| Kiesinger | BK | 0,38 | 0,15 | 0,27 | 0,57 | 0,84 | 0,42 | 0,20 | 0,28 | 0,58 | 0,42 | 0,06 | 0,03 | 0,21 | 0,54 | 0,02 | 0,15 |
| Kinkel | AM | 0,43 | 0,18 | 0,23 | 0,54 | 0,87 | 0,57 | 0,30 | 0,36 | 0,43 | 0,38 | 0,02 | 0,02 | 0,18 | 0,57 | 0,04 | 0,17 |
| Kohl | BK | 0,62 | 0,32 | 0,29 | 0,63 | 0,83 | 0,78 | 0,37 | 0,43 | 0,22 | 0,45 | 0,03 | 0,02 | 0,06 | 0,67 | 0,02 | 0,20 |
| Merkel | BK | 0,60 | 0,29 | 0,30 | 0,81 | 0,74 | 0,69 | 0,32 | 0,42 | 0,31 | 0,37 | 0,03 | 0,01 | 0,11 | 0,66 | 0,03 | 0,16 |
| Scheel | AM | 0,48 | 0,24 | 0,29 | 0,45 | 0,87 | 0,51 | 0,22 | 0,35 | 0,49 | 0,28 | 0,04 | 0,02 | 0,18 | 0,62 | 0,03 | 0,10 |
| Schmidt | BK | 0,46 | 0,21 | 0,28 | 0,54 | 0,84 | 0,65 | 0,28 | 0,45 | 0,35 | 0,34 | 0,03 | 0,01 | 0,13 | 0,68 | 0,01 | 0,13 |
| Schröder | AM | 0,60 | 0,26 | 0,39 | 0,37 | 0,82 | 0,49 | 0,22 | 0,38 | 0,51 | 0,29 | 0,03 | 0,01 | 0,21 | 0,62 | 0,01 | 0,12 |
| Schröder | BK | 0,58 | 0,33 | 0,22 | 0,74 | 0,83 | 0,86 | 0,43 | 0,46 | 0,14 | 0,44 | 0,01 | 0,01 | 0,05 | 0,68 | 0,03 | 0,22 |
| Steinmeier | AM | 0,47 | 0,25 | 0,24 | 0,87 | 0,78 | 0,70 | 0,31 | 0,46 | 0,31 | 0,34 | 0,03 | 0,02 | 0,11 | 0,68 | 0,03 | 0,14 |
| Westerwelle | AM | 0,51 | 0,24 | 0,23 | 0,80 | 0,81 | 0,82 | 0,41 | 0,45 | 0,17 | 0,42 | 0,01 | 0,01 | 0,07 | 0,69 | 0,03 | 0,20 |

Quelle: Eigene Darstellung. BK = Bundeskanzler; AM = Außenminister; MW = Mittelwert; SA = Standardabweichung.

Abbildung 4.7: Die politischen Überzeugungen von Bundeskanzlern und Außenministern: Europapolitik

| | Amt | P-1 | P-2 | P-3 | P-4 | P-5 | I-1 | I-2 | I-3 | I-4a | I-4b | I-5 Punish | I-5 Threaten | I-5 Oppose | I-5 Appeal | I-5 Promise | I-5 Reward |
|---|---|---|---|---|---|---|---|---|---|---|---|---|---|---|---|---|---|
| Adenauer | BK | 0,33 | 0,12 | 0,22 | 0,35 | 0,93 | 0,67 | 0,29 | 0,47 | 0,33 | 0,39 | 0,05 | 0 | 0,12 | 0,69 | 0 | 0,17 |
| Brandt | AM | 0,61 | 0,26 | 0,40 | 0,34 | 0,87 | 0,80 | 0,29 | 0,62 | 0,21 | 0,27 | 0,05 | 0 | 0,05 | 0,81 | 0 | 0,09 |
| Brandt | BK | 0,48 | 0,25 | 0,26 | 0,45 | 0,88 | 0,45 | 0,20 | 0,39 | 0,56 | 0,21 | 0,01 | 0,03 | 0,24 | 0,63 | 0 | 0,09 |
| Brentano | AM | 0,66 | 0,32 | 0,30 | 0,47 | 0,86 | 0,73 | 0,32 | 0,47 | 0,28 | 0,27 | 0,02 | 0 | 0,12 | 0,73 | 0,02 | 0,12 |
| Erhard | BK | 0,28 | 0,11 | 0,32 | 0,54 | 0,82 | 0,81 | 0,32 | 0,60 | 0,19 | 0,10 | 0 | 0 | 0,10 | 0,81 | 0,05 | 0,05 |
| Fischer | AM | 0,30 | 0,13 | 0,25 | 0,54 | 0,87 | 0,54 | 0,27 | 0,41 | 0,46 | 0,27 | 0,01 | 0,02 | 0,21 | 0,62 | 0,02 | 0,13 |
| Gabriel | AM | 0,25 | 0,11 | 0,17 | 0,53 | 0,91 | 0,52 | 0,29 | 0,23 | 0,48 | 0,59 | 0,05 | 0,05 | 0,15 | 0,51 | 0,01 | 0,24 |
| Genscher | AM | 0,48 | 0,21 | 0,28 | 0,44 | 0,88 | 0,68 | 0,32 | 0,43 | 0,32 | 0,33 | 0,02 | 0,02 | 0,13 | 0,67 | 0,02 | 0,15 |
| Kiesinger | BK | 0,44 | 0,14 | 0,37 | 0,68 | 0,77 | 0,30 | 0,10 | 0,30 | 0,70 | 0,37 | 0,09 | 0,02 | 0,24 | 0,55 | 0 | 0,09 |
| Kinkel | AM | 0,59 | 0,34 | 0,26 | 0,51 | 0,88 | 0,62 | 0,30 | 0,41 | 0,38 | 0,28 | 0,01 | 0,01 | 0,17 | 0,65 | 0,03 | 0,14 |
| Kohl | BK | 0,62 | 0,30 | 0,29 | 0,61 | 0,82 | 0,69 | 0,33 | 0,43 | 0,31 | 0,40 | 0,03 | 0,01 | 0,12 | 0,66 | 0,02 | 0,17 |
| Merkel | BK | 0,53 | 0,28 | 0,26 | 0,83 | 0,75 | 0,75 | 0,35 | 0,43 | 0,25 | 0,43 | 0,04 | 0,01 | 0,08 | 0,67 | 0,03 | 0,18 |
| Scheel | AM | 0,56 | 0,26 | 0,28 | 0,40 | 0,91 | 0,61 | 0,29 | 0,42 | 0,39 | 0,36 | 0,02 | 0,03 | 0,14 | 0,63 | 0,02 | 0,16 |
| Schmidt | BK | 0,47 | 0,23 | 0,25 | 0,52 | 0,87 | 0,62 | 0,29 | 0,39 | 0,38 | 0,32 | 0,02 | 0,03 | 0,15 | 0,65 | 0,02 | 0,15 |
| Schröder | AM | 0,44 | 0,17 | 0,24 | 0,59 | 0,83 | 0,58 | 0,21 | 0,48 | 0,42 | 0,17 | 0,04 | 0 | 0,18 | 0,72 | 0,02 | 0,05 |
| Schröder | BK | 0,55 | 0,27 | 0,23 | 0,49 | 0,86 | 0,70 | 0,39 | 0,38 | 0,30 | 0,42 | 0 | 0,02 | 0,13 | 0,59 | 0,03 | 0,23 |
| Steinmeier | AM | 0,43 | 0,21 | 0,23 | 0,61 | 0,85 | 0,65 | 0,30 | 0,38 | 0,35 | 0,38 | 0,04 | 0 | 0,13 | 0,64 | 0,04 | 0,15 |
| Westerwelle | AM | 0,47 | 0,26 | 0,23 | 0,75 | 0,82 | 0,70 | 0,32 | 0,45 | 0,30 | 0,41 | 0,04 | 0 | 0,11 | 0,67 | 0,02 | 0,16 |

Quelle: Eigene Darstellung, BK = Bundeskanzler; AM = Außenminister; MW = Mittelwert; SA = Standardabweichung.

*Abbildung 4.8: Die politischen Überzeugungen von Bundeskanzlern und Außenministern: Sicherheitspolitik*

| | Amt | P-1 | P-2 | P-3 | P-4 | P-5 | I-1 | I-2 | I-3 | I-4a | I-4b | I-5 Punish | I-5 Threaten | I-5 Oppose | I-5 Appeal | I-5 Promise | I-5 Reward |
|---|---|---|---|---|---|---|---|---|---|---|---|---|---|---|---|---|---|
| Fischer | AM | 0,16 | 0,05 | 0,19 | 0,48 | 0,91 | 0,62 | 0,28 | 0,44 | 0,38 | 0,34 | 0,03 | 0,02 | 0,15 | 0,66 | 0,01 | 0,15 |
| Gabriel | AM | 0,42 | 0,22 | 0,12 | 0,54 | 0,93 | 0,58 | 0,43 | 0,25 | 0,42 | 0,83 | 0,07 | 0,03 | 0,11 | 0,36 | 0 | 0,43 |
| Genscher | AM | 0,46 | 0,20 | 0,22 | 0,42 | 0,91 | 0,74 | 0,32 | 0,47 | 0,26 | 0,31 | 0,03 | 0,05 | 0,06 | 0,69 | 0,05 | 0,13 |
| Kinkel | AM | 0,27 | 0,11 | 0,13 | 0,44 | 0,95 | 0,58 | 0,35 | 0,24 | 0,42 | 0,59 | 0,03 | 0,04 | 0,14 | 0,49 | 0,04 | 0,17 |
| Kohl | BK | 0,53 | 0,29 | 0,21 | 0,49 | 0,89 | 0,75 | 0,34 | 0,48 | 0,24 | 0,33 | 0,02 | 0,02 | 0,09 | 0,70 | 0,03 | 0,15 |
| Merkel | BK | 0,59 | 0,30 | 0,26 | 0,62 | 0,83 | 0,79 | 0,40 | 0,40 | 0,21 | 0,54 | 0,03 | 0,02 | 0,05 | 0,64 | 0,02 | 0,24 |
| Schröder | BK | 0,46 | 0,23 | 0,25 | 0,44 | 0,90 | 0,65 | 0,35 | 0,44 | 0,25 | 0,38 | 0,03 | 0,01 | 0,08 | 0,67 | 0,05 | 0,16 |
| Steinmeier | AM | 0,56 | 0,28 | 0,30 | 0,75 | 0,76 | 0,67 | 0,36 | 0,30 | 0,33 | 0,55 | 0,05 | 0,01 | 0,11 | 0,54 | 0,08 | 0,22 |
| Westerwelle | AM | 0,35 | 0,20 | 0,21 | 0,75 | 0,85 | 0,69 | 0,37 | 0,36 | 0,31 | 0,53 | 0,03 | 0,02 | 0,10 | 0,59 | 0,02 | 0,24 |

Quelle: Eigene Darstellung. BK = Bundeskanzler; AM = Außenminister; MW = Mittelwert; SA = Standardabweichung.

Die Ergebnisse für die politischen Überzeugungen der Bundeskanzler und Außenminister lassen sehr ähnliche Schlussfolgerungen zu wie diejenigen für die Führungseigenschaften. Auch hier gibt es in jeder Kategorie „Ausreißer" nach oben wie nach unten. Dies wird durch die *scatter plots* illustriert, die unterschieden nach den Themenbereichen Außenpolitik, Europapolitik und Sicherheitspolitik (Militäreinsätze) sowie „Gesamt" für Bundeskanzler (Abbildung 4.9) und Außenminister (Abbildung 4.10) jeweils die beiden *master beliefs* P-1 und I-1 abtragen. Themenbereichsspezifische Unterschiede in den politischen Überzeugungen einzelner EntscheidungsträgerInnen werden ebenso deutlich wie systematische Unterschiede zwischen den EntscheidungsträgerInnen. Somit werden zwei Grundannahmen des OC-Ansatzes bestätigt. Eine weitergehende inhaltliche Bewertung und Einordnung der Einzelwerte für sämtliche EntscheidungsträgerInnen ist an dieser Stelle nicht möglich. Wie bereits angeführt, erfolgt jedoch in Kapitel 4.3 ein Abgleich zwischen den OC-Werten (wie auch LT-Werten) der Bundeskanzler Adenauer, Brandt, Kohl und Merkel mit den Einschätzungen, die sich in politischen Biographien zu den jeweiligen Personen finden. Zugleich sei auf Kapitel 5.6 verwiesen, wo die Werte für die drei Themenbereiche Außenpolitik, Europapolitik und Sicherheitspolitik miteinander verglichen werden.

*Abbildung 4.9:  Die master beliefs der Bundeskanzler*

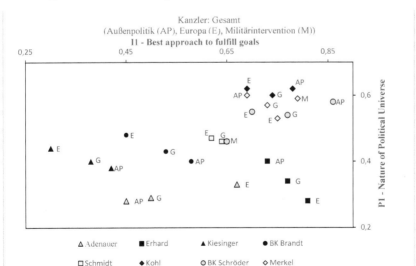

Quelle: Eigene Darstellung.

*Abbildung 4.10:  Die master beliefs der Außenminister*

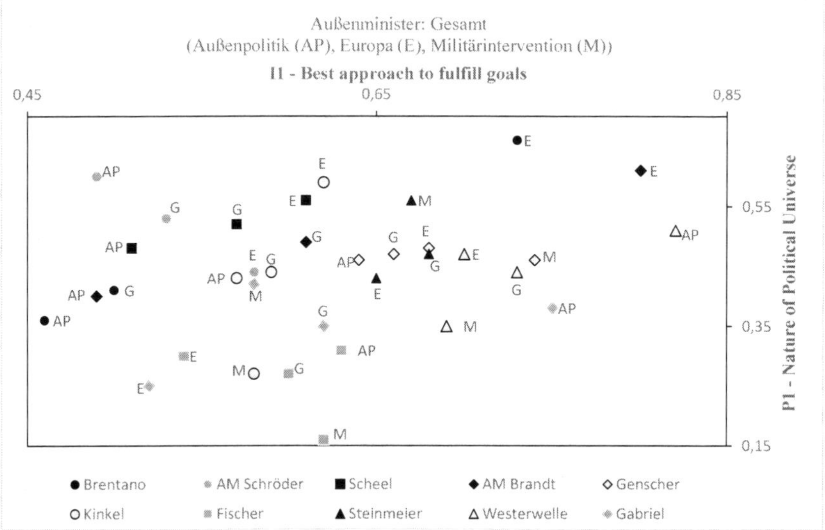

Außenminister: Gesamt
(Außenpolitik (AP), Europa (E), Militärintervention (M))

Quelle: Eigene Darstellung.

Wie beim LT-Ansatz ergibt sich auch für die politischen Überzeugungen kein einheitliches Profil für die Gruppe der Bundeskanzler bzw. für die Gruppe der Außenminister. Deutlich stärker ausgeprägt sind nunmehr aber die Unterschiede zwischen den beiden Gruppen, wenn man die jeweiligen Durchschnittswerte vergleicht. Abbildung 4.11 zeigt, dass sich die beiden Gruppen hinsichtlich der philosophischen Überzeugungen und damit der Diagnose des politischen Umfelds relativ deutlich voneinander unterscheiden. So haben die deutschen Außenminister eine negativere und damit konfliktivere Sichtweise auf ihre Umwelt (P-1). Damit verbunden schätzen sie auch die Chancen, ihre Ziele umsetzen zu können, negativer ein (P-2) und weisen sich zugleich eine geringere Rolle hinsichtlich der Kontrolle politischer Entwicklungen zu (P-4). Bundeskanzler und Außenminister unterscheiden sich außerdem in ihren instrumentellen Überzeugungen. Als durchaus in sich konsequente Folge der pessimistischeren Wahrnehmung des Umfelds, weisen Außenminister konfliktiveren Strategien einen größeren Nutzen zu als Bundeskanzler (I-1), was sich in Teilen auch in der Instrumentenwahl (I-5-Werte) widerspiegelt.

Für den „deutschlandinternen" Vergleich zwischen den beiden maßgeblichen Ämtern der außenpolitischen Exekutive lassen sich demnach signifikante Unterschiede feststellen. Über Deutschland hinausgehende Einordnungen sind an dieser Stelle nicht möglich, da, wie angeführt, für den OC-Ansatz eine globale Normgruppe fehlt. Von daher lassen sich keine Aussagen darüber treffen, ob beispielsweise die „pessimistischen" und eher „konfliktiven" deutschen Außenminister auch im Vergleich zu anderen Außenministern oder Regierungschefs derart einzustufen wären oder ob sie, und umso mehr die Bundeskanzler, im Vergleich vielleicht doch eine durchaus positive und auf Kooperation setzende Perspektive einnehmen – was für führende außenpolitische Entscheidungsträger einer „Zivilmacht" vielleicht auch anzunehmen wäre.[50]

*Abbildung 4.11:* *Die politischen Überzeugungen von Bundeskanzlern und Außenministern im Vergleich*

| Überzeugung | P-1 | P-2 | P-3 | P-4 | P-5 | I-1 | I-2 | I-3 | I-4a | I-4b | I-5 Punish[a] | I-5 Threaten | I-5 Oppose | I-5 Appeal | I-5 Promise | I-5 Reward |
|---|---|---|---|---|---|---|---|---|---|---|---|---|---|---|---|---|
| BK | 0,50 | 0,25 | 0,26 | 0,59 | 0,84 | 0,67 | 0,31 | 0,42 | 0,33 | 0,39 | 0,03 | 0,02 | 0,11 | 0,65 | 0,02 | 0,16 |
| AM | 0,43*** | 0,20*** | 0,25 | 0,54* | 0,87** | 0,63** | 0,30 | 0,41 | 0,37** | 0,36 | 0,03* | 0,02 | 0,14*** | 0,64 | 0,02 | 0,16 |

Quelle: Eigene Darstellung. BK = Bundeskanzler, AM = Außenminister. * p < 0,10; ** p < 0,05; *** p < 0,01 (zweiseitige t-Tests).

a: Die nicht gerundeten Durchschnittswerte für „I-5 Punish" lauten 0,03286689 für die Bundeskanzler und 0,02612319 für die Außenminister.

## 4.3 Vergleich der Ergebnisse mit politischen Biographien: Adenauer, Brandt, Kohl und Merkel

Die dargestellten Ergebnisse bieten erstmals eine auf der Grundlage eines automatisierten Analyseverfahrens basierende systematische Erhebung der Führungseigenschaften und politischen Überzeugungen von außenpolitischen EntscheidungsträgerInnen der Bundesrepublik Deutschland. Auch wenn wir in diesem Forschungsfeld methodisch Neuland betreten haben, so ist der Versuch, die Persönlichkeitsmerkmale von Bundeskanzlern und Außenministern zu erfassen, für sich genommen nicht neu, sondern ist gerade für politische Biographien eines der wesentlichen Erkenntnisinteressen. Von daher stellt sich die Frage, inwieweit sich die dort zu findenden qualitativ erhobenen Charakterisierungen mit unseren computerbasiert erhobenen Einordnungen decken oder aber von diesen unterscheiden.

---

50 Zur Frage von Deutschland als „Zivilmacht" siehe Kapitel 5.4.

Ein solcher Abgleich (im Sinne eines „face validity"-Tests) war uns jedoch nicht für sämtliche in die Untersuchung einbezogene EntscheidungsträgerInnen möglich. Stattdessen fokussieren wir nachfolgend auf vier Personen, die während ihrer Amtszeiten als Bundeskanzler bzw. Bundeskanzlerin die außenpolitische Entwicklung der Bundesrepublik maßgeblich geprägt haben bzw. noch immer prägen. Einbezogen wurden Konrad Adenauer, der für die Westbindung der Bundesrepublik verantwortlich war, Willy Brandt, der die Neue Ostpolitik prägte, Helmut Kohl, der maßgebliche Impulse für die „Außenpolitik der Wiedervereinigung" setzte, sowie Angela Merkel, die Deutschland während der bzw. durch die europäischen „Euro-/Währungs- und Migrationskrisen" sowie jüngst auch durch die „Corona-Krise" führte bzw. führt. In allen Fällen wurden mehrere einschlägige Biographien herangezogen, um abzugleichen, inwieweit unsere Einordnungen mit denjenigen der Biographen übereinstimmen bzw. von diesen abweichen. Der Fokus liegt dabei auf denjenigen Führungseigenschaften und politischen Überzeugungen, in denen sich die vier untersuchten EntscheidungträgerInnen deutlich (d.h. eine Standardabweichung oder mehr) von den Durchschnittswerten der „individuell angepassten" deutschen Normgruppe (d.h. der Normgruppe „minus" dem/der untersuchten Entscheidungsträger/in) abheben. Die Frage ist somit, ob diese Merkmale auch in den Biographien entsprechend hervorgehoben werden.

*Konrad Adenauer*

Kein Bundeskanzler hat die Entwicklung der Bundesrepublik Deutschland im gleichen Maß geprägt wie Konrad Adenauer. Während seiner vierzehnjährigen Kanzlerschaft (1949-1963) wandelte sich die Bundesrepublik von einem Besatzungsland zu einem weitgehend souveränen Nationalstaat, der zu den Gründungsmitgliedern der Vorläufer der heutigen Europäischen Union gehörte. Selbst seine schärfsten Kritiker, wie ZEIT-Mitbegründer Gerd Bucerius, der sich 1961 als einziger CDU-Abgeordneter offen gegen eine weitere Kanzlerschaft Adenauers aussprach, zollten ihm bei seinem politischen Abgang entsprechend Tribut: „Adenauer braucht das Urteil der Geschichte nicht zu scheuen. Er war der Größte unserer Zeit" (Bucerius 1963). Dementsprechend viel ist im Laufe der Jahre über Adenauer und seine Außenpolitik im Besonderen geschrieben worden. Allein über seine Moskaureise im September 1955, deren Ergebnis die Aufnahme von diplomatischen Beziehungen im Gegenzug für die Freilassung von 10.000 Kriegsgefangenen war, sind mehrere Bücher verfasst worden (Killian 2005; Keil 1997; Altrichter 2007). Das folgende Unterkapitel zeigt, dass innerhalb der Fülle dieser Literatur einige Parallelen gerade in der Bewertung von Adenauers Überzeugungen (*operational codes*) mit unserem erstellten

Datensatz zu ziehen sind, während sich bei der Beschreibung seiner Führungseigenschaften (*leadership traits*) einige Abweichungen finden lassen. Adenauers LT-Profil fällt im Vergleich mit der deutschen Normgruppe durch die unterdurchschnittlichen Werte in den Kategorien Machtbedürfnis (PWR), Selbstbewusstsein (SC) und Aufgabenfokus (TASK) sowie durch den überdurchschnittlichen Wert bei Eigengruppenfavorisierung (IGB) auf (Abbildung 4.12). Die Werte legen nahe, dass Adenauer zuvorderst beziehungsorientiert war und die in diesem Fall deutsche Eigengruppe stärker favorisierte als nachfolgende außenpolitische EntscheidungsträgerInnen, zugleich aber ein geringeres Machtbedürfnis und Selbstbewusstsein offenbarte.

*Abbildung 4.12:  Die Führungseigenschaften von Adenauer*

| | | BACE | PWR | CC | SC | TASK | DIS | IGB |
|---|---|---|---|---|---|---|---|---|
| Adenauer | | 0,2320 | 0,1909 | 0,5941 | 0,3066 | 0,5644 | 0,1907 | 0,1425 |
| Deutsche Normgruppe ohne Adenauer | MW (SA) | 0,29 (0,06) | 0,27 (0,05) | 0,61 (0,03) | 0,37 (0,06) | 0,65 (0,05) | 0,14 (0,06) | 0,12 (0,02) |

Quelle: Eigene Darstellung. MW = Mittelwert; SA = Standardabweichung.

Hinweise auf Adenauers Beziehungsorientierung (TASK) finden wir dann auch in den Beobachtungen seiner Biographen. Neben der vor allem innerhalb der deutsch-französischen Beziehungen und insbesondere im Zusammenhang mit der Freundschaft zu Charles de Gaulle thematisierten Fähigkeit persönliche Beziehungen zu nutzen, um Außenpolitik zu betreiben (Biermann 2017: 477-478), betraf das vor allem das Verhältnis zu seinen MitarbeiterInnen. Er nutzte eine „kleine, handverlesene" (Biermann 2017: 324) Gruppe von Personen, die ihn bei der Durchsetzung seiner politischen Ziele unterstützte. Adenauer verlangte dafür von seinen MitarbeiterInnen entschiedene Unterordnung, eigene Meinungen wurden von ihm nicht geschätzt (Biermann 2017: 130-131). Diese Ergebenheit gegenüber seiner Person setzte er mit einem Auftreten durch, das durchgehend als „autoritär" beschrieben wird (Recker 2010: 62; Biermann 2017: 346; Schwarz 1991a: 795; Irving 2002: 161).
    In Bezug auf die Eigengruppenfavorisierung (IGB), die von uns als überdurchschnittlich hoch identifiziert wurde, konstatierten Beobachter, dass Adenauer trotz der beschämenden Erlebnisse während des Dritten Reichs „stolzer Deutscher" geblieben sei, der durchaus an die „nationalen Emotio-

nen der Massen appelliert", beispielsweise indem er im April 1950 während eines Berlin-Besuchs die im Titania-Palast versammelte Menge aufforderte, die dritte Strophe des in Verruf geratenen Deutschlandlieds zu singen (Schwarz 1991a: 706-707). Ebenso bestand er trotz des Besatzungsstatuts zumindest auf den symbolischen Anspruch der Gleichstellung in den Interaktionen mit den Alliierten. Ein Beispiel ist die oftmals übermittelte Anekdote, als der erst wenige Tage zuvor zum Bundeskanzler gewählte Adenauer beim Treffen mit den Vertretern der Alliierten Hohen Kommission den Teppich betrat, der als Zeichen der bestehenden Hierarchie den Kommissaren vorbehalten sein sollte (Schwarz 1991a: 678).

Etwas überraschend ist, dass Adenauer in den Kategorien Misstrauen gegenüber Anderen (DIS), Machtbedürfnis (PWR) und Selbstbewusstsein (SC) „nur" moderate bzw. niedrige Werte aufweist. Adenauers starkes Misstrauen findet bei seinen Biographen durchgängig Erwähnung. Ein Beobachter führt es auf seine Erlebnisse während des Dritten Reichs zurück, während dessen die Menschen ihn „abgrundtief enttäuscht" hätten (Biermann 2017: 346). Auch unter seinen Weggefährten war dieser Charakterzug Adenauers nicht unbekannt. So bezeichnete schon Jean Monnet Adenauer als einen Mann, „der sich nur mit Mühe von einem gewissen Misstrauen freimachen konnte" (Schwarz 1991a: 720). Ein Biograph konstatiert: „Misstrauen und Skepsis werden im Laufe eines langen Lebens bei Adenauer […] immer ausgeprägter" (Schwarz 1991a: 217). Eine solche Haltung zeigt sich bei unserer Einstufung nicht.

In Bezug auf Adenauers Selbstbewusstsein (SC) und Machtbedürfnis (PWR), deren Werte unterhalb der Normgruppendurchschnittswerte liegen, lässt sich Ähnliches feststellen. Adenauers „oberstes Gebot" sei stets die Aufrechterhaltung seiner Machtbasis gewesen (Schwarz 1991a: 705), sein Kabinett führte er „mit starker Hand" (Recker 2010: 50). Seine Biographen attestieren ihm „explodierendes Selbstbewusstsein" (Biermann 2017: 118), das sich aus dem „Hochmut des Emporkömmlings" (Schwarz 1991a) speise und beinahe pathologische Züge angenommen habe, da es teilweise in einer „narzisstischen Selbstüberschätzung" (Biermann 2017: 263) resultierte und sich auch darin zeigte, auf „offene Kritik […] aggressiv" (Schwarz 1991a: 311) zu reagieren. Das galt insbesondere für sein Kabinett. Am besten ist diese Eigenschaft vermutlich durch Adenauers eigene Aussage zusammengefasst: „Was soll ich mit diesem Kabinett machen, der einzige Minister, auf den ich mich verlassen kann, ist der Außenminister" (Irving 2002: 163). Zu diesem Zeitpunkt nahm Adenauer das Amt des Außenministers selbst wahr.

Adenauers philosophische Überzeugungen innerhalb seiner politischen Überzeugungen fallen vor allem durch die im Vergleich zu den meisten anderen deutschen EntscheidungsträgerInnen relativ niedrigen Werte auf (Abbildung 4.13). So schätzte er das politische Universum eher negativ ein (P-1). Zudem ist der Glaube an die Vorhersehbarkeit der politischen Zukunft (P-3) gering ausgeprägt, was sich mit seinem überdurchschnittlichen Glauben an die Rolle des Zufalls (P-5) deckt. Adenauers Werte verweisen zudem auf eine unterdurchschnittliche Zuversicht, die politischen Entwicklungen beeinflussen (P-4) sowie seine politischen Ziele verwirklichen zu können (P-2).

Diese negative Einschätzung des politischen Universums und die pessimistische Sicht auf die Verwirklichung seiner Ziele, die wir aus Adenauers *operational code* herauslesen können, wird auch von seinen Biographen thematisiert. „Grundton seiner Persönlichkeit ist ein trauriger Ernst", schreibt Biermann (2017: 346). Adenauers Argwohn gegenüber seiner politischen Umwelt ist praktisch grenzenlos – jedermann, der viel mit ihm zu tun hatte, geriet in diese „Misstrauenszone" (Schwarz 1991a: 784). Dabei machte er weder vor Verbündeten noch seinen Landsleuten halt. Wie Schwarz formuliert: „Adenauer mißtraut [...] allen – den Sowjets, den Sozialdemokraten, der eigenen Fraktion, dem Auswärtigen Amt und dem Verteidigungsministerium, am meisten aber den Amerikanern" (Schwarz 1991b: 385). Dazu kam seine Tendenz zum „schwärzestem Pessimismus" (Schwarz 1991b: 388), die in einer „katastrophalen Weltsicht" (Schwarz 1991a: 288) resultierte. So traf er Ende der 1950er Jahre – wohlgemerkt nach Erreichen der weitgehenden Souveränität für die Bundesrepublik und als Zeitzeuge von zwei Weltkriegen – gegenüber einem amerikanischen Diplomaten folgende Aussage: „Die Zeiten sind noch nie so schlecht gewesen wie heute" (Schwarz 1991b: 388).

*Abbildung 4.13: Die philosophischen Überzeugungen von Adenauer*

| | | P-1 | P-2 | P-3 | P-4 | P-5 |
|---|---|---|---|---|---|---|
| Adenauer Gesamt | | 0,29 | 0,10 | 0,20 | 0,39 | 0,92 |
| Deutsche Normgruppe ohne Adenauer | MW (SA) | 0,46 (0,08) | 0,21 (0,05) | 0,26 (0,04) | 0,55 (0,12) | 0,85 (0,04) |

Quelle: Eigene Darstellung. MW = Mittelwert; SA = Standardabweichung.

Im Bereich der instrumentellen Überzeugungen (Abbildung 4.14) fällt Adenauer durch seine im Vergleich zur Normgruppe höhere Bereitschaft auf, konfliktive Mittel zu wählen, um seine politischen Ziele durchzusetzen. So liegt er bei den Überzeugungen zur besten Herangehensweise zur Auswahl politischer Ziele (I-1) und dem effektivsten Weg zur Umsetzung politischer Ziele (I-2) deutlich unter dem Durchschnitt der deutschen Normgruppe. Entsprechend sollte Adenauer eher dazu bereits gewesen sein, auch konfliktive Mittel zu wählen, um seine Ziele durchzusetzen. Seine Bereitschaft, konfliktive Strategien zu verfolgen (I-4a), ist laut unseren Werten deutlich gesteigert. Sehr auffällig ist an dieser Stelle auch die starke Bedeutung, die Adenauer der Bestrafung (I-5 „Punish") als Strategie zuschreibt.

Adenauers Neigung auch konfliktive Mittel zu wählen, um seine politischen Ziele durchzusetzen, schließt sich an die Beobachtungen seiner Biographen an. Zwar war der erste bundesdeutsche Kanzler durchaus der Überzeugung, dass die Kooperation mit Partnern wie Frankreich überlebenswichtig für den noch jungen deutschen Staat sei, was erklärt, warum seine Werte im Themenbereich Europa durchweg kooperativer sind als in der allgemeinen Außenpolitik (siehe Abbildungen 4.6 und 4.7). Gleichwohl schreckte er nicht davor zurück, energisch für die Wiederbewaffnung der Bundesrepublik, den Einsatz deutscher Truppen in internationalen Kontingenten und sogar die Anschaffung von Atomwaffen einzutreten (Schwarz 1991b: 330; Biermann 2017: 472). Dies lässt sich einerseits auf seine Einschätzung, dass ein „Staat, der keine Wehrmacht hat [...] kein Staat" (Schwarz 1991b: 245) sei, zurückführen. Vor allem aber schließt es sich an seine negative Einschätzung des politischen Universums an, insbesondere gegenüber der Sowjetunion. Adenauer erwartete während seiner Kanzlerschaft stets einen Angriff aus dem Osten (Schwarz 1991b: 736). Zeitgleich war er davon überzeugt, dass totalitäre Staaten wie die Sowjetunion nur die „Sprache der Macht" verstünden und ihre „Diktatoren [sich] letztlich nur von Bomberflotten und Panzerdivisionen" beeindrucken ließen (Schwarz 1991b: 14-15). Adenauers resolute Absicht, die Wiederaufrüstung und die Ausstattung der Bundesrepublik mit Atomwaffen voranzutreiben, brachte ihm sogar den wenig schmeichelhaften Spitznamen des „Gewalthammels" (Schwarz 1991a: 774) ein.

*Abbildung 4.14: Die instrumentellen Überzeugungen von Adenauer*

| | | I-1 | I-2 | I-3 | I-4a | I-4b | I-5 Punish | I-5 Threaten | I-5 Oppose | I-5 Appeal | I-5 Promise | I-5 Reward |
|---|---|---|---|---|---|---|---|---|---|---|---|---|
| Adenauer Gesamt | | 0,50 | 0,19 | 0,38 | 0,50 | 0,34 | 0,07 | 0,03 | 0,16 | 0,63 | 0,02 | 0,10 |
| Deutsche Norm- gruppe ohne Adenauer | MW | 0,63 | 0,29 | 0,41 | 0,37 | 0,36 | 0,03 | 0,02 | 0,14 | 0,64 | 0,02 | 0,15 |
| | (SA) | (0,10) | (0,06) | (0,05) | (0,10) | (0,07) | (0,01) | (0,01) | (0,04) | (0,05) | (0,01) | (0,04) |

Quelle: Eigene Darstellung. MW = Mittelwert; SA = Standardabweichung.

Insgesamt lässt sich feststellen, dass die von uns für Adenauer identifizierten politischen Überzeugungen mit den Beobachtungen seiner Biographen weitgehend kongruent sind. Seine negative Weltsicht sowie seine Bereitschaft, auch konfliktive Mittel einzusetzen, um seine politischen Ziele zu verfolgen, werden in beiden Fällen deutlich. Die von uns ermittelten Werte zu Adenauers Führungseigenschaften sind zwar nicht im selben Maße übereinstimmend mit den Einschätzungen in den Biographien. Dennoch finden wir auch hier Parallelen, die seine Beziehungsorientierung und Eigengruppenfavorisierung dokumentieren. Die von uns gefundene moderate Einordnung, was sein Selbstbewusstsein und das Misstrauen gegenüber anderen betrifft, deckt sich hingegen nicht mit den Einordnungen der Biographen. Jedoch gibt es zumindest im letzteren Fall Erklärungsfaktoren, die diese durchschnittlichen Werte eventuell begründen können. So wäre es möglich, dass sich situative Variablen wie die eingeschränkte Souveränität Deutschlands auf Adenauers Selbstvertrauen und Machtbedürfnis im politischen Kontext auswirkten und seine im Vergleich mit anderen EntscheidungsträgerInnen durchschnittlichen Werte in diesen Kategorien bewirken.

*Willy Brandt*

Als nächstes richtet sich der Blick auf Bundeskanzler Willy Brandt (1969-1974).[51] Während seiner Kanzlerschaft sorgte die Neue Ostpolitik, die Noack (2013: 250) als „das neben der Westbindung bedeutsamste stra-

---

51 Kapitel 5.1 zeigt, dass sich sowohl die Führungseigenschaften als auch die politischen Überzeugungen von Brandt kaum verändert haben im Zuge des Wechsels vom Auswärtigen Amt ins Bundeskanzleramt. Insofern hätten auch Beispiele aus der Zeit als Außenminister herangezogen werden können.

tegische Projekt der Bundesrepublik" bezeichnet, für eine grundlegende Neuausrichtung der deutschen Außenpolitik. Sie beinhaltete unter anderem den Abschluss einer Reihe von bilateralen Verträgen mit Staaten des Ostblocks (bspw. Dannenberg 2008) und zugleich eine multilaterale Einbettung im Rahmen der Konferenz für Sicherheit und Zusammenarbeit in Europa (bspw. Hakkarainen 2011). Dass diese Politik maßgeblich mit der Person Willy Brandts assoziiert wurde, zeigte sich etwa in der Verleihung des Friedensnobelpreises im Jahr 1971. Auch die Bundestagswahl von 1972, die zur „Willy-Wahl" wurde, verdeutlicht die herausragende Rolle „des Ausnahmepolitikers Willy Brandt" (Merseburger 2002: 8). Brandt erfuhr jedoch, wie Grebing (2008: 11) anmerkt, eine ganze Reihe und obendrein teilweise gegenläufiger Zuschreibungen, etwa „Realist, Optimist, Visionär, ein von Depressionen Heimgesuchter, voller Selbstzweifel und Anfechtungen".

Ein Abgleich seiner Führungseigenschaften mit denjenigen der anderen Bundeskanzler und Außenminister zeigt, dass Brandt vergleichsweise hohe Werte mit Blick auf den Glauben, Entwicklungen kontrollieren zu können (BACE), Konzeptionelle Komplexität (CC) und Aufgabenorientierung (TASK) aufweist. Demgegenüber ist der Wert für die Eigengruppenfavorisierung (IGB) relativ schwach ausgeprägt (Abbildung 4.15). In der biographischen Literatur lassen sich ähnliche Charakterisierungen finden.

*Abbildung 4.15: Die Führungseigenschaften von Willy Brandt*

| | | BACE | PWR | CC | SC | TASK | DIS | IGB |
|---|---|---|---|---|---|---|---|---|
| Brandt (BK) | | 0,3579 | 0,2590 | 0,6510 | 0,4125 | 0,6995 | 0,0915 | 0,0691 |
| Deutsche Normgruppe ohne Brandt (BK) | MW (SA) | 0,28 (0,06) | 0,26 (0,06) | 0,61 (0,03) | 0,37 (0,06) | 0,64 (0,05) | 0,14 (0,06) | 0,12 (0,02) |

Quelle: Eigene Darstellung. BK = Bundeskanzler; MW = Mittelwert; SA = Standardabweichung.

Der laut unserer Ergebnisse vergleichsweise stark ausgeprägte Glaube, Entwicklungen kontrollieren zu können, passt einerseits gar nicht zu bestimmten Zuschreibungen an Brandt wie die oben angeführten zu Depressionen und Selbstzweifeln oder solche zu Bedächtigkeit oder Apathie (Schöllgen 2001: 187). Andererseits steht das Ergebnis sehr wohl in Einklang mit einer Reihe anderer Zuschreibungen wie dem Optimisten und auch dem Realisten Brandt, der „die Lage [anerkannte], wie sie ist, um politischen Spielraum und Freiheit des Manövrierens zu gewinnen" (Merseburger 2002: 8). Als Brandt 1970 vom *Time Magazine* zum „Mann des Jahres" gekürt wurde, lautete die Begründung, dass er Ereignisse geprägt und geformt habe, anstatt auf sie zu reagieren (Merseburger 2002: 616).

Prägen konnte Brandt die Außenpolitik nicht zuletzt deshalb, weil er die Führungsrolle in diesem Themenbereich übernahm. Trotz einer persönlich guten Beziehung zu Außenminister Scheel (Noack 2013: 253-254) wurde die Außenpolitik „weitgehend im Kanzleramt gemacht" (Merseburger 2002: 590). Brandt stützte sich dabei auf eine Gruppe von Vertrauten, die er vom Auswärtigen Amt ins Bundeskanzleramt „mitnahm", wie Egon Bahr oder Georg Ferdinand Duckwitz (Schöllgen 2001: 172-173; Merseburger 2002: 598). Diese führten beispielsweise Sondierungsmissionen für Brandt durch, was dessen Kontrolle über die Außenpolitik weiter festigte. In den Biographien wird allerdings darauf verwiesen, dass Brandt in seiner zweiten Amtszeit zusehends die Kontrolle entglitten sei (etwa Schöllgen 2001: 187, 194-198; Merseburger 2002: 661-666). Eine solche Veränderung über Zeit können wir auf der Grundlage der kompilierten Sprechakte jedoch nicht überprüfen.

Dass Brandt eine ausgeprägte Fähigkeit zur Differenzierung hatte und somit über eine hohe Konzeptionelle Komplexität verfügte, wird auch von seinen BiographInnen betont. So spricht beispielsweise Grebing (2008: 20) Brandt „ein hohes Maß an Flexibilität gegenüber konkreten, zeitbedingten Anforderungen sowie die Fähigkeit zur Korrektur der eigenen Politik angesichts neuer Herausforderungen" zu. Laut Marshall (1993: 101) „benutzte [Brandt] in der deutschen Politik ein neues, soziologisches Vokabular, um den Anspruch der wissenschaftlich-technologischen Basis seiner politischen Pläne [...] zu unterstreichen." Und Merseburger (2002: 607) verweist auf „das vielschichtige Konzept [...], welches der [Außen-]Politik Willy Brandts zugrunde liegt." Unsere Einordnung wird ferner auch durch Brandts Rede anlässlich der Verleihung des Friedensnobelpreises bekräftigt, in der er sich gegen alles „Absolute" wandte und hervorhob, dass es „mehrere Wahrheiten [gibt], nicht nur die eine, alles andere ausschließende Wahrheit. Deshalb glaube ich an die Vielfalt und also an den Zweifel. Er ist produktiv. Er stellt das Bestehende in Frage" (Brandt 1971).

Des Weiteren finden sich auch in den Biographien Hinweise auf eine stärker ausgeprägte Aufgabenfokussierung Brandts im Vergleich zu einer Konzentration auf Beziehungen. Im Zentrum stand dabei die Neue Ostpolitik, die das zentrale (außenpolitische) Thema seiner Kanzlerschaft war (Merseburger 2002: 579). Dass Brandt die Sachebene wichtiger als die Beziehungsebene war, legt Merseburger (2002: 627) nahe: „Daß die Motive, von denen sich Partner leiten lassen, nicht wichtig sind, wenn sie nur zu

Ergebnissen führen, die im deutschen Interesse liegen, ist ein Credo des Außenpolitikers Brandt." Eine ausgeprägte Sach- und Themenorientierung charakterisierten auch die von Brandt geleiteten Kabinettssitzungen (Merseburger 2002: 594-595). Andererseits wird in den Biographien auch auf Brandts „kollegiale[n] Führungsstil als Bundeskanzler" (Grebing 2008: 19) verwiesen wie auch darauf, dass er besonderen Wert auf den Zusammenhalt im Kabinett gelegt habe (Marshall 1993: 102). Außerdem pflegte Brandt enge Beziehungen zu seinem engsten Beraterkreis („Küchenkabinett") sowie zu einzelnen Staatsmännern wie etwa Breschnew (Merseburger 2002: 598, 611). Auch wenn Brandt somit den Wert von Beziehungen zu schätzen wusste, scheint die Aufgabenorientierung überwogen zu haben, zumal Brandt generell als eher distanziert im persönlichen Umgang beschrieben wird (Noack 2013: 9-11) wie auch als „zeitlebens ein einsamer Mann" (Schöllgen 2001: 211)

Schließlich führen auch die Biographien Hinweise an, die die geringer ausgeprägte Eigengruppenfavorisierung bekräftigen. Trotz gegenläufiger Kritik seitens konservativer Kräfte, wird für Brandt sehr wohl attestiert, dass er bundesdeutsche Interessen ins Zentrum seiner Außenpolitik gestellt habe. Er hatte dabei jedoch das Wohlergehen aller Deutschen im Blick wie auch die Einbettung Deutschlands in Europa: „Sein deutscher Patriotismus war einer in europäischen Farben" (Grebing 2008: 110). Eines der Kernelemente der Neuen Ostpolitik wie auch der Konferenz für Sicherheit und Zusammenarbeit in Europa (KSZE), an deren Vorbereitung wie auch anfänglichen Verhandlungsphase Brandt mitwirkte, bestand darin, Erleichterungen für die Menschen zu erreichen, und zwar auch und gerade für diejenigen, die in der sowjetischen Einflusssphäre lebten. Merseburger fasst dies wie folgt zusammen: „Willy Brandt war unstreitig ein Patriot, das Motiv für seine Ostpolitik war ein durch und durch nationales. [...] Sein erklärtes Ziel war, die Folgen der deutschen Spaltung für die Menschen erträglich zu machen – bis zu jenem fernen Tag, an dem sich die Einheit vielleicht doch wiedergewinnen ließe" (zitiert nach Grebing 2008: 107). Die von uns konstatierte geringere Favorisierung der Eigengruppe steht somit durchaus in Einklang mit dieser Gesamtdeutschland in Europa einbettenden Haltung Brandts.

Während sich seine Führungseigenschaften in mehrfacher Hinsicht von denjenigen der anderen Bundeskanzler und Außenminister unterscheiden, bewegen sich die politischen Überzeugungen von Bundeskanzler Brandt fast vollständig im Durchschnitt der deutschen Vergleichsgruppe. Bei den philosophischen Überzeugungen finden sich überhaupt keine nennenswerten Unterschiede (Abbildung 4.16). Bei den instrumentellen Überzeugungen unterscheidet sich Brandt nur vereinzelt von den anderen Bundeskanzlern und Außenministern. Unsere Werte legen nahe, dass er den Instrumenten „Punish" und „Promise" vergleichsweise weniger Bedeutung beimaß und zugleich das Instrument „Oppose" (I-5) stärker betonte (Abbildung 4.17).

*Abbildung 4.16: Die politischen Überzeugungen von Brandt*

|  | | P-1 | P-2 | P-3 | P-4 | P-5 |
|---|---|---|---|---|---|---|
| Brandt (BK) | | 0,43 | 0,22 | 0,25 | 0,45 | 0,89 |
| Deutsche Normgruppe ohne Brandt (BK) | MW (SA) | 0,45 (0,09) | 0,21 (0,06) | 0,26 (0,05) | 0,55 (0,13) | 0,86 (0,04) |

Quelle: Eigene Darstellung. MW = Mittelwert; SA = Standardabweichung.

*Abbildung 4.17: Die instrumentellen Überzeugungen von Brandt*

|  | | I-1 | I-2 | I-3 | I-4a | I-4b | I-5 Punish | I-5 Threaten | I-5 Oppose | I-5 Appeal | I-5 Promise | I-5 Reward |
|---|---|---|---|---|---|---|---|---|---|---|---|---|
| Brandt (BK) | | 0,53 | 0,24 | 0,37 | 0,47 | 0,34 | 0,04 | 0,02 | 0,18 | 0,62 | 0,02 | 0,13 |
| Deutsche Normgruppe ohne Brandt (BK) | MW (SA) | 0,63 (0,11) | 0,29 (0,06) | 0,41 (0,05) | 0,38 (0,11) | 0,36 (0,07) | 0,03 (0,02) | 0,02 (0,01) | 0,14 (0,04) | 0,64 (0,04) | 0,02 (0,01) | 0,15 (0,04) |

Quelle: Eigene Darstellung. MW = Mittelwert; SA = Standardabweichung.

Diese Einordnungen sind teilweise überraschend: In Brandts Außenpolitik und zumal der Neuen Ostpolitik standen diplomatische Lösungen wie auch Prozesse der Aussöhnung im Zentrum. Dies würde eher relativ hohe Werte bei kooperativen und niedrigere Werte bei konfliktiven Instrumenten erwarten lassen. Im Einklang hiermit steht lediglich der geringere Nutzen, der dem Instrument „Threaten" zugewiesen wird. Der geringere Nutzen von „Promise" und der gleichzeitig höhere Nutzen von „Oppose" fügen sich hingegen nicht in dieses Bild. Auch in den Biographien finden sich keine Hinweise auf derlei Muster. Vielmehr wird Brandt generell als eher konfliktscheu und wenig konfrontativ beschrieben (Schöllgen 2001: 213; Noack 2013: 252). Laut Marshall (1993: 134) offenbarte Brandt gar eine „Abneigung gegen direkte, persönliche Konfrontationen". Dies würde unsere Einordnung bezüglich „Threaten" bestätigen, nicht jedoch diejenige für „Oppose".

Es lässt sich somit festhalten, dass die Führungseigenschaften, die Bundeskanzler Brandt laut unseren Ergebnissen von anderen Bundeskanzlern und Außenministern unterscheiden, auch in der biographischen Literatur herausgestellt werden. Einschränkend ist jedoch anzumerken, dass wir gerade Entwicklungen im Verlauf der Kanzlerschaft, wie sie für Brandt konstatiert werden, nicht abbilden können. Bei Brandts politischen Überzeugungen überrascht wohl vor allem, dass sie sich kaum von denjenigen der anderen deutschen EntscheidungsträgerInnen abheben. Angesichts der ihm zugeschriebenen Eigenschaft, sowohl Realist als auch Visionär zu sein, was im deutschen Kontext eine seltene Charakterisierung sein dürfte, wären hier gerade bei der Diagnose des politischen Umfelds „besondere" Sichtweisen zu erwarten gewesen, was sich jedoch in Brandts philosophischen Überzeugungen nicht zeigt. Vielleicht müsste hier aber auch der Zeitkontext noch genauer in den Blick genommen werden und die Unterschiede zuvorderst zu seinen Vorgängern erhoben werden, von deren Politik sich Brandts Neue Ostpolitik deutlich abhob.

*Helmut Kohl*

Ob „schwarzer Riese" (Dreher 1998: 182) als Folge seiner physischen Größe und politischen Ausrichtung, „die verkörperte Entwarnung" (Habermas, zitiert nach Noack und Bickerich 2010: 13) aufgrund seiner demonstrativ bodenständigen Außendarstellung oder schließlich als „Kanzler der Einheit" (Schwarz 2014: 489) – Helmut Kohl wurde mit zahlreichen Titeln bedacht, die seine Außenwirkung oder seine Errungenschaften widerspiegeln sollten. Was jedoch zumeist außen vor bleibt, ist die genauere Untersuchung der Führungseigenschaften des langjährigen Bundeskanzlers. Während die Wesenszüge von „Basta-Kanzler" Schröder oder dem utopisch-grübelnden „Willy Wolke" (Brandt) in ihren Beinamen anklingen, entzieht sich Kohl einer schnellen Einordnung. Zu diesem Zweck erfolgte eine Auswertung von mehreren Kohl-Biographien, die Aufschluss darüber geben soll, ob sich unsere quantitativ ermittelten Charakterisierungen mit den biographischen Einschätzungen decken. Der Fokus liegt auch hier auf denjenigen Führungseigenschaften und politischen Überzeugungen, in denen sich Kohl deutlich von den Durchschnittswerten der deutschen Normgruppe unterscheidet.

Mit Blick auf die Führungseigenschaften Kohls (siehe Abbildung 4.18) wird deutlich, dass dieser einen sehr niedrigen Wert für Aufgabenorientierung (TASK) aufweist. Dieser Wert spricht für eine hohe Beziehungsorientierung Kohls. Er legte also großen Wert auf den Zusammenhalt der Eigengruppe, was sich in der Treue zu seinen engsten MitarbeiterInnen äußern sollte. Dies wird dann auch in den Biographien bestätigt. So widmet beispielsweise Dreher (1998: 314-332) der besonderen Beziehung Kohls zu seiner Bürochefin Juliane Weber oder zum Chef des Bundeskanzleramtes, Waldemar Schreckenberger, ein ganzes Kapitel und konstatiert, dass „persönliche Beziehungen, gemeinsame Jugenderlebnisse und landsmannschaftliche Verbundenheit eine entscheidende Rolle bei der Stellenbesetzung" (Dreher 1998: 316) in den Jahren von Kohls Kanzlerschaft spielten. Durch ein solches Vorgehen sicherte sich Kohl die Loyalität seiner MitarbeiterInnen und schuf einen Korpsgeist in seinem engsten Umfeld, in welchem deren Mitglieder „eingeschworen bis zur Hörigkeit, bedürfnislos bis zur Selbstpreisgabe" (Filmer und Schwan 1991a: 226) waren. Für Kohls Beziehungsorientierung sprechen zudem seine Fähigkeiten zur Beziehungspflege mit globalen Entscheidungsträgern wie François Mitterand, George H. W. Bush oder Michail Gorbatschow (Noack und Bickerich 2010: 165-167).

*Abbildung 4.18: Die Führungseigenschaften von Kohl*

| | | BACE | PWR | CC | SC | TASK | DIS | IGB |
|---|---|---|---|---|---|---|---|---|
| Kohl | | 0,2248 | 0,2066 | 0,5655 | 0,3685 | 0,5427 | 0,1697 | 0,1184 |
| Deutsche Normgruppe ohne Kohl | MW (SA) | 0,29 (0,06) | 0,27 (0,05) | 0,61 (0,03) | 0,37 (0,06) | 0,65 (0,04) | 0,14 (0,06) | 0,12 (0,03) |

Quelle: Eigene Darstellung. MW = Mittelwert; SA = Standardabweichung.

Daneben weist Kohl laut unseren Werten ein nur unterdurchschnittliches Machtbedürfnis (PWR) auf. Durch das besondere Vertrauensverhältnis zu seinen MitstreiterInnen – zunächst in Mainz und dann in Bonn – schuf er die Grundlage dafür, auch wichtige Aspekte der Regierungsarbeit zu delegieren: „Kohl wollte nicht alles selber machen, alles selber kontrollieren und korrigieren" (Filmer und Schwan 1991b: 355). Seine Stärke lag in der Leitung von Entscheidungsgremien wie der Koalitionsrunde und dem beständigen Austausch und Gespräch mit dessen Mitgliedern. Er blieb also immer informiert, ohne im Detail seine MitarbeiterInnen und KollegInnen kontrollieren und jede Entscheidung selbst treffen zu müssen (Filmer und Schwan 1991b: 355-359; Schwarz 2014: 313-314).

Eine häufige Kritik an Kohl bezog sich während seiner Kanzlerschaft darauf, dass er nicht nur einige Entscheidungen delegierte, sondern selbst getroffene Entscheidungen oft über Gebühr hinauszögerte und damit auf Entwicklungen und Ereignisse nur reagierte, statt diese proaktiv anzugehen (Filmer und Schwan 1991b: 356). Diese Eigenheit Kohls deckt sich mit unseren Werten, weist Kohl doch einen vergleichsweise geringen Glauben an die eigenen Kontrollfähigkeiten (BACE) auf. Das Gefühl des politischen Stillstands begleitete Kohl bis zur Wende und brachte ihm den Ruf ein, nur zu reden, nicht aber zu handeln (Noack und Bickerich 2010: 153). Kohls erster Abschnitt seiner Kanzlerschaft wird folglich von Beobachtern als „ruhige Jahre ohne ein Übermaß an Veränderungen" (Schwarz 2014: 475) bezeichnet. Symptomatisch dafür war Kohls Neigung „alle umstrittenen Unternehmungen bis zur letzten Minute auf[zuschieben]" (Dreher 1998: 332) und dann beispielsweise darauf zu bestehen, diese alle gemeinsam vor parlamentarischen Weihnachts- oder Sommerpausen zu entscheiden.

Schließlich weist Bundeskanzler Kohl einen unterdurchschnittlichen Wert bei Konzeptioneller Komplexität (CC) auf. Während Kohl bei vorgefertigten Reden „ermüdend durch Weitschweifigkeit und lange, verknödelte Sätze" (Schwarz 2014: 171) auffiel, weshalb er als „rhetorisch allenfalls Durchschnitt" (Noack und Bickerich 2010: 26) galt, so zeigt er bei den in der LT-Analyse untersuchten spontanen Sprechsituationen eher seine Wesensart. Er ist in Parlamentsdebatten und Interviews eher „volkstümlich, gemüthaft, häufig auch polternd" (Schwarz 2014: 171), weshalb der SPD-Politiker Wilhelm Dröscher konstatiert, dass Kohl „dem deutschen Kleinbürger auf den Leib geschrieben ist" (Wiedemeyer 1991: 165).

Die Werte seiner politischen Überzeugungen (Abbildungen 4.19 und 4.20) legen nahe, dass Kohl die internationale Politik als durch Kooperation gekennzeichnet erachtete (P-1) und gleichzeitig für ihn kooperative Strategien eindeutig das Mittel der Wahl im Umgang mit anderen Staaten (I-1) waren. In beiden *master beliefs* weist Kohl überdurchschnittliche Werte auf. Dieser Fokus auf Kooperation spiegelt sich auch in der in Bezug auf die deutsche Normgruppe sehr niedrigen Bereitschaft wider, konfliktive Strategien überhaupt in Betracht zu ziehen (I-4a). Dieser Eindruck bestätigt sich beim Blick auf die Bedeutung verschiedener Instrumentarien (I-5), bei denen Kohls unterdurchschnittliche Werte für „Oppose" hervorstechen.

Schwarz (2014: 24-33, 40-49) führt eine in diesem Sinne stehende Grundorientierung auf die Kriegserlebnisse des jungen Kohl zurück wie auch auf seine pfälzische Herkunft und seine intensive Auseinandersetzung mit der Geschichte dieses Grenzgebiets. Als Teil der „Generation von 1945" (Schwarz 2014: 125) hatte Kohl zwar selbst kaum Kampferfahrungen machen müssen, dafür jedoch die Gräuel der Bombennächte ebenso erlebt wie den Verlust von Familienmitgliedern, in diesem Falle seines Bruders Walter (Dreher 1998: 23-26). Diese Erfahrungen in Kombination mit der wechselvollen und konfliktreichen Geschichte der Pfalz neben und mit Frankreich, in welche er sich im Laufe seiner Promotion vertiefte, waren maßgeblich dafür, dass Kohl sich schon früh für die Idee eines vereinten Europas zu begeistern begann (Dreher 1998: 32; Schwarz 2014: 82; Weidenfeld 1991: 286-291). Die Vision der Vereinigten Staaten von Europa als Lehre aus der Geschichte und Überwindung der eigenen Kriegserlebnisse (Schwarz 2014: 47) wurde zu Kohls Überzeugung (Schwarz 2014: 932-936), welche einen erneuten Krieg in Europa verhindern sollte und am ehesten durch Kooperation verwirklicht werden konnte.

*Abbildung 4.19: Die philosophischen Überzeugungen von Kohl*

|  |  | P-1 | P-2 | P-3 | P-4 | P-5 |
|---|---|---|---|---|---|---|
| **Kohl Gesamt** |  | 0,60 | 0,31 | 0,28 | 0,60 | 0,83 |
| Deutsche Normgruppe ohne Kohl | MW (SA) | 0,44 (0,08) | 0,20 (0,05) | 0,26 (0,05) | 0,54 (0,13) | 0,86 (0,04) |

Quelle: Eigene Darstellung. MW = Mittelwert; SA = Standardabweichung.

*Abbildung 4.20: Die instrumentellen Überzeugungen von Kohl*

|  |  | I-1 | I-2 | I-3 | I-4a | I-4b | I-5 Punish | I-5 Threaten | I-5 Oppose | I-5 Appeal | I-5 Promise | I-5 Reward |
|---|---|---|---|---|---|---|---|---|---|---|---|---|
| **Kohl Gesamt** |  | 0,74 | 0,35 | 0,44 | 0,26 | 0,41 | 0,02 | 0,02 | 0,09 | 0,67 | 0,02 | 0,18 |
| Deutsche Normgruppe ohne Kohl | MW (SA) | 0,61 (0,10) | 0,28 (0,06) | 0,4 (0,05) | 0,39 (0,10) | 0,36 (0,07) | 0,03 (0,02) | 0,02 (0,01) | 0,15 (0,04) | 0,64 (0,04) | 0,02 (0,01) | 0,15 (0,04) |

Quelle: Eigene Darstellung. MW = Mittelwert; SA = Standardabweichung.

Insgesamt lässt sich somit feststellen, dass sich die von uns identifizierten Führungseigenschaften und politischen Überzeugungen und zumal jene, entlang derer sich Helmut Kohl von der deutschen Normgruppe abhebt, in vielerlei Hinsicht mit den Einschätzungen aus der biographischen Literatur decken. Kohls Führungseigenschaften legen eine Beziehungsorientierung gegenüber MitarbeiterInnen und internationalen Politikern sowie eine auf Kooperation angelegte politische Strategie nahe – allesamt Eigenschaften, die auch die biographische Literatur bestätigt. Infolge seiner Beziehungsorientierung schuf Kohl mit seinen MitarbeiterInnen ein auf Vertrauen basierendes Arbeitsumfeld, welches ihm ermöglichte, gewisse Aufgaben und Entscheidungen zu delegieren und sich selbst auf die Leitung wichtiger Entscheidungsgremien zu fokussieren.

*Angela Merkel*

Die öffentliche Wahrnehmung Angela Merkels ist paradox. Einerseits gilt die Bundeskanzlerin als verlässlich und vertrauenswürdig, was sich in hohen Zustimmungswerten in der Bevölkerung ausdrückt. Andererseits wird die Bundeskanzlerin von KommentatorInnen und BiographInnen als unnahbar, „rätselhaft" (Resing 2017: 9) oder gar als „Mysterium" (Kornelius 2013: 10) charakterisiert. Dazu beigetragen hat sicherlich die zumindest für westdeutsche BeobachterInnen schwer nachvollziehbare Sozialisation Merkels in der DDR sowie ihre vergleichsweise späte Politisierung. Auch ist relativ wenig über ihr Privatleben bekannt. Merkel haftet zudem das Etikett an, sich aus Kontroversen herauszuhalten, lange zu taktieren und sich erst im letzten Moment inhaltlich festzulegen (Resing 2017: 19, 101; Langguth 2010: 348, 354). Tatsächlich wurde „merkeln" – als Synonym für aufschieben und verzögern – im Jahr 2015 beinahe zum Jugendwort des Jahres gewählt (FAZ 2015).

Inwieweit decken sich diese Zuschreibungen mit unserer quantitativen und vergleichenden Analyse der Führungseigenschaften der Bundeskanzlerin? Gibt es hier Auffälligkeiten, die im Kontrast zur öffentlichen Wahrnehmung bzw. zu Darstellungen in einschlägigen Biographien stehen? Beim Vergleich von unseren Ergebnissen mit Charakterisierungen in mehreren Merkel-Biographien zeigen sich mehrere Übereinstimmungen, aber auch überraschende Abweichungen.

*Abbildung 4.21: Die Führungseigenschaften von Merkel*

| | | BACE | PWR | CC | SC | TASK | DIS | IGB |
|---|---|---|---|---|---|---|---|---|
| Merkel | | 0,3377 | 0,3117 | 0,5992 | 0,4490 | 0,6461 | 0,0710 | 0,1239 |
| Deutsche Normgruppe ohne Merkel | MW (SA) | 0,29 (0,06) | 0,26 (0,05) | 0,61 (0,03) | 0,37 (0,06) | 0,64 (0,05) | 0,14 (0,06) | 0,12 (0,03) |

Quelle: Eigene Darstellung. MW = Mittelwert; SA = Standardabweichung.

Mit Blick auf ihre Führungseigenschaften (Abbildung 4.21) weist Bundeskanzlerin Merkel im Vergleich zur Normgruppe einen relativ hohen Wert für die Kategorie Machtorientierung (PWR) auf, und in der Kategorie Selbstbewusstsein (SC) hat sie den dritthöchsten Wert aller untersuchten EntscheidungsträgerInnen. Auf den ersten Blick stehen diese Ergebnisse im deutlichen Kontrast zum oft gehörten Vorwurf, Merkel würde nicht führen, stehe bei Kontroversen abseits und zögere Entscheidungen hinaus (Mushaben 2017: 3; Qvortrup 2016: 257).

Die biographische Forschung betont aber durchaus den „Machtinstinkt Merkels" (Langguth 2010: 187) und ihren Willen, den Gang der Ereignisse kontrollieren zu können statt davon getrieben zu sein (Kornelius 2013: 62). Zwar ist Merkel ein auf äußere Dominanz zielendes Imponiergehabe fremd (Kornelius 2013: 42; Qvortrup 2016: 223). Sie wird darin gerade als Antipodin zu ihrem Vorgänger Schröder sowie vielen männlichen Zeitgenossen wie Erdogan, Trump oder Putin gesehen. Doch Ehrgeiz und der Wille, sich gegenüber anderen auszuzeichnen, prägen Merkel seit ihrer Kindheit (Kornelius 2013: 43; Langguth 2010: 51, 62, 403; Qvortrup 2016: 41, 55). Sie will „alle relevanten Politikfelder beherrschen" (Langguth 2010: 9) und hat in Schlüsselmomenten immer wieder eine große Durchsetzungsfähigkeit bewiesen. Bereits als Familien- bzw. Umweltministerin in den 1990er Jahren tauschte sie in den Ministerien langjährige Führungspersonen rigoros gegen loyale MitarbeiterInnen aus (Qvortrup 2016: 137-138, 147; Langguth 2010: 164-167, 184-187).

Um ihre Machtposition abzusichern, überging Merkel auch Parteigremien oder brach mit Konventionen (Langguth 2010: 207-212, 245-247, 280). Deutlich wurde dies vor allem durch die öffentliche Abrechnung der damaligen CDU-Generalsekretärin mit „Parteiübervater" Kohl (Qvortrup 2016: 159-160; Langguth 2010: 207-212). Ihre „stählerne Entschlossenheit" (Qvortrup 2016: 165) in dieser parteiinternen Krise brachte ihr schließlich selbst den Parteivorsitz ein. Später gelang es ihr, Friedrich Merz aus dem Amt des CDU-Fraktionsvorsitzenden heraus zu drängen (Langguth 2010: 245-247; Qvortrup 2016: 184-185). Ein hohes Selbst- und Machtbewusstsein Merkels zeigt sich auch in der Außen- und Europapolitik, etwa bei der Durchsetzung von Sanktionen gegen Russland (Mushaben 2017: 148-150; Qvortrup 2016: 301, 318) oder in ihrem Beharren auf Gegenleistungen (Strukturreformen, Sparprogramme) für Rettungsaktionen während der Eurokrise (Mushaben 2017: 161; Qvortrup 2016: 258).

Überraschend ist der nur durchschnittliche Wert in der Eigenschaft Konzeptionelle Komplexität (CC). Dies lässt sich schwer vereinbaren mit der „Methode Merkel", d.h. einer unvoreingenommenen und differenzierten, „quasi-wissenschaftlichen" Analyse von Problemstellungen, Interessen und Handlungsoptionen (Mushaben 2017: 134; Kornelius 2013: 243). Das sorgsame Abwägen und Erklären von politischen Maßnahmen präge laut Langguth Kabinettssitzungen ebenso wie Merkels internationalen Verhandlungsstil (Langguth 2010: 437, 2013: 204).

Der unterdurchschnittliche Wert in der Eigenschaft Misstrauen gegenüber Anderen (DIS) verwundert angesichts der Sozialisation Merkels in einem politischen System, in dem Bespitzelung und Verrat zur Tagesordnung gehörten. Beispielsweise musste sie in der Wendezeit von der Aufdeckung der Stasimitgliedschaft ihres frühen Förderers und Parteichefs des Demokratischen Aufbruchs (DA), Wolfgang Schnur, erfahren. Kornelius (2013: 220) und Langguth (2010: 282) charakterisieren Merkel dann auch als „misstrauisch" bzw. sogar „extrem misstrauisch". Täuschen und Tarnen habe sie in der DDR als Überlebensstrategie gelernt und bis heute verinnerlicht (Langguth 2010: 284, 413; Kornelius 2013: 20, 39-40). In unserer Analyse der spontanen Sprechakte der Bundeskanzlerin zeigt sich dies so nicht.

Hinsichtlich der politischen Überzeugungen der Bundeskanzlerin (Abbildungen 4.22 und 4.23) findet sich die verbreitete Annahme, dass Merkel im politischen Alltag, d.h. abseits von innen- und außenpolitischen Krisen, vorzugsweise konsensorientiert und moderierend agiert (Kornelius 2013: 55; Resing 2017: 101-102), auch in unseren Werten. Dies geschieht zum einen dadurch, dass die Bundeskanzlerin das politische Universum deutlich harmonischer einschätzt als andere deutsche Entscheidungsträger (P-1). Zudem wird die Annahme durch einige der instrumentellen Überzeugungen Merkels bestätigt. Demnach bevorzugt Merkel eindeutig kooperative Mittel im Umgang mit anderen politischen Akteuren (I-I) und ist im Vergleich zu anderen deutschen Entscheidungsträgern weniger bereit, ein konfrontatives Vorgehen in Betracht zu ziehen (I-4a). Zudem sieht sie in Drohungen oder Blockadehandlungen nur geringen Nutzen (I-5-Werte für „Threaten" und „Oppose").

*Abbildung 4.22: Die philosophischen Überzeugungen von Merkel*

| | | P-1 | P-2 | P-3 | P-4 | P-5 |
|---|---|---|---|---|---|---|
| Merkel (Gesamt) | | 0,57 | 0,29 | 0,28 | 0,79 | 0,76 |
| Deutsche Normgrupe ohne Merkel | MW (SA) | 0,44 (0,09) | 0,20 (0,06) | 0,26 (0,05) | 0,53 (0,11) | 0,86 (0,03) |

Quelle: Eigene Darstellung. MW = Mittelwert; SA = Standardabweichung.

*Abbildung 4.23:* Die instrumentellen Überzeugungen von Merkel

| | | I-1 | I-2 | I-3 | I-4a | I-4b | I-5 Punish | I-5 Threaten | I-5 Oppose | I-5 Appeal | I-5 Promise | I-5 Reward |
|---|---|---|---|---|---|---|---|---|---|---|---|---|
| Merkel (Gesamt) | | 0,73 | 0,35 | 0,42 | 0,27 | 0,42 | 0,03 | 0,01 | 0,09 | 0,66 | 0,03 | 0,18 |
| Deutsche Normgrupe ohne Merkel | MW | 0,61 | 0,28 | 0,41 | 0,39 | 0,35 | 0,03 | 0,02 | 0,15 | 0,64 | 0,02 | 0,15 |
| | (SA) | (0,10) | (0,06) | (0,05) | (0,10) | (0,07) | (0,02) | (0,01) | (0,04) | (0,05) | (0,01) | (0,04) |

Quelle: Eigene Darstellung. MW = Mittelwert; SA = Standardabweichung.

Hinsichtlich der philosophischen Überzeugungen der Bundeskanzlerin ragt des Weiteren ein ausgesprochen starker Glaube an die Möglichkeit, politische Situationen beeinflussen zu können heraus (P-4). Damit korrespondiert ein sehr niedriger Wert für den Glauben an die Rolle des Zufalls (P-5). Auch der Glaube, politische Ziele verwirklichen zu können, ist überdurchschnittlich ausgeprägt (P-2). Diese ausgesprochen optimistische Einschätzung der eigenen Handlungsmöglichkeiten und der Glaube an eine vergleichsweise hohe Planbarkeit und Berechenbarkeit der Politik wird in der Literatur zum Teil auf Merkels naturwissenschaftlich geprägtes Weltbild zurückgeführt, das Zusammenhänge und Regelmäßigkeiten in der Politik herausstellt und die Bedeutung idiosynkratischer und zufälliger Elemente als gering veranschlagt (Mushaben 2017: 139).

Insgesamt lässt sich festgehalten, dass die Führungseigenschaften und politischen Überzeugungen, entlang derer sich Merkel von der deutschen Normgruppe abhebt, nur teilweise den Einordnungen in der biographischen Literatur entsprechen. Bestätigt wird das Bild einer sehr selbst- und durchaus auch machtbewussten Entscheidungsträgerin, die kooperative Strategien der Einflussnahme bevorzugt und nur selten auf einen Konfrontationskurs einschwenkt. Der ausgeprägte Glaube an die Plan- und Kontrollierbarkeit von Politik wird auch in den Biographien herausgestellt und als Resultat des naturwissenschaftlich geprägten Weltbild Merkels verstanden.

Das Merkel oft attestierte Misstrauen sowie die ihr zugeschriebene hohe Differenzierungsgabe und analytische Schärfe werden durch unsere Ergebnisse hingegen nicht bestätigt. Ein Grund hierfür könnte darin liegen, dass Merkel – die sich laut ihrer Biographen schon in ihrer Kindheit durch eine extreme Selbstkontrolle ausgezeichnet habe (Mushaben 2017: 41-43; Langguth 2010: 63) – sorgsamer als andere Entscheidungsträger zwischen öffentlicher Rede und privatem Kommunikationsstil zu trennen vermag. Beispielsweise wird immer wieder kolportiert, dass die Bundeskanzlerin in privater Runde ausgesprochen humorvoll ist, während sie diese Eigenschaft bei öffentlichen Auftritten selten und nur sehr dosiert einsetzt (Gaschke 2016). Dieselbe Fähigkeit zur Selbstdisziplinierung ermöglicht es Merkel mutmaßlich auch, in ihren öffentlichen Sprechakten auf (wissenschaftliche) Differenzierung zugunsten eines „absolut prägnanten Sprachstil[s]" (Langguth 2010: 281) zu verzichten, um so größere Wirkung zu entfalten. Als Folge würden die Werte in der Kategorie Konzeptionelle Komplexität sinken. Gleichsam wäre sie in der Lage, Misstrauenseindrücke dort, wo es politisch nicht opportun ist, zu verschweigen, was die Durchschnittswerte in der Eigenschaft Misstrauen gegenüber anderen erklären könnte. Um diese Vermutungen systematisch zu überprüfen, müssten in der künftigen Forschung private Sprechakte ausgewertet und mit unseren Ergebnissen der Analyse öffentlicher Sprechakte der Bundeskanzlerin verglichen werden, was die Datenlage gegenwärtig leider nicht zulässt.

*Bilanz*

Die vorhergehenden Ausführungen boten für die Bundeskanzler Adenauer, Brandt, Kohl und Merkel kurze Abgleiche zwischen unseren Ergebnissen zu Führungseigenschaften und politischen Überzeugungen und den diesbezüglichen Einschätzungen in politischen Biographien. Wir konzentrierten uns auf diejenigen Führungseigenschaften und Überzeugungen, die laut unseren Werten bei den vier Bundeskanzlern besonders stark oder schwach ausgeprägt waren bzw. sind im Vergleich zur deutschen Normgruppe. Viele dieser Eigenschaften und Überzeugungen werden auch im biographischen Schrifttum herausgestellt. Für Adenauer ist dies beispielsweise die Beziehungsorientierung (TASK) wie auch die relativ negative Einschätzung des politischen Universums (P-1). Bei Brandt werden übereinstimmend dessen hohe Konzeptionelle Komplexität (CC) und Aufgabenorientierung (TASK) betont, während bei Kohl eine eher niedrigere Konzeptionelle Komplexität (CC) und ein Schwerpunkt auf kooperativen Strategien (I-1) anzuführen sind. Und für Merkel werden eine relativ starke Machtorientierung (PWR) und eine Bevorzugung kooperativer Strategien (I-1) herausgestellt. Es sind jedoch auch Unterschiede in den Charakterisierungen festzustellen. Dies gilt etwa für Adenauers Machtbedürfnis (PWR), die Instrumentenwahl Brandts (I-5) oder das Misstrauen gegenüber Anderen bei Merkel (DIS).

Was folgt aus diesen Gemeinsamkeiten und Unterschieden? Bezüglich der Gemeinsamkeiten ließe sich kritisch anführen, dass man basierend auf der biographischen Literatur ja ohnehin schon „alles wusste" und daher die von uns mit großem technischen Aufwand erhobenen Ergebnisse nichts Neues bringen. Dem ist allerdings entgegenzuhalten, dass unser quantitatives Vorgehen zumindest eine Ergänzung zu den qualitativ abgeleiteten Einschätzungen bietet. Übereinstimmungen in den Beurteilungen führen also im Mindesten zu einer Bekräftigung der bisherigen Einsichten. Abhängig von der grundsätzlichen wissenschaftlichen Orientierung wie auch konkret von den methodischen Präferenzen ließe sich auch offensiver dahingehend argumentieren, dass unsere Ergebnisse systematisch erhoben wurden wie auch replizierbar sind und damit losgelöst von subjektiven Einordnungen stehen. Uns liegt es jedoch fern, von einer grundsätzlichen Überlegenheit von quantitativen und damit vermeintlich auch per se „wissenschaftlicheren" Zugängen auszugehen. Unserem Verständnis nach, können und sollten sich beide methodische Zugänge, qualitativ und quantitativ, vielmehr ergänzen, wozu wir mit unserer Arbeit beitragen möchten.

Die vielfältigen Übereinstimmungen zwischen unseren Charakterisierungen und denjenigen aus der biographischen Forschung legen in jedem Fall nahe, dass unser Zugang in der Lage ist, inhaltlich plausible Ergebnisse hervorzubringen. Und die vereinzelt vorzufindenden Unterschiede in den Beurteilungen bieten im Mindesten einen Ansatzpunkt für weitere Forschung. Dies kann sich beispielsweise in Form des Überprüfens bestehender Einordnungen äußern oder in der Notwendigkeit, Entscheidungsträger stärker in ihre jeweiligen Zeitkontexte einzuordnen. So mögen etwa die von uns auf der Grundlage von Sprechakten erhobenen, relativ geringen Werte Adenauers mit Blick auf Machtbedürfnis oder Selbstvertrauen daraus resultieren, dass in der jungen Bundesrepublik eine macht- bzw. selbstbewusstere Sprache schlicht nicht angezeigt war.

# 5. Empirische Anwendungen

In den vorherigen Kapiteln führten wir die neuen Kodierungsschemata für die Analyse von EntscheidungsträgerInnen gemäß des *Leadership Trait* (LT)-Ansatzes und des *Operational Code* (OC)-Ansatzes auf der Basis deutschsprachiger Texte ein (Kapitel 2 und 3) und präsentierten die Ergebnisse der entsprechenden „Profile" für die deutschen Bundeskanzler und Außenminister (Kapitel 4). In diesem Kapitel werden auf der Grundlage der neuen Daten weitergehende Fragen aufgegriffen, mit denen sich die Literatur zum *leadership profiling* im Allgemeinen bzw. speziell das Schrifttum zur deutschen Außenpolitik beschäftigen.

Die ersten beiden Anwendungen gehen der Frage nach der Stabilität bzw. Veränderbarkeit von Führungseigenschaften und politischen Überzeugungen nach. Dies wird sowohl in Bezug auf den Wechsel politischer Ämter (Kapitel 5.1) als auch hinsichtlich möglicher Folgen von „externen Schocks" (Kapitel 5.2) diskutiert. Anschließend verfolgen wir die in der theoriegeleiteten Außenpolitikforschung (*Foreign Policy Analysis*) weitgehend ausgeblendete Frage, wieso EntscheidungsträgerInnen überhaupt unterschiedlich ausgeprägte Führungseigenschaften bzw. politische Überzeugungen aufweisen können. Wir fokussieren uns dabei auf den möglicherweise prägenden Einfluss von Kriegserfahrungen (Kapitel 5.3).

Die folgende Anwendung greift die für die Forschung zur deutschen Außenpolitik unvermindert kontrovers diskutierte Frage auf, ob das wiedervereinigte Deutschland weiterhin als „Zivilmacht" bezeichnet werden kann. Unserem Zugang über individuelle EntscheidungsträgerInnen folgend, fragen wir, ob sich in den Führungseigenschaften der Bundeskanzler und Außenminister vor bzw. nach der Wiedervereinigung systematische Unterschiede feststellen lassen, die auf eine „Normalisierung" der außenpolitischen Rolle Deutschlands hindeuten (Kapitel 5.4). Danach richtet sich der Blick darauf, inwieweit sich „conviction leadership" in unterschiedlichen Ausprägungen von politischen Überzeugungen manifestiert (Kapitel 5.5). Abschließend diskutieren wir, ob Europapolitik und Sicherheitspolitik (hier mit dem Fokus auf Auslandseinsätze der Bundeswehr) tatsächlich „besondere" Handlungsfelder innerhalb der Außenpolitik darstellen und sich entsprechend in spezifischen Sichtweisen der EntscheidungsträgerInnen – bemessen an ihren politischen Überzeugungen – ausdrücken (Kapitel 5.6).

*5.1 Der Einfluss von Ämterwechseln auf Führungseigenschaften und politische Überzeugungen*

*Institutionen, Positionen und Präferenzen*

Die Untersuchung des Einflusses von Institutionen (insb. Ministerien) und bürokratischen Interessen auf außenpolitische Entscheidungsprozesse und außenpolitische Inhalte gehört zu den maßgeblichen Untersuchungsfeldern der theoriegeleiteten Außenpolitikforschung. Gründend auf einer Reihe von Vorarbeiten (u.a. Neustadt 1960; Huntington 1961; Hilsman 1967), lieferte Graham Allison mit seinen Arbeiten zur Kubakrise die bis heute maßgeblichen konzeptionellen Überlegungen hierfür (Allison 1969, 1971; Allison und Zelikow 1999). Die von Allison entwickelten Modelle versuchten zu erfassen, wie organisatorische Routinen und „standard operating procedures" (Modell 2: „organizational process") wie auch inter-ministerielle Konflikte etwa über Zuständigkeiten oder personelle und finanzielle Ressourcen (Modell 3: „bureaucratic politics") die Qualität außenpolitischer Entscheidungsprozesse und deren Ergebnisse – häufig zum negativen – beeinflussen (für eine unvermindert einschlägige Kritik siehe Smith 1980).[52]

Eine wichtige Schlussfolgerung aus dieser Literatur für die folgende Diskussion ist, dass politische EntscheidungsträgerInnen als RepräsentantInnen ihrer jeweiligen Institutionen gesehen werden können. Bei Entscheidungsprozessen verfolgen die EntscheidungsträgerInnen daher zuvorderst die Interessen ihrer jeweiligen Institution (Ministerium, Agentur etc.) und nur nachrangig übergeordnete Interessen ihres Landes. Allison (1969: 711) fasste diesen Zusammenhang zwischen bürokratischer Position und inhaltlichen Präferenzen im berühmt gewordenen Aphorismus „Where you stand depends on where you sit" zusammen.

Diese Verbindung zwischen bürokratischer Position und inhaltlicher Positionierung kann sich aus zwei Quellen speisen, die einer „logic of consequentialism" bzw. einer „logic of appropriateness" folgen (March und Olsen 1998). Einerseits können die EntscheidungsträgerInnen aus strategischen Überlegungen heraus ihre Institution in den Mittelpunkt rücken: Je besser beispielsweise das eigene Ministerium bei einer Entscheidung „abschneidet" (d.h. je mehr Kompetenzen oder Ressourcen es erhält), desto

---

52 „Negativ" beispielsweise in dem Sinne, dass rigide organisatorische Routinen dazu führen, dass neuartige Themen nur unzureichend erfasst oder dass Konflikte zwischen Ministerien wiederholt nur mittels wenig schlüssiger Kompromissentscheidungen („resultants") aufgelöst werden können.

stärker wird die Stellung der EntscheidungsträgerInnen sowohl innerhalb der eigenen Institution wie auch gegenüber anderen Institutionen („consequentialism"). Andererseits können auch normative Motive dazu führen, dass EntscheidungsträgerInnen ihre Institution in den Mittelpunkt rücken. So sorgen Sozialisationsprozesse innerhalb von Institutionen dafür, dass EntscheidungsträgerInnen deren Normen und Werte internalisieren und sie anschließend gegenüber anderen Akteuren vertreten („appropriateness").

Vor diesem Hintergrund könnten oder sollten vielleicht sogar Wechsel von EntscheidungsträgerInnen von einer Institution in eine andere nicht „folgenlos" bleiben. Unabhängig davon, welche der beiden angeführten Logiken das Verhalten von EntscheidungsträgerInnen anleitet, sollten sie nach einem Ämterwechsel die Interessen ihrer neuen Institution vertreten. Dabei unterscheiden sich Institutionen hinsichtlich ihrer Aufgaben, Kompetenzen, Kulturen etc., sodass EntscheidungsträgerInnen unterschiedliche Führungsqualitäten wie auch veränderte Perspektiven auf internationale Zusammenhänge abverlangt werden können.

Aus diesen Überlegungen lässt sich die Erwartung ableiten, dass sich Führungseigenschaften und umso mehr politische Überzeugungen (da diese, wie in Kapitel 3.1 angeführt, als leichter wandelbar wie auch thematisch spezifischer gelten) von EntscheidungsträgerInnen verändern könnten und vielleicht sogar sollten, wenn sie zwischen Institutionen wechseln. Vor diesem Hintergrund untersuchen Cuhadar et al. (2017) bereits, inwieweit der Wechsel von drei türkischen Entscheidungsträgern vom Amt des Premierministers in das Amt des Präsidenten zu Änderungen in deren Führungseigenschaften (*leadership traits*) führte. Dies scheint jedoch nicht der Fall gewesen zu sein. Vielmehr halten Cuhadar et al. (2017: 50) fest, dass „the personality characteristics for these leaders remain fairly stable across role changes" (Cuhadar et al., 2017: 50). Genauer gesagt: Einzig die Führungseigenschaft TASK hat sich im Zuge des Ämterwechsels verändert, was die AutorInnen auf „the changes in demands and expectations" (Cuhadar et al. 2017: 52) zurückführen, die mit den jeweiligen Ämtern verbunden seien. Insgesamt bekräftigen diese Ergebnisse jedoch die Annahme, dass Führungseigenschaften im Zeitverlauf weithin stabil (wenn auch nicht statisch) sind.

Im Unterschied dazu zeigt Renshon (2008) für politische Überzeugungen (*operational codes*), dass sich diese sehr wohl deutlich verändern können im Zuge eines „Ämterwechsels" im weiteren Sinne. Im Unterschied zu Cuhadar et al. untersucht Renshon keinen Wechsel innerhalb der Exekutive. Vielmehr fragt er mit Blick auf US-Präsident George W. Bush, ob sich dessen politische Überzeugungen im Zeitverlauf gewandelt haben. Für unsere

Diskussion ist hierbei insbesondere wichtig, inwiefern die Überzeugungen von Bush sich von der Zeit als Gouverneur von Texas und Präsidentschaftskandidat im Vergleich zur Zeit seiner Präsidentschaft verändert haben. Renshons Analyse zeigt, dass Bushs instrumentelle Überzeugungen stabil blieben. Demgegenüber haben sich seine philosophischen Überzeugungen P-1 und P-2 signifikant verändert, und dies in beiden Fällen in eine „positive" Richtung im Sinne einer harmonischeren Wahrnehmung des politischen Umfelds und einer höher eingeschätzten Wahrscheinlichkeit, die eigenen Ziele erreichen zu können. Der „Ämterwechsel" führte bei Bush somit nicht zu einer grundlegenden Veränderung seiner politischen Überzeugungen. Gleichwohl stellten sich bei den philosophischen Überzeugungen, die auf die Diagnose des politischen Umfelds abheben, teilweise deutliche Veränderungen ein, und dies auch im „master belief" P-1.

*Ämterwechsel im deutschen Kontext*
Vor dem Hintergrund dieser bislang eher überschaubaren Literaturlage untersuchen wir nachfolgend die Frage nach Veränderungen in den Führungseigenschaften und politischen Überzeugungen für den deutschen Fall. Die Frage richtet sich zum einen auf unser zentrales Sample aus Bundeskanzlern und Außenministern. Hier ist nur ein einziger Fall des Amtswechsels vorzufinden. Dieser wurde von Willy Brandt vollzogen, der zunächst Außenminister (1966-1969) und dann Bundeskanzler (1969-1974) war. Aufgrund der vergleichsweise großen inhaltlichen/thematischen Nähe zwischen diesen beiden maßgeblichen Ämtern der außenpolitischen Exekutive könnte ein solcher Wechsel allerdings weniger weitreichende Folgen auf die EntscheidungsträgerInnen haben als einer von einem nicht zu dieser Gruppe gehörenden Portfolio in die außenpolitische Exekutive hinein.

Deshalb haben wir zusätzlich die Werte für Helmut Schmidt als Verteidigungsminister (1969-1972) sowie für Angela Merkel (1994-1998) und Sigmar Gabriel (2005-2009) als Umweltministerin bzw. Umweltminister erhoben. Wir untersuchen entsprechend auch, welche Folgen der Wechsel vom Verteidigungsministerium ins Bundeskanzleramt (Schmidt) sowie vom Umweltministerium ins Bundeskanzleramt (Merkel) bzw. Außenministerium (Gabriel) hatten. Zur Ermittlung der Führungseigenschaften wurden für Verteidigungsminister Schmidt, Umweltministerin Merkel und Umweltminister Gabriel jeweils 50 spontane Sprechakte von mindestens 100 Wörtern Umfang zusammengetragen und zur Ermittlung der politischen Überzeugungen jeweils acht Reden. Die Ergebnisse sind in Abbildung 5.1 (für Führungseigenschaften) und Abbildung 5.2 (für politische Überzeugungen) angeführt.

Abbildung 5.1: Institutioneller Wechsel und Führungseigenschaften

| Historische Umbrüche Führungseigenschaften | Brandt | | Schmidt | | Merkel | | Gabriel | |
|---|---|---|---|---|---|---|---|---|
| | AM | BK | VM | BK | UM | BK | UM | AM |
| BACE | 0,3121 | 0,3579 | 0,2924 | 0,2079 | 0,3855 | 0,3377 | 0,3493 | 0,2718 |
| PWR | 0,1854 | 0,2590 | 0,2203 | 0,1942 | 0,1923 | 0,3117** | 0,2361 | 0,2953 |
| CC | 0,6659 | 0,6510 | 0,6179 | 0,6179 | 0,5382 | 0,5992** | 0,6020 | 0,5780 |
| SC | 0,3203 | 0,4125 | 0,4123 | 0,2858* | 0,4723 | 0,4490 | 0,4362 | 0,3116 |
| TASK | 0,6993 | 0,6995 | 0,6043 | 0,7072* | 0,6739 | 0,6461 | 0,7943 | 0,6265*** |
| DIS | 0,0814 | 0,0915 | 0,1299 | 0,0903 | 0,1060 | 0,0710 | 0,1271 | 0,1965 |
| IGB | 0,1246 | 0,0691* | 0,2212 | 0,1415 | 0,0984 | 0,1239 | 0,0640 | 0,1100 |

Quelle: Eigene Darstellung. AM = Außenminister; BK = Bundeskanzler; VM = Verteidigungsminister; UM = UmweltministerIn. * p < 0,10; ** p < 0,05; *** p < 0,01 (zweiseitige t-Tests).

*Abbildung 5.2: Institutioneller Wechsel und politische Überzeugungen*

| Amt / Überzeugung | Brandt | | Schmidt | | Merkel | | Gabriel | |
|---|---|---|---|---|---|---|---|---|
| | AM | BK | VM | BK | Umwelt | BK | Umwelt | AM |
| P-1 | 0,49 | 0,43 | 0,42 | 0,46 | 0,43 | 0,57 | 0,34 | 0,35 |
| P-2 | 0,20 | 0,22 | 0,18 | 0,22 | 0,20 | 0,29 | 0,21 | 0,19 |
| P-3 | 0,31 | 0,25 | 0,24 | 0,28 | 0,23 | 0,28 | 0,15 | 0,15 |
| P-4 | 0,34 | 0,45 | 0,57 | 0,54 | 0,59 | 0,79 | 0,53 | 0,60 |
| P-5 | 0,89 | 0,89 | 0,85 | 0,85 | 0,85 | 0,76 | 0,92 | 0,91 |
| I-1 | 0,61 | 0,53 | 0,55 | 0,64 | 0,57 | **0,73**** | 0,52 | 0,62 |
| I-2 | 0,25 | 0,24 | 0,22 | 0,28 | 0,25 | **0,35**** | 0,23 | 0,33 |
| I-3 | 0,50 | **0,37*** | 0,43 | 0,43 | 0,41 | 0,42 | 0,38 | 0,37 |
| I-4a | 0,39 | 0,47 | 0,42 | 0,36 | 0,43 | **0,27**** | 0,41 | 0,38 |
| I-4b | 0,28 | 0,34 | 0,26 | 0,33 | 0,26 | **0,42*** | 0,38 | 0,49 |
| I-5 Punish | 0,04 | 0,04 | 0,03 | 0,03 | 0,02 | **0,03**** | 0,05 | 0,04 |
| I-5 Threaten | 0,00 | 0,02 | 0,02 | 0,02 | 0,03 | 0,01 | 0,04 | 0,02 |
| I-5 Oppose | 0,16 | 0,18 | 0,17 | 0,13 | 0,17 | **0,09**** | 0,16 | 0,13 |
| I-5 Appeal | 0,69 | 0,62 | 0,66 | 0,67 | 0,66 | 0,66 | 0,61 | 0,56 |
| I-5 Promise | 0,01 | 0,02 | 0,03 | 0,01 | 0,01 | 0,03 | 0 | **0,01*** |
| I-5 Reward | 0,10 | 0,13 | 0,10 | 0,14 | 0,11 | **0,18*** | 0,15 | 0,23 |

Quelle: Eigene Darstellung. AM = Außenminister; BK = Bundeskanzler; VM = Verteidigungsminister; UM = Umweltministerln. * $p < 0,10$; ** $p < 0,05$ (zweiseitige t-Tests).

*Diskussion der Ergebnisse*

Für die Führungseigenschaften der vier untersuchten Entscheidungsträger-Innen (Abbildung 5.1) lassen sich eine Reihe von signifikanten Veränderungen nachweisen. Dies ist insofern zumindest auf den ersten Blick überraschend, als in der LT-Literatur zwar nicht von statischen, aber doch von weithin stabilen Führungseigenschaften ausgegangen wird. Die Stabilität wird jedoch gemeinhin auf die Bekleidung eines bestimmten Amtes bezogen. Eines der in Kapitel 2.1 dargestellten Erfordernisse bezüglich der Erhebung von Sprechakten für LT-Analysen besagt, dass Sprechakte für die gesamte Amtszeit von EntscheidungsträgerInnen zusammengetragen werden sollten, was in der Regel als die Zeit in einem bestimmten Amt verstanden wird.

Insofern geht die hier vollzogene Analyse über die übliche Sichtweise hinaus, indem die Führungseigenschaften von einzelnen Entscheidungsträger-Innen in unterschiedlichen Ämtern ermittelt werden. Angesichts des Ämterwechsels und den mit den Ämtern verbundenen unterschiedlichen Erfordernissen sind die vorgefundenen, teilweise grundlegenden Änderungen somit weniger überraschend, zumal wenn Einsichten aus dem oben angeführten Schrifttum zu *bureaucratic politics* herangezogen werden. Hinzu kommt, dass zumindest bei Merkel und Gabriel zwischen den beiden Ämtern jeweils fast zehn Jahre gelegen haben. In diesen Zeitphasen könnten prägende Entwicklungen oder Ereignisse stattgefunden haben, welche möglicherweise Veränderungen in den Führungseigenschaften nach sich zogen. Auf diese zeitliche Dimension wird bei der folgenden Diskussion zu den politischen Überzeugungen noch näher eingegangen.

Zugleich ergibt sich für die Führungseigenschaften auch kein einheitliches Bild dahingehend, welche von diesen sich im Zuge des Amtswechsels verändern. Bis auf BACE und DIS erfuhren alle Führungseigenschaften signifikante Veränderungen. Allerdings war es einzig TASK, das sich in mehr als einem Fall stark verändert hat. Diese Veränderung steht in Einklang mit der oben angeführten Studie von Cuhadar et al. (2017), die für den türkischen Kontext Veränderungen bei eben jener Eigenschaft für den Wechsel vom Premierministeramt ins Präsidentenamt festgestellt haben. TASK könnte somit in der Tat diejenige Führungseigenschaft sein, bei der sich unterschiedliche Rollenerfordernisse von Ämtern am deutlichsten bemerkbar machen. Im deutschen Fall gehen die Veränderungen allerdings in unterschiedliche Richtungen. Dass bei Schmidt der TASK-Wert anstieg und bei Gabriel zurückging, könnte mit den unterschiedlichen Erfordernissen von Kanzleramt und Außenministeramt zusammenhängen. Dem stehen jedoch die in Kapitel 4.2 angeführten Durchschnittswerte für Bundeskanzler und Außenminister entgegen, die fast identische TASK-Werte für beide Gruppen anzeigen. Für das LT-Schrifttum ist jedoch die wohl wichtigere Einsicht, dass EntscheidungsträgerInnen in unterschiedlichen Ämtern zumindest teilweise unterschiedliche Führungseigenschaften aufweisen können, wodurch diese entsprechend von Amt zu Amt separat erhoben werden müssen.

Bei den politischen Überzeugungen (Abbildung 5.2) ergibt sich ebenfalls ein sehr heterogenes Bild. Bei Brandt, Schmidt und Gabriel gibt es fast oder gar keine größeren Veränderungen im Zuge des Ämterwechsels. Demgegenüber lassen sich für Merkel eine ganze Reihe von statistisch signifikanten Veränderungen vorfinden. Da politische Überzeugungen als kontextspezifisch sowie insgesamt als vergleichsweise leicht veränderbar gelten, ist das Überraschende an diesen Ergebnissen weniger, dass sich Überzeugungen verändert haben, sondern dass dies nur in wenigen Fällen geschehen ist. Die signifikanten Veränderungen in den Überzeugungen von Brandt und Merkel beziehen sich obendrein allesamt auf instrumentelle Überzeugungen. Die philosophischen Überzeugungen bleiben auch bei ihnen zwar nicht statisch, aber doch weitgehend stabil. Dies steht im Gegensatz zu den Ergebnissen der bereits angeführten Studie von Renshon (2009), der für US-Präsident George W. Bush Veränderungen vorrangig im Bereich der philosophischen Überzeugungen festgestellt hat.

Die Werte sind somit gerade aufgrund ihrer weitgehenden Stabilität überraschend und damit erklärungsbedürftig. Ein Ansatzpunkt für die Unterschiede zwischen den vier untersuchten Akteuren könnte in den Zeitfenstern liegen, die zwischen dem ersten und dem zweiten Amt lagen. Die dahinterstehende Annahme lautet, dass sich die Überzeugungen umso mehr verändern, je größer die Zeitspanne zwischen den Ämtern ist. Diese „Zwischenphasen" können die EntscheidungsträgerInnen beeinflussen und, abhängig von den Ereignissen, womöglich sogar prägen. Hieraus sollten sich Veränderungen in den Überzeugungen ergeben, die die Personen dann ins neue Amt mitnehmen. Bei einem fließenden Übergang entfielen diese Zwischenphasen, woraus sich eine deutlich größere Kontinuität ergeben sollte.

Diese Annahme lässt sich jedoch nur teilweise bekräftigen. Bei Merkel und somit der Person, die die größten Veränderungen in ihren Überzeugungen aufweist, liegen zwischen der Zeit als Umweltministerin (1994-1998) und derjenigen als Bundeskanzlerin (seit 2005) sieben Jahre. Brandt wechselte demgegenüber im Jahr 1969 unmittelbar vom Außenministerium ins Bundeskanzleramt. Bei Schmidt lagen wiederum zwei Jahre zwischen dem Amt des Verteidigungsministers (1969-1972) und der Kanzlerschaft (1974-1982). Bis hierhin würde die Annahme hinsichtlich des Einflusses des zwischen den Ämtern liegenden Zeitraums halten. Jedoch bekleidete Gabriel zwischen 2005-2009 das Amt des Umweltministers und zwischen 2017-2018 das Außenministeramt. Es lagen somit acht Jahre zwischen den Ämtern, was dem obigen Argument folgend für zumindest ähnlich große Veränderungen hätte sorgen können wie im Falle von Merkel. Die Werte weisen jedoch in eine andere Richtung. Die reine Zeitspanne zwischen den Ämtern kann somit die vorgefundenen Unterschiede bezüglich Stabilität und Veränderbarkeit nicht erklären. Ergänzend müsste für Merkel und Gabriel entsprechend untersucht werden, was in den sieben- bzw. achtjährigen Zeitfenstern passiert ist.

Ein zweiter Ansatzpunkt könnte in den von den vier untersuchten Akteuren bekleideten Ämtern als solchen liegen. Diese unterscheiden sich sowohl hinsichtlich ihrer Themen – für unsere Zwecke ist insbesondere die Nähe zu außen- und sicherheitspolitischen Fragen zentral – als auch mit Blick auf die grundsätzlichen mit den Ämtern verbundenen Rollenerwartungen. So ließe sich argumentieren, dass der Wechsel vom Außenministerium bzw. Verteidigungsministerium ins Bundeskanzleramt einen „geringeren thematischen Bruch" darstellt als der Wechsel vom Umweltministerium ins Bundeskanzleramt. Wie Außen- oder Verteidigungsminister müssen sich auch Bundeskanzler intensiv mit Fragen der Außen- und Sicherheitspolitik befassen. Die hieraus entstehende thematische Kontinuität dürfte zumindest größer sein als diejenige, die sich bei einem Wechsel vom Umweltministerium ins Bundeskanzleramt (oder Außenministerium) ergibt. Die Werte von Brandt, Schmidt und Merkel würden diese Annahme untermauern. Die Werte von Gabriel fügen sich allerdings auch hier nicht ins Bild.[53] Der Sprung vom Umweltministerium ins Außenministerium führte bei ihm eben nicht zu derart grundlegenden Verschiebungen wie im Falle Merkels. Einschränkend ließe sich argumentieren, dass mit dem Amt des Bundeskanzlers andere Rollenerwartungen verbunden sind als mit dem Außenministeramt, woraus sich unterschiedliche Anpassungsnotwendigkeiten der ehemaligen Umweltminister Merkel und Gabriel an ihre jeweiligen neuen Ämter ergeben haben könnten. Dass deutsche Bundeskanzler teilweise deutlich unterschiedliche politische Überzeugungen aufweisen im Vergleich zu den Außenministern, zeigt die in Kapitel 4.2

---

53 Zu bedenken ist auch, dass Gabriel nur zwei Jahre Außenminister war. Da Sozialisationsprozesse eher längerfristig sind, ließe sich darüber spekulieren, ob eine längere Amtszeit zu grundlegenderen Anpassungen geführt hätte.

angeführte Übersicht, die auf signifikante Unterschiede zuvorderst in den philosophischen Überzeugungen der beiden Gruppen hinweist.

*Fazit*

Zusammengenommen legen die Ergebnisse nahe, dass politische Ämter eine geringere Prägewirkung auf die Führungseigenschaften und politischen Überzeugungen der AmtsinhaberInnen haben als in Teilen der Literatur angenommen wird. Entsprechend sollten auch Ämterwechsel nicht zwingend zu Änderungen führen, zumal solchen grundlegender Art. Eine der zentralen Annahmen des *Bureaucratic Politics*-Ansatzes hinsichtlich der ministeriumsspezifischen Prägewirkung von bürokratischen Interessen und Normen auf politische EntscheidungsträgerInnen lässt sich demnach nicht systematisch durch unsere Daten bestätigen. In einzelnen Fällen zeigen sich jedoch deutliche Unterschiede in den (instrumentellen) Überzeugungen und zumindest in einigen Führungseigenschaften von EntscheidungsträgerInnen, die unterschiedliche Spitzenämter bekleidet haben. Dies legt die Notwendigkeit nahe, Persönlichkeitsprofile nicht unreflektiert von einem Amt auf ein anderes zu übertragen, sondern für jedes Amt separate Profile anzufertigen.

## 5.2 Historische Umbrüche und ihre Auswirkungen auf individuelle Führungseigenschaften und politische Überzeugungen

*Externe Schocks, Lernprozesse und die Veränderlichkeit von Führungseigenschaften und Überzeugungen*

Im Prozess der menschlichen Informationsverarbeitung kommt mentalen Strukturen im Langzeitgedächtnis eine zentrale Rolle zu (Tetlock und McGuire 1986: 150). Dazu zählen unter anderem auch Weltbilder und grundlegende Einstellungen, wie sie im Zuge unserer Forschung untersucht werden. Derartige Strukturen ermöglichen eine zeit- und ressourcenschonende Selektion und Bewertung externer Stimuli. Auf diese Weise wird eine Paralyse der menschlichen Wahrnehmung durch große Mengen einströmender Informationen vermieden. Die Kehrseite dieser Abhängigkeit von mentalen Strukturen besteht in einer stark limitierten Fähigkeit und Bereitschaft, neue Informationen zur Kenntnis zu nehmen und auf deren Grundlage Glaubenssätze und Weltbilder in Frage zu stellen (vgl. Fiske und Taylor 2010: 216-219; Stein 2002: 193; Vertzberger 1990: 60). Überzeugungen und grundlegende Einstellungen werden gegenüber nichtkonformen Informationen „abgeschirmt". Im Zeichen von gravierenden Krisen und drastischen Umbrüchen, in denen die „Lücke" zwischen Weltbild und externer Realität nicht mehr überbrückt werden kann, kann diese Abwehr aber zusammenbrechen und Weltbilder werden mitunter „über Bord geworfen" oder zumindest korrigiert.

Ausgehend von der Überlegung, dass externe Schocks somit „günstige" Bedingungen für die Veränderung von Führungseigenschaften und individuellen Überzeugungen schaffen, haben eine Reihe von Studien den Einfluss hochgradig salienter, in Öffentlichkeit und unter Eliten breit rezipierter Ereignisse auf die Stabilität der Überzeugungssysteme politischer Führungspersonen untersucht. Dazu zählten etwa der Koreakrieg sowie die Ereignisse des 11. September 2001 (Walker und Schafer 2000; Feng 2005; Renshon 2008; Robison 2011). Die Ergebnisse dieser Studien zeigen, dass dramatische Ereignisse sich durchaus in veränderten Überzeugungselementen politischer EntscheidungsträgerInnen niederschlagen. So fanden Walker und Schafer heraus, dass sich im Zuge der Eskalation des Vietnamkrieges mehr als die Hälfte der OC-Elemente von US-Präsident Lyndon B. Johnson signifikant veränderten (Walker und Schafer 2000: 537). Renshon konnte in seiner Analyse des Überzeugungssystems von George W. Bush nach dem 11. September 2001 nachweisen, dass sich dessen philosophische Überzeugungen deutlich in Richtung einer konfliktreicheren und pessimistischen Weltsicht verändert hatten. Allerdings ergaben sich für sieben der insgesamt zehn Überzeugungselemente keine signifikanten Veränderungen (Renshon 2008: 835-836)

Nicht zuletzt aufgrund dieser empirischen Untersuchungen geht die Außenpolitikforschung inzwischen von der prinzipiellen Veränderbarkeit von Überzeugungssystemen sowie deren Kontextgebundenheit (bspw. spezifische Überzeugungen für Innenpolitik versus Außenpolitik) aus (siehe Kapitel 3.1). Hingegen werden Führungseigenschaften in der Forschung als weitgehend stabil konzipiert, über Zeit und auch politikfeldübergreifend (siehe Kapitel 2.1). Bislang gibt es allerdings keine Forschung zum Einfluss externer Schocks auf die Führungseigenschaften individueller EntscheidungsträgerInnen. Die Berücksichtigung historischer Umbrüche bei der Erforschung von Führungseigenschaften könnte also eine wichtige Forschungslücke schließen und möglicherweise auch Hinweise auf eine nötige Revision des Konzepts ergeben.

Jenseits der Frage nach der vermuteten Stabilität individueller Führungseigenschaften und Überzeugungssysteme bietet der Fokus auf historische Umbrüche die Gelegenheit, die Annahme generationenprägender und „epochemachender" Ereignisse zu hinterfragen. Dahinter verbirgt sich die Erwartung kollektiver Lernprozesse, die den Referenzrahmen für eine ganze Generation von EntscheidungsträgerInnen festlegen und deren Wahrnehmung, etwa in Krisensituationen, stark vorformen (siehe etwa Khong 1992). Wenn diese Annahme zutrifft, sollten nicht bloß irgendwelche Veränderungen der Führungseigenschaften und Überzeugungen politischer EntscheidungsträgerInnen nach historischen Umbrüchen zu beobachten sein. Vielmehr sollten sich bei mehreren EntscheidungsträgerInnen *dieselben* Führungseigenschaften und Überzeugungen tendenziell in *dieselbe* Richtung verändern. Nur dann könnten wir plausibel voraussetzen, dass beispielsweise die im Vietnamkrieg verantwortlichen amerikanischen Akteure durch die Ereignisse eine gemeinsame nachhaltige Prägung erfahren haben.

*Historische Umbrüche im deutschen Kontext*

Im Folgenden untersuchen wir den Einfluss externer Schocks auf die Stabilität der Führungseigenschaften und Überzeugungen deutscher außenpolitischer Entscheidungsträger. Für die Fallauswahl ist zu berücksichtigen, dass es sich um möglichst unerwartete Ereignisse handeln sollte wie auch, dass die Datenlage eine Profilbildung sowohl vor als auch nach den historischen Umbrüchen zulässt. Werden diese methodischen und konzeptionellen Kriterien angelegt, erscheinen zwei historische Umbrüche als besonders geeignet: der Fall der Berliner Mauer im Herbst 1989 sowie die Ereignisse um den 11. September 2001.

Andere dramatische Ereignisse, etwa die Berlinblockade oder der Bau der Berliner Mauer, sind weniger geeignet, da sie mutmaßlich eher eine Bestätigung zentraler politischer Ansichten aus der Sicht der maßgeblichen EntscheidungsträgerInnen darstellten. Beispielsweise fügten sich beide Ereignisse fast nahtlos in den dezidierten Antikommunismus Konrad Adenauers ein und bestätigten das Bild eines unvermeidlichen Systemkonflikts, der durch die offensiven Absichten der kommunistischen Führungskader in der Sowjetunion geschürt werde (Schwarz 1991b: 736). Entsprechend können beide Ereignisse, wiewohl sie dramatische Zuspitzungen in der Geschichte des Kalten Krieges und der innerdeutschen Beziehungen markieren, nicht als „most likely cases" für exogen bedingte Lerneffekte betrachtet werden. Anders ist es mit Ereignissen wie der Studentenrevolte im Jahr 1968 oder dem Ölpreisschock von 1973. Hier allerdings führen methodische Gesichtspunkte dazu, dass die Fälle unberücksichtigt bleiben müssen. Denn die Geschehnisse ereigneten sich jeweils kurz vor oder nach Führungswechseln. Dadurch liegen entweder vor oder nach den Ereignissen zu wenige Sprechakte für einen systematischen Vergleich vor.

Im Unterschied dazu gab es in den Jahren unmittelbar vor und nach 1989 bzw. 2001 kaum Wechsel auf der Position des Bundeskanzlers bzw.

Außenministers. Die Ausnahme stellt Außenminister Genscher dar, der 1992 aus dem Amt schied. Für die Bundeskanzler Kohl und Schröder bzw. für Außenminister Fischer gibt es jedoch genügend Sprechakte vor und nach den jeweiligen historischen Umbrüchen. Bezüglich der Ereignisse selbst sticht hervor, dass sie innerhalb der politischen Elite nicht antizipiert wurden und somit tatsächlich exogene Schocks darstellen, auf die mit den etablierten Instrumenten und Strategien nicht geantwortet werden konnte. So bezweifelten die zentralen EntscheidungsträgerInnen in Deutschland selbst Ende der 1980er Jahre, dass sie eine deutsche Wiedervereinigung noch erleben würden (Bender 1997: 195-199). Noch weniger vorstellbar schien die Möglichkeit, dass die Sowjetunion einen friedlichen Regimewandel in Ostdeutschland zulassen könnte. Mehr als zehn Jahre später zeigten sich die EntscheidungsträgerInnen schockiert über das Ausmaß der Terroranschläge vom 11. September und den Umstand, dass diese zum Teil innerhalb Deutschlands vorbereitet worden waren. Unvorstellbar wäre zuvor auch gewesen, dass NATO-Verbündete den Einsatz der Bundeswehr im Rahmen von Antiterroroperationen erwarten würden.

Was beide historische Umbrüche allerdings unterscheidet, ist die Art des Überraschungsmoments, der einmal dezidiert positiv und einmal ausgesprochen negativ konnotiert ist. Aus methodischer Hinsicht ist dies aber von Vorteil, denn so entsteht eine zusätzliche Varianz der Fälle. So könnten stark negativ bewertete Umbrüche mutmaßlich andere oder schwerwiegendere Effekte haben als positiv bewertete Umbrüche, beispielsweise in Bezug darauf, ob Konflikt oder eher Interessenharmonie den „Normalzustand" im politischen Leben darstellen. In den Abbildungen 5.3 und 5.4 sind jeweils die Werte für die Führungseigenschaften bzw. politischen Überzeugungen von Bundeskanzler Kohl vor und nach dem Mauerfall sowie von Bundeskanzler Schröder und Außenminister Fischer vor und nach dem 11. September 2001 („9/11") eingetragen.

*Abbildung 5.3:  Historische Umbrüche und die Stabilität von Führungseigen-
schaften*

| Führungs-eigenschaften | Kohl | | Schröder | | Fischer | |
|---|---|---|---|---|---|---|
| Historische Umbrüche | Vor Mauerfall | Nach Mauerfall | Vor 9/11 | Nach 9/11 | Vor 9/11 | Nach 9/11 |
| BACE | .2225 | .2272↑ | .3943 | .3243↓ | .2679 | .2612↓ |
| PWR | .1957 | .2175↑ | .4169 | .3085↓ | .2370 | .2027↓ |
| CC | .5367 | .5943↑ | .6048 | .6072↑ | .6520 | .6385↓ |
| SC | .3971 | .3400↓ | .4476 | .4337↓ | .3292 | .2488↓ |
| TASK | .5705 | .5150↓ | .6732 | .6817↑ | .7765 | .6674↓ |
| DST | .1547 | .1848↑ | .2379 | .1597↓ | .1204 | .2247↑ |
| IGB | .0770 | .1598↑ | .1479 | .1033↓ | .0778 | .1339↑ |

Quelle: Eigene Darstellung. Die Pfeile in der zweiten Spalte zu jeder Führungsperson verweisen auf die generelle Richtung der Veränderung der Führungseigenschaft. Keine Veränderung ist statistisch signifikant.

*Abbildung 5.4:  Historische Umbrüche und die Stabilität von politischen Über-
zeugungen*

| Überzeugung | Kohl | | Fischer | | Schröder | |
|---|---|---|---|---|---|---|
| Historische Umbrüche | Vor Mauerfall | Nach Mauerfall | Vor 9/11 | Nach 9/11 | Vor 9/11 | Nach 9/11 |
| P-1 | 0,57 | 0,63 | 0,26 | 0,28 | 0,47 | **0,59*** |
| P-2 | 0,27 | **0,33**** | 0,10 | 0,13 | 0,23 | **0,32*** |
| P-3 | 0,27 | 0,29 | 0,19 | 0,24 | 0,24 | 0,27 |
| P-4 | 0,45 | **0,69***** | 0,54 | 0,57 | 0,48 | 0,62 |
| P-5 | 0,88 | **0,80***** | 0,90 | 0,87 | 0,89 | 0,84 |
| I-1 | 0,75 | 0,73 | 0,57 | 0,63 | 0,77 | 0,76 |
| I-2 | 0,32 | 0,37 | 0,28 | 0,27 | 0,40 | 0,39 |
| I-3 | 0,49 | **0,40**** | 0,41 | 0,47 | 0,40 | 0,43 |
| I-4a | 0,25 | 0,27 | 0,44 | 0,37 | 0,23 | 0,24 |
| I-4b | 0,33 | **0,46***** | 0,35 | 0,26 | 0,46 | 0,39 |
| I-5 Punish | 0,03 | 0,02 | 0,01 | 0,02 | 0,01 | 0,01 |
| I-5 Threaten | 0,03 | 0,01 | 0,02 | 0,03 | 0,02 | 0,01 |
| I-5 Oppose | 0,06 | **0,10**** | 0,19 | 0,14 | 0,08 | 0,10 |
| I-5 Appeal | 0,72 | **0,63***** | 0,61 | 0,69 | 0,64 | 0,64 |
| I-5 Promise | 0,02 | 0,02 | 0,01 | 0,01 | 0,03 | 0,04 |
| I-5 Reward | 0,13 | **0,21***** | 0,16 | 0,11 | 0,22 | 0,20 |

Quelle: Eigene Darstellung. * $p < 0,10$; ** $p < 0,05$; *** $p < 0,01$ (zweiseitige t-Tests).

*Diskussion der Ergebnisse*

Mit Blick auf die Führungseigenschaften (Abbildung 5.3) der drei untersuchten Entscheidungsträger ergeben sich keinerlei signifikante Änderungen nach den Ereignissen von 1989 bzw. 2001. Die Annahme stabiler und gegenüber externen Schocks resistenter Führungseigenschaften wird also bestätigt. Zudem gibt es wenig Hinweise auf kollektive anstelle von individuellen Lernprozessen. Hierbei ist der Vergleich der Werte Schröders und Fischers aufschlussreich, die beide in herausgehobener Position die Ereignisse des 11. Septembers erlebten und darauf reagieren mussten. Selbst wenn hierbei auch größere nicht-signifikante Änderungen miteinbezogen werden, stützen die Daten die Hypothese intersubjektiver Lernprozesse nicht. Vielmehr verwundert, dass sich bei der Mehrzahl der untersuchten Führungseigenschaften (vier von sieben) die Werte Schröders und Fischers nach 2001 in verschiedene Richtungen entwickeln. Beispielsweise zeichnen sich Schröders Werte durch ein geringeres Misstrauen gegenüber anderen (DIS) aus, während Fischers diesbezügliche Werte nach den Terroranschlägen gestiegen sind. Wenn überhaupt, haben beide Entscheidungsträger offenbar verschiedene „Lektionen" aus den Ereignissen gelernt.

Unsere Analyse der Veränderungen der politischen Überzeugungen (Abbildung 5.4) von Schröder und Fischer nach dem 11. September 2001 lässt einen ähnlichen Schluss zu. Es gibt beinahe ebenso viele Überzeugungen, die sich in unterschiedliche Richtungen entwickeln (sieben) wie solche, die sich in dieselbe Richtung verändern (neun). Während im Falle Fischers keine signifikanten Veränderungen seiner Überzeugungen feststellbar sind, ist bei Schröder eine leicht signifikante Verschiebung in Richtung eines kooperativeren und optimistischeren Weltbildes festzustellen (P-1 und P-2). Dies erscheint zunächst kontraintuitiv im Lichte der Gewaltbereitschaft und der destruktiven Fähigkeiten des islamistischen Terrorismus sowie auch angesichts der schon 2002 sukzessive einsetzenden transatlantischen Verstimmung über den immer wahrscheinlicher werdenden Irakkrieg. Darüber darf jedoch nicht vergessen werden, dass Schröder unmittelbar nach den Anschlägen die „uneingeschränkte Solidarität" Deutschlands mit den USA erklärte und sein Land zu einem der wichtigsten amerikanischen Partner im Antiterrorkampf machte (vgl. Tagesspiegel 2001; Wagener 2004: 94-97). Eine starke Kooperationsbereitschaft und der Glaube an die Vorteile internationaler Zusammenarbeit drückt sich auch darin aus, dass Schröder nach 2001 verstärkt strategische Partnerschaften auch außerhalb der NATO, etwa mit Russland, anstrebte.

Außerdem änderte sich Schröders Haltung gegenüber der europäischen Integration merklich. In den späten 1990er Jahren war Schröder ein scharfer Kritiker der deutschen Beitragszahlungen an Brüssel und insbesondere ein Gegner der Agrarsubventionen gewesen. Außerdem geriet er mit den französischen Partnern bezüglich der zukünftigen Stimmgewichtung im Ministerrat aneinander (vgl. Müller-Brandeck-Bocquet et al. 2002: 171-178). Nach 2001 hingegen gab Schröder bezüglich der Agrarsubventionen nach und stimmte sich eng mit Frankreich über den EU-Reformprozess ab, etwa durch Unterstützung eines Europäischen Konvents (vgl. Müller-Brandeck-Bocquet et al. 2010: 203-211). Eine kooperativere und optimistischere Weltsicht Schröders nach dem 11. September trug insofern mutmaßlich zur Revitalisierung auch des deutsch-französischen „Integrationsmotors" bei.

Die Annahme in der Außenpolitikforschung, dass Überzeugungssysteme – im Gegensatz zu Führungseigenschaften – nicht stabil, sondern durchaus Wandel unterworfen sind, erfährt im Falle von Schröder durch das Vorhandensein immerhin zweier signifikanter Veränderungen (P-1, P-2) zumindest eine gewisse Bestätigung. Wobei daran erinnert werden muss, dass es sich um einen „most likely case" für solche Änderungen handelt. Deutlicher zutage tritt die Veränderlichkeit von Überzeugungssystemen bei Helmut Kohl, der nach dem Mauerfall optimistischer bezüglich der Erreichbarkeit politischer Ziele war (P-2) und auch seine Einflussmöglichkeiten auf das politische Geschehen als deutlich höher einschätzte (P-4). Damit korrespondiert ein signifikant geringerer Glaube an die Rolle des Zufalls (P-5). In diesen Wertveränderungen spiegelt sich sicherlich einerseits die positive Erfahrung des erfolgreichen Agendasettings (Zehn-Punkte-Plan) und Verhandlungsgeschicks während der turbulenten Wendezeit. Andererseits stehen diese Werte auch im Einklang mit den größeren Handlungsspielräumen des wiedervereinigten Deutschlands nach dem Ende des Ost-West-Konflikts.

Mit diesen veränderten philosophischen Überzeugungen gehen bei Kohl einige Verschiebungen der instrumentellen Überzeugungen einher. So ist ein veränderter Umgang mit Risiken (I-3) und eine größere Flexibilität hinsichtlich der Auswahl außenpolitischer Instrumente festzustellen (I-4b). Vor allem die höhere Risikoaversion Kohls scheint auf den ersten Blick der Erfahrung größerer außenpolitischer Handlungsspielräume und einer deutlich verringerten sicherheitspolitischen Bedrohung nach Ende des Ost-West-Konfliktes zu widersprechen. Anderseits aber könnte es durchaus den Wunsch nach Konsolidierung des Erreichten widerspiegeln. Schließlich ändert sich auch die Haltung Kohls gegenüber einzelnen Instrumenten (I-5), wobei sich kein eindeutiges Muster ergibt. Vielmehr ist eine größere Bereitschaft zum (schwach) konfliktiven Mittel des Widerspruchs (*oppose*) mit einer ebenfalls größeren Bereitschaft zur Belohnung (*reward*) gepaart. Hinzu kommt eine geringere Bereitschaft dazu, an andere politische Akteure zu appellieren (*appeal*).

*Fazit*

In dieser empirischen Anwendung haben wir den Einfluss historischer Umbrüche auf die Führungseigenschaften und Überzeugungen dreier außenpolitischer Entscheidungsträger in Deutschland untersucht. Dabei sind wir von der Annahme ausgegangen, dass grundsätzlich ein starker Wunsch nach Bestätigung von mentalen Konzepten besteht und sich diese dadurch als weitgehend stabil erweisen. Dies gilt insbesondere für individuelle Führungseigenschaften, während die Außenpolitikforschung Überzeugungssysteme als wandelbarer begreift. Der Fokus auf unerwartete und tiefgreifende historische Umbrüche sollte eine Änderung von Führungseigenschaften und Überzeugungen besonders wahrscheinlich machen. Anders gesagt: Wenn in diesen Fällen keine Veränderungen von Führungseigenschaften und Überzeugungen eintreten, sind diese als besonders stabil aufzufassen. Umso unwahrscheinlicher wäre es dann auch, dass sie sich bei weniger einschneidenden Ereignissen verändern.

Unsere Ergebnisse für die untersuchten Führungseigenschaften weisen keine signifikanten Veränderungen auf und bestätigen damit die Annahme sehr stabiler psychologischer Dispositionen. Mit Blick auf die politischen Überzeugungen ist das Bild uneinheitlich. Während sie bei Außenminister Fischer nach dem 11. September sehr stabil blieben, ergeben sich bei Bundeskanzler Schröder immerhin zwei signifikant veränderte Überzeugungen. Deutlicher wird der mögliche Effekt exogener Schocks beim Fall der Mauer und den in mehrfacher Hinsicht veränderten Überzeugungen Helmut Kohls. Ob dies an der relativen Tragweite des (positiven) historischen Umbruchs oder an der Persönlichkeit Helmut Kohls liegt, kann an dieser Stelle nicht beantwortet werden. Eine weitere Erkenntnis folgt aus den unterschiedlichen Richtungen der veränderten Werte bei Schröder und Fischer. Beide haben offenbar unterschiedliche Lehren aus den Ereignissen des 11. Septembers gezogen. Dies unterstreicht einmal mehr die Bedeutung des Individuums: Wenn sich Änderungen ergeben, dann erscheinen sie eher als Ergebnis individueller, also von Persönlichkeitsmerkmalen bestimmter Lernprozesse als von kollektiven Lernprozessen.

## 5.3 Generationenwechsel – Die Auswirkung von Kriegserfahrungen auf Führungseigenschaften und politische Überzeugungen

*Woraus speisen sich Führungseigenschaften und politische Überzeugungen überhaupt?*

Die Frage nach der Stabilität von Führungseigenschaften und politischen Überzeugungen und welche Faktoren ihre Entwicklung über Zeit beeinflussen, wird innerhalb der Forschung zu *leadership traits* und *operational codes* immer wieder gestellt. Zumeist geht es dabei um Ereignisse, die innerhalb der politischen Laufbahn von EntscheidungsträgerInnen stattfinden und ihre Entscheidungskontexte verändern. So untersuchen Walker und Schafer (2000) Lyndon B. Johnsons politische Überzeugungen in unterschiedlichen Phasen des Vietnamkrieges, während Malici (2005) den Einfluss des Endes des Kalten Krieges auf die Überzeugungen von Fidel Castro und Kim Il Sung prüft. Renshon (2008) analysiert sowohl institutionelle als auch situationsbedingte Einflussfaktoren, indem er George W. Bushs politische Überzeugungen in vier verschiedenen Phasen seiner politischen Laufbahn erhebt – vor seiner Wahl zum Präsidenten, während seiner Präsidentschaft vor 9/11, während seiner Präsidentschaft unmittelbar nach 9/11 und innerhalb des letzten Jahrs seiner Präsidentschaft. Und im Bereich der LT-Forschung untersuchen Cuhadar et al. (2017) die Wandlung von Führungseigenschaften nach Ämterwechseln. Während die Frage nach dem Wandel von Führungseigenschaften und Überzeugungen aufgrund von Ämterwechseln oder deutlichen Veränderungen des Entscheidungskontextes also immer wieder im Fokus der Forschung gestanden hat, gibt es bislang keine Beiträge, die sich eingehend mit dem persönlichen Hintergrund der Entscheidungsträger als Einflussfaktor befassen.

Inwiefern beeinflusst somit die Biographie von EntscheidungsträgerInnen ihr außenpolitisches Handeln? Horowitz, Stam und Ellis (2015) untersuchen diesen Zusammenhang, indem sie den Einfluss von Militärkarrieren, Rebellenvergangenheit, Alter, Bildung, Geschlecht, Kindheit und Familienstatus auf die Bereitschaft von EntscheidungsträgerInnen überprüfen, militärische Konflikte auszutragen. Sie kommen zu dem Ergebnis, dass Personen mit militärischem Hintergrund, die nicht aktiv an einem Konflikt beteiligt waren, wie auch Personen mit einem Rebellenhintergrund eher dazu bereit sind, später als EntscheidungsträgerIn in einen militärischen Konflikt einzutreten (Horowitz, Stam und Ellis 2015: 130-137).

Im Diskurs zu deutscher Außenpolitik ist die Frage nach diesem Zusammenhang nicht neu. Insbesondere in Bezug auf die Regierungsführung der rot-grünen Koalition gewann sie an Relevanz. Mit Gerhard Schröder und

Joschka Fischer traten 1998 erstmals zwei Entscheidungsträger die obersten außenpolitischen Ämter an, die der deutschen Nachkriegsgeneration angehörten. Im Zuge der deutschen Beteiligung an der militärischen Intervention im Kosovo wurde in Folge von mehreren Beobachtern argumentiert, dass die Bereitschaft von Bundeskanzler und Außenminister, militärische Mittel für die Durchsetzung deutscher außenpolitischer Ziele anzuwenden, auf ihren Mangel an eigener Kriegserfahrung zurückzuführen sei (Dyson 2001: 136). Paterson bemerkte hierzu: „The succeeding generation with no direct experience of the war or its immediate aftermath and leading a fully sovereign state were no longer so reluctant to talk about German national interests" (Paterson 2011: 61-62). Mit diesem Generationenwechsel, so das Argument, wurde eine „Normalisierung" der deutschen Außenpolitik initiiert, durch die militärische Interventionen nicht mehr tabuisiert wurden. Obwohl diese Annahme in mehreren Beiträgen (Paterson 2011; Dyson 2001) vertreten wurde, sind die daraus resultierenden Implikationen bislang nicht weiter untersucht worden. Die nachfolgende Diskussion geht diese Frage an, indem die Führungseigenschaften und politischen Überzeugungen von deutschen Bundeskanzlern und Außenministern der Kriegsgeneration mit denen der Bundeskanzler und Außenminister der Nachkriegsgeneration verglichen werden.

Mithilfe des in Kapitel 4 präsentierten Datensatzes lässt sich die Frage nach dem Einfluss von Kriegserfahrung auf die Führungseigenschaften und Überzeugungen von deutschen EntscheidungsträgerInnen systematisch beantworten. Um einen Vergleich zu ermöglichen, sind die Bundeskanzler und Außenminister in drei Gruppen eingeteilt worden:

- Entscheidungsträger, die als Soldaten an Kampfhandlungen im 1. oder 2. Weltkrieg teilnahmen (Gruppe 1);
- Entscheidungsträger, die den 1. oder 2. Weltkrieg als Zivilisten miterlebten (Gruppe 2); und
- EntscheidungsträgerInnen, die der Nachkriegsgeneration angehören (Gruppe 3).

Zur Gruppe der Entscheidungsträger, die an Kampfhandlungen beteiligt waren, gehören Hans-Dietrich Genscher, Walter Scheel, Helmut Schmidt, Ludwig Erhard und Außenminister Gerhard Schröder (Gruppe 1). Entscheidungsträger, die den 1. oder 2. Weltkrieg bewusst miterlebten, sind Konrad Adenauer, Kurt Georg Kiesinger, Willy Brandt, Helmut Kohl und Heinrich von Brentano (Gruppe 2). Bundeskanzler Gerhard Schröder wurde nicht Gruppe 2 zugeordnet, da er kurz vor dem Ende des 2. Weltkriegs geboren wurde (7. April 1944) und diesen daher nicht bewusst wahrnehmen konnte. Dementsprechend wurde er mit Angela Merkel, Klaus Kinkel, Joschka Fischer, Frank-Walter Steinmeier, Guido Westerwelle und Sigmar Gabriel in die Gruppe der Nachkriegsgeneration eingeordnet (Gruppe 3).

Im Feld der Traumaforschung ist die Auswirkung von Kriegserlebnissen auf die Persönlichkeit und Psyche ein ausgiebig untersuchter Themenbereich. Hierbei ist mehrfach aufgezeigt worden, dass Kriegserfahrungen einen tiefgreifenden Einfluss auf die involvierten Individuen ausüben (Munjiza et al. 2017: 6). Es ist davon auszugehen, dass Personen, die direkt an Kampfhandlungen beteiligt waren, mit höherer Wahrscheinlichkeit durch diese Erfahrungen ein Trauma davontragen (Boasso et al. 2015: 76). Derartige Traumata beeinflussen nicht nur die psychische Verfassung, sondern können sogar zur Änderung bzw. Entstehung von Persönlichkeitsmerkmalen führen (Leigh Wills und Schuldberg 2016: 185).

Vor diesem Hintergrund leiten wir die Annahme ab, dass bestimmte Führungseigenschaften und politische Überzeugungen der drei oben angeführten Gruppen aufgrund ihrer unterschiedlichen Erfahrungen mit Krieg unterschiedlich ausgeprägt sind. Zur Überprüfung dieser Annahme wählten wir für jeden Untersuchungsansatz jeweils zwei Komponenten aus. Dies sind BACE und DIS für den LT-Ansatz sowie P-4 und P-1 für den OC-Ansatz.

Ein oftmals beobachtetes Phänomen bei Personen mit Kriegserfahrungen ist ein generelles Gefühl der Hilflosigkeit und Mangel an Kontrolle (U.S. Department of Veteran Affairs 2015). Daher untersuchen wir für den LT-Ansatz die Führungseigenschaft Glaube an die eigenen Kontrollfähigkeiten (BACE) und für den OC-Ansatz die Dimension der Kontrolle über geschichtliche Entwicklungen (P-4). Beide Komponenten sind Indikatoren für die Beurteilung eines Entscheidungsträgers die politischen Geschehnisse beeinflussen zu können. Wir gehen davon aus, dass Gruppe 2 und insbesondere Gruppe 1 einen geringeren Glauben daran haben die Geschehnisse beeinflussen zu können als die Gruppe der Entscheidungsträger aus der Nachkriegsgeneration (Gruppe 3).

Ein weiteres oftmals im Zusammenhang von traumatischen Erlebnissen beobachtetes Merkmal ist eine negative Einschätzung der eigenen Umwelt sowie ein entsprechendes Misstrauen gegenüber dieser Umwelt (Kimble et al. 2012, 2018; U.S. Department of Veteran Affairs 2015). Dementsprechend untersuchen wir die Führungseigenschaft Misstrauen (DIS) für den LT-Ansatz und die Beurteilung des politischen Universums (P-1) für den OC-Ansatz. Entsprechend der oben genannten Faktoren gehen wir davon aus, dass die Gruppe der Nachkriegsgeneration (Gruppe 3) im Vergleich mit Gruppe 2 und insbesondere mit Gruppe 1 ein niedrigeres Misstrauen gegenüber anderen zeigt und das politische Universum eher positiver einschätzen wird.

Abbildung 5.5 enthält die BACE- und DIS-Werte der EntscheidungsträgerInnen sowie die Durchschnittswerte der drei Gruppen. Entsprechend der Vorgaben des LT-Ansatzes wurde mithilfe des Durchschnittswerts und der Standardabweichung der globalen Normgruppe (siehe Kapitel 2.1) eine Einstufung der Durchschnittswerte der deutschen EntscheidungsträgerInnen in die Kategorien „niedrig", „moderat" und „hoch" vorgenommen. Abbildung 5.6 zeigt wiederum die Werte der einzelnen deutschen EntscheidungsträgerInnen für P1 und P4 sowie die Durchschnittswerte für die drei Gruppen.

Abbildung 5.5: Kriegserfahrung und Führungseigenschaften

| Entscheidungsträger/Innen | Führungseigenschaft | BACE | DIS |
|---|---|---|---|
| Globale Normgruppe (n=284) | | 0,35 (SD 0,05) | 0,13 (SD 0,06) |
| Gruppe 1: Gefechtserfahrung | | | |
| Erhard | | Niedrig (0,2718) | Moderat (0,1700) |
| Schmidt | | Niedrig (0,2079) | Moderat (0,0903) |
| Schröder (AM) | | Niedrig (0,1796) | Niedrig (0,0654) |
| Scheel | | Moderat (0,3114) | Niedrig (0,0638) |
| Genscher | | Niedrig (0,2254) | Moderat (0,0708) |
| Durchschnitt Gruppe 1 | | 0,2392 | 0,0921 |
| Einstufung im Verhältnis zur globalen Normgruppe | | **Niedrig** | **Moderat** |
| Gruppe 2: Vor 1945 geboren | | | |
| Adenauer | | Niedrig (0,2320) | Hoch (0,1907) |
| Kiesinger | | Moderat (0,3601) | Hoch (0,2064) |
| Brandt | | Moderat (0,3350) | Moderat (0,0865) |
| Kohl | | Niedrig (0,2248) | Moderat (0,1697) |
| Brentano | | Niedrig (0,2545) | Moderat (0,1282) |
| Durchschnitt Gruppe 2 | | 0,2813 | 0,1563 |
| Einstufung im Verhältnis zur globalen Normgruppe | | **Niedrig** | **Moderat** |

| Gruppe 3: Nachkriegsgeneration | | |
|---|---|---|
| Schröder (BK) | Moderat (0,3443) | Moderat (0,1821) |
| Merkel | Moderat (0,3377) | Moderat (0,0710) |
| Kinkel | Niedrig (0,2763) | Moderat (0,1110) |
| Fischer | Niedrig (0,2643) | Moderat (0,1767) |
| Steinmeier | Moderat (0,3121) | Hoch (0,2388) |
| Westerwelle | Moderat (0,3964) | Hoch (0,2110) |
| Gabriel | Niedrig (0,2718) | Hoch (0,1965) |
| *Durchschnitt Gruppe 3* | *0,3147* | *0,1435* |
| *Einstufung im Verhältnis zur globalen Normgruppe* | **Moderat** | **Moderat** |

Quelle: Eigene Darstellung. BK = Bundeskanzler; AM = Außenminister; SD = Standardabweichung. Die Einstufungen „niedrig", „moderat" und „hoch" beziehen sich stets auf die globale Normgruppe.

*Abbildung 5.6:  Kriegserfahrung und politische Überzeugungen*

| Überzeugung<br>EntscheidungsträgerInnen | P1 | P4 |
|---|---|---|
| Gruppe 1:<br>Gefechtserfahrung | | |
| Erhard | 0,34 | 0,50 |
| Genscher | 0,47 | 0,43 |
| Scheel | 0,52 | 0,42 |
| Schmidt | 0,46 | 0,54 |
| Schröder (AM) | 0,53 | 0,47 |
| *Durchschnitt Gruppe 1* | *0,46* | *0,47* |
| Gruppe 2:<br>Vor 1945 geboren | | |
| Adenauer | 0,29 | 0,39 |
| Brandt (Gesamt) | 0,45 | 0,41 |
| Brentano | 0,41 | 0,53 |
| Kiesinger | 0,40 | 0,61 |
| Kohl | 0,60 | 0,60 |
| *Durchschnitt Gruppe 2* | *0,43* | *0,51* |
| Gruppe 3:<br>Nachkriegsgeneration | | |
| Fischer | 0,27 | 0,55 |
| Gabriel | 0,35 | 0,60 |
| Kinkel | 0,44 | 0,50 |
| Merkel | 0,57 | 0,79 |
| Schröder (BK) | 0,54 | 0,56 |
| Steinmeier | 0,47 | 0,76 |
| Westerwelle | 0,44 | 0,76 |
| *Durchschnitt Gruppe 3* | *0,44* | *0,65* |

Quelle: Eigene Darstellung. BK = Bundeskanzler; AM = Außenminister.

*Diskussion der Ergebnisse*

Entgegen unserer Annahme finden wir keinen Hinweis darauf, dass Entscheidungsträger mit Kriegserfahrung misstrauischer gegenüber ihrer Umwelt sind als Entscheidungsträger der Nachkriegsgeneration (DIS). Lediglich zwei Entscheidungsträger der Gruppe 2, Adenauer und Kiesinger, offenbaren hohe DIS-Werte im Vergleich zur globalen Normgruppe. In der Gruppe der Führungspersönlichkeiten mit Kampferfahrung finden sich mit Schröder (Außenminster) und Scheel sogar zwei Personen, die durch geringes Misstrauen auffallen. Dagegen sind in der Gruppe der Nachkriegsgeneration gleich drei Entscheidungsträger mit hohen Werten für Misstrauen vertreten. Diese Ausprägung bei Steinmeier, Westerwelle und Gabriel weist auf die Existenz von weiteren Faktoren hin, die eine ausgeprägte Misstrauenshaltung verursachen könnten.

Die Annahmen, was den Glauben der EntscheidungsträgerInnen an die eigenen Kontrollfähigkeiten über die politischen Entwicklungen (BACE) betrifft, können hingegen mithilfe der Werte des LT-Ansatzes weitgehend bestätigt werden. Vier der fünf Entscheidungsträger aus Gruppe 1, die den 1. oder 2. Weltkrieg als Soldaten miterlebten, haben niedrige BACE-Werte. Die Gruppe der Entscheidungsträger mit Kriegserfahrung als Zivilisten zeigt gemischte Werte: Kohl, Adenauer und Brentano offenbaren einen niedrigen Glauben an die eigenen Kontrollfähigkeiten, während Kiesinger und Brandt moderate Werte aufzeigen. Die Nachkriegsgeneration hat entsprechend den Erwartungen mehrheitlich moderate Werte. Ausnahmen sind Kinkel, Gabriel und Fischer, die ebenfalls einen niedrigen Glauben aufweisen, das Geschehen beeinflussen zu können. Die Gruppendurchschnittswerte bestätigen nochmals, dass sich Entscheidungsträger mit direkter Gefechtserfahrung und Kriegserfahrung als Zivilisten weniger in der Lage sehen die Geschehnisse beeinflussen zu können.

Für die OC-Werte der EntscheidungsträgerInnen lässt sich die Annahme, die Nachkriegsgeneration (Gruppe 3) nähme ihr politisches Universum positiver wahr als die Entscheidungsträger aus den Gruppen 1 und 2, nicht bestätigen (P-1). Die Gruppendurchschnittswerte unterscheiden sich nur geringfügig, und erstaunlicherweise sind es gerade die Entscheidungsträger mit Kampferfahrung, die durchschnittlich leicht höhere P1-Werte haben und damit das politische Universum als insgesamt positiver einschätzen. Unsere Annahmen bezüglich dieser Werte können also nicht bestätigt werden.

Anders sieht es bei der Auswertung der Überzeugung aus, Kontrolle über die Geschehnisse ausüben zu können (P-4). Die Vermutung, dass die Kriegsgeneration ihre Chancen, die Geschehnisse zu beeinflussen schlechter einschätzt als die EntscheidungsträgerInnen der Nachkriegsgeneration, kann mithilfe der Gruppendurchschnittswerte deutlich bestätigt werden. Während die beiden Gruppen mit direkter und indirekter Kriegserfahrung mit 0,47 und 0,51 ähnliche Durchschnittswerte aufweisen, liegt der Durchschnittswert der EntscheidungsträgerInnen der Nachkriegsgeneration mit 0,65 deutlich höher. Somit bestätigt sich die Erwartung, dass Entscheidungsträger der Nachkriegsgeneration (Gruppe 3) ihre Chancen die Entwicklungen kontrollieren zu können deutlich positiver einschätzen als die Gruppen mit Kriegserfahrungen (Gruppen 1 und 2).

*Fazit*

Insgesamt führt uns die Auswertung der Ergebnisse zu dem Schluss, dass bestimmte Führungseigenschaften und politische Überzeugungen sehr wohl von der Kriegserfahrung der EntscheidungsträgerInnen beeinflusst sein können. Insbesondere die Entscheidungsträger, die direkt an Kampfhandlungen teilnahmen, besitzen einen geringen Glauben daran, die Entwicklungen beeinflussen zu können. Die Annahmen bezüglich des höheren Misstrauens und der negativeren Einschätzung des politischen Universums durch die Entscheidungsträger mit Kriegserfahrung konnte allerdings nicht bestätigt werden. Nichtsdestotrotz bietet die Untersuchung zu den möglichen Quellen, aus denen sich bestimmte Ausprägungen von Führungseigenschaften bzw. politische Überzeugungen ergeben, einen vielversprechenden Ausgangspunkt für die weitere Forschung.

## 5.4 Führungsstile und außenpolitische Rollen: zwischen Zivilmacht und Normalisierung?[54]

In der außenpolitischen Rollenforschung wird Deutschland zumeist als „Zivilmacht" bezeichnet. Das Konzept hebt unter anderem die Einbindung Deutschlands in regionale wie auch globale multilaterale Strukturen, die Bedeutung von Normen und Werten in der deutschen Außenpolitik sowie eine grundlegende Skepsis gegenüber der Anwendung von Gewalt als Instrument der Außenpolitik hervor (Kirste und Maull 1996; Maull 2014). Auch wenn geschichtswissenschaftliche Arbeiten zumindest auf Episoden verweisen, in denen sich die Bundesrepublik vor der Wiedervereinigung wenig(er) „zivilmächtig" verhalten hat (siehe Brummer und Kießling 2019), gilt die Bundesrepublik bis 1989/1990 neben Japan als das Paradebeispiel für dieses außenpolitische Rollenkonzept.

Seit der Wiedervereinigung wird allerdings im akademischen Diskurs zunehmend darüber debattiert, ob sich Deutschland weiterhin in Einklang mit den an eine Zivilmacht gerichteten Erwartungen verhält und, damit verbunden, ob das Konzept weiterhin zur Erklärung deutscher Außenpolitik herangezogen werden sollte (Baumann und Hellmann 2001; Hellmann 2019). In empirischer Hinsicht stellt sich demnach die Frage nach einer möglichen Abkehr von der außenpolitischen Rolle einer Zivilmacht und damit auch nach möglichen Anzeichen für eine „Normalisierung" der

---

54 Dieses Unterkapitel beruht auf Brummer et al. (2019).

deutschen Außenpolitik. Im Einklang mit dem in diesem Band gewählten Zugang zur deutschen Außenpolitik über einzelne EntscheidungsträgerInnen nähern wir uns dieser Frage durch einen Brückenschlag zwischen der außenpolitischen Rollentheorie und dem „leadership profiling".

Dieser Brückenschlag stellt sich wie folgt dar: Außenpolitische Rollenkonzepte werden sozial konstruiert. EntscheidungsträgerInnen sollten wiederum im Zuge von Sozialisationsprozessen diese Rollen internalisieren. Wenn sich somit in Deutschland seit der Wiedervereinigung ein neues Rollenkonzept durchgesetzt hat, dann sollten die EntscheidungsträgerInnen des Landes – in unserem Fall die Bundeskanzler und Außenminister – dieses neue Rollenkonzept auch „reflektieren". EntscheidungsträgerInnen, die seit der Wiedervereinigung im Amt waren bzw. derzeit im Amt sind, sollten daher Eigenschaften aufweisen, die sie systematisch von denjenigen EntscheidungsträgerInnen unterscheiden, die vor der Wiedervereinigung im Amt waren.

Diese mögliche Verbindung zwischen Rollenkonzepten, Sozialisations- bzw. Internalisierungsprozessen und EntscheidungsträgerInnen wird basierend auf den Führungseigenschaften der deutschen Bundeskanzler und Außenminister untersucht.[55] Die Leitfragen der folgenden Diskussion lauten konkret, ob sich die Führungseigenschaften der EntscheidungsträgerInnen vor 1989 systematisch von denjenigen nach 1989 unterscheiden und inwiefern sich aus etwaigen Unterschieden Rückschlüsse auf eine „Normalisierung" der außenpolitischen Rolle Deutschlands ziehen lassen.

*Kontinuitäten und Brüche in der Außenpolitik seit der Wiedervereinigung*

In vielfacher Hinsicht setzte die „Berliner Republik" die Außenpolitik der „Bonner Republik" fort (Haarman 2018; Geppert 2019). Das wiedervereinigte Deutschland ist weiterhin fest in die NATO integriert. In den europäischen Integrationsprozess, der Anfang der 1990er Jahre mit dem Vertrag von Maastricht um eine „politische Union" erweitert wurde, ist es sogar noch deutlich tiefer eingebunden als vor der Wiedervereinigung. Und auch nach einer eigenständigen, von den USA unabhängigen nuklearen Abschreckung strebt das wiedervereinte Deutschland nicht.

In einer Hinsicht hat sich die deutsche Außen- und Sicherheitspolitik nach der Wiedervereinigung allerdings maßgeblich verändert: Die Bundeswehr ist zur „Armee im (Auslands-)Einsatz" geworden. Stand während des Kalten Krieges die Landesverteidigung bzw. die Verteidigung des Nato-Ge-

---

55 Aufgrund ihres kontextspezifischen Charakters lassen wir politische Überzeugungen (*operational codes*) in dieser Anwendung außen vor.

biets („NATO area") im Mittelpunkt, so sind seit der Wiedervereinigung Einsätze zum Krisen- und Konfliktmanagement vor allem jenseits des NATO-Gebiets („out-of-area") maßgeblich, etwa in Afghanistan oder Mali.

Das Konzept der Zivilmacht hat den Einsatz militärischer Gewalt zwar zu keiner Zeit ausgeschlossen. In den Worten von Kirste und Maull: „Individuelle bzw. kollektive Selbstverteidigung, aber auch Maßnahmen der kollektiven Sicherheit gegen Rechtsbrecher, wie sie der UN-Sicherheitsrat beschließen kann, können jedoch als Legitimation für die Anwendung militärischer Gewalt dienen. Zivilmächte sind also mitnichten pazifistisch" (Kirste und Maull 1996: 303). Der Einsatz von Gewaltmitteln im Rahmen der Außenpolitik wird im Rollenkonzept der Zivilmacht jedoch sehr wohl als Ultima Ratio angesehen.

Hiervon hat sich die deutsche Außenpolitik inzwischen deutlich entfernt. In Krisenlagen ist es vielmehr durchaus üblich geworden, auch die Entsendung der Bundeswehr als Option in Erwägung zu ziehen. Die Addition der Kontingentstärken seit dem Beginn der Auslandseinsätze Anfang der 1990er Jahre zeigt, dass „bislang rein rechnerisch mehr als 380.000 Soldaten und Soldatinnen ‚im Einsatz'" gewesen sind (Bundeswehr 2017). Mehr als drei Dutzend Missionen wurden in der Zwischenzeit abgeschlossen. Anfang 2020 befanden sich rund 4000 Soldaten in zwölf Einsätzen im Ausland, beispielsweise in Afghanistan, Mali und im Irak (Bundeswehr 2020).

Nicht von ungefähr sind es dann gerade die Auslandseinsätze der Bundeswehr gewesen, die in der wissenschaftlichen Debatte den Anstoß gegeben haben für die Diskussion, ob Deutschland weiterhin als Zivilmacht bezeichnet werden sollte oder ob im wiedervereinigten Deutschland ein neues Rollenkonzept an seine Stelle getreten ist (siehe einführend Brummer und Oppermann 2016). Vertreter des Zivilmachtansatzes betonen die fortdauernde Relevanz dieser Rolle in der Praxis wie auch des Zivilmachtkonzepts in der Analyse. Sie konzedieren jedoch zugleich, dass es zu gewissen „Modifikationen" gekommen sei (Harnisch 2001). Eine prominente Gegenposition lautet, dass Deutschland infolge der inzwischen „alltäglichen" Nutzung des Militärs in der Außenpolitik auf dem Weg zu einer „normalen Macht" sei (Baumann und Hellmann 2001; Oppermann 2012).

*Führungseigenschaften und Rollenwandel*
Wie könnte sich ein möglicher außenpolitischer Rollenwandel in den Führungseigenschaften deutscher EntscheidungsträgerInnen bemerkbar machen? Wie einleitend angeführt, lautet eine zentrale Annahme der Rollentheorie, dass außenpolitische Rollen sozial konstruiert werden und die Eliten eines Landes im Zuge von Sozialisations- und Internalisierungsprozes-

sen das in der Gesellschaft vorherrschende Rollenkonzept auf- und übernehmen (siehe grundlegend Harnisch, Frank und Maull 2011). Vor diesem Hintergrund sollte sich eine nach bzw. seit der Wiedervereinigung vollziehende Abkehr vom Rollenkonzept der Zivilmacht hin zu einer „Normalisierung" der außenpolitischen Rolle des Landes in Veränderungen in den Persönlichkeitsvariablen der außenpolitischen RepräsentantInnen des Landes widerspiegeln.

Der Begriff der „Zivilmacht" bezeichnet „eine außenpolitische Grundorientierung, die auf die Zivilisierung der Politik insgesamt und der internationalen Beziehungen im Besonderen abzielt" (Maull 2007: 74). Der Begriff lässt sich auf drei zentrale Rollenelemente reduzieren: Gestaltungswille (Bereitschaft zum Handeln auf internationaler Ebene), Autonomieverzicht (Bereitschaft auf Handlungsspielraum zugunsten internationaler Lösungen zu verzichten) sowie interessenunabhängige Normendurchsetzung (Bereitschaft zur Priorisierung langfristiger institutioneller Interessen auf internationaler Ebene gegenüber kurzfristigen nationalen Interessen) (Harnisch 2001: 44). Wie Maull (2007: 75) ausführt, befand sich die Bundesrepublik aufgrund von außenpolitischen Handlungszwängen und der Neuausrichtung durch zentrale Entscheidungsträger wie Bundeskanzler Adenauer von Anfang an auf einem Pfad der Zivilmacht, der allerdings durch die Veränderungen im Zuge der Wandlungsprozesse nach Ende des Kalten Krieges an Alternativlosigkeit und Selbstverständlichkeit verloren habe.

Eine „Normalisierung" der deutschen Außenpolitik seit der Wiedervereinigung sollte zu einem selbstbewussteren, stärker auf nationale Interessen abzielenden Kurs führen, der sich aus den veränderten strukturellen und materiellen Kontexten (Ende Ost-West-Konflikt/Bipolarität, Zunahme materieller Machtfaktoren Deutschlands etc.) ergibt. Im Falle einer Normalisierung würde Deutschland „accept greater international responsibility in accordance with its international stature, notably in the economic realm, and be less circumscribed by its past in dealing with international affairs than during the Cold War, not least regarding the use of military force and the provision of international leadership" (Brummer und Oppermann 2016: 2). Entsprechend sollte eine Normalisierung eine gewisse Abkehr von den für die Zivilmacht zentralen Rollenelementen des Autonomieverzichts und der interessenunabhängigen Normendurchsetzung mit sich bringen.

In welche „Richtung" sollten sich nunmehr die Führungseigenschaften der deutschen EntscheidungsträgerInnen verändert haben, um Hinweise für eine Normalisierung zu liefern? Inwiefern sollten oder zumindest könnten sich also die deutschen Bundeskanzler und Außenminister nach der Wiedervereinigung von ihren Amtsvorgängern entlang der sieben im LT-Ansatz enthaltenen Führungseigenschaften unterscheiden? Unsere Erwartungen zu diesen beiden Fragen, die anschließend empirisch getestet werden, lauten wie folgt:

Aufgrund des Zuwachses gerade an „realistischen" Machtmitteln (insb. Bevölkerung, Territorium) sollten die EntscheidungsträgerInnen einen stärker ausgeprägten Glauben an die eigenen Kontrollfähigkeiten (BACE) aufweisen. Aus den größeren Machtmitteln sollte zugleich ein stärker ausgeprägtes Bedürfnis nach Einflussmöglichkeiten und damit „Macht" (PWR) resultieren wie auch ein größeres Maß an Selbstbewusstsein (SC) bei der Verfolgung der eigenen Ziele. Darunter könnte wiederum die Bereitschaft (und damit letztlich auch die Fähigkeit) leiden, Situationen in ihrer Vielschichtigkeit erfassen zu wollen (bzw. zu können), was sich in einem niedrigeren Wert für die Konzeptionelle Komplexität (CC) ausdrücken würde. Ferner sollten die deutschen Interessen noch stärker betont werden, was sich in einer Zunahme bei der Eigengruppenfavorisierung (IGB) zeigen sollte. Für die beiden weiteren Führungseigenschaften lassen sich aus unserer Sicht keine klaren Erwartungen ableiten.

Derlei Veränderungen in den einzelnen Führungseigenschaften sollten zugleich zu Veränderungen in den übergeordneten Dimensionen führen, die sich aus der Interaktion einzelner Eigenschaften ergeben. So würde ein signifikanter Anstieg von BACE und PWR zu einer größeren Bereitschaft führen, politische Beschränkungen nicht länger zu akzeptieren, sondern diese anzufechten. Ein wachsendes Selbstbewusstsein bei gleichzeitig abnehmender Konzeptioneller Komplexität würde wiederum dafür sorgen, dass EntscheidungsträgerInnen neue Informationen selektiver wahrnehmen als früher, den Fokus folglich auf mit ihrem Weltbild konforme Ansichten legen und Gegenansichten verstärkt ausblenden. Da TASK und DST nach unserem Dafürhalten keinen direkten Bezug zu einer „Normalisierung" der außenpolitischen Rolle Deutschlands haben, lässt sich auch keine Annahme zu potentiellen Veränderungen der Motivation einer Führungspersönlichkeit treffen. Mögliche Verbindungen zwischen Veränderungen in den Persönlichkeitsprofilen seit der Wiedervereinigung und einer „Normalisierung" in der deutschen Außenpolitik werden in Abbildung 5.7 zusammengefasst.

*Abbildung 5.7: Persönlichkeitsmerkmale und „Normalisierung"*

| Führungs-eigenschaften | Indikator für eine „Normalisierung" | Interaktion von Führungseigen-schaften zu über-geordneten Dimensionen | Indikator für eine „Normalisierung" |
|---|---|---|---|
| BACE | Zunahme | Umgang mit Beschränkungen | Von Akzeptanz zu Nichtakzeptanz |
| PWR | Zunahme | | |
| CC | Abnahme | Offenheit gegenüber neuen Informationen | Geringere Offenheit gegenüber neuen Informationen |
| SC | Zunahme | | |
| TASK | Keine Erwartung ableitbar | Motivation | Keine Erwartung ableitbar |
| DST | Keine Erwartung ableitbar | | |
| IGB | Zunahme | | |

Quelle: Erweiterte Darstellung basierend auf Hermann (2005).

*Diskussion der Ergebnisse*

Welche Rückschlüsse lassen sich nunmehr aus den Führungseigenschaften deutscher Bundeskanzler und Außenminister ziehen bezogen auf die Frage nach einem möglichen Rollenwandel seit der Wiedervereinigung? Die Ergebnisse der empirischen Analyse sind in Abbildung 5.8 dargestellt. Der Fokus liegt wie oben erläutert auf den einzelnen Führungseigenschaften im Vergleich vor und nach der deutschen Wiedervereinigung. Zur Einordnung der Werte der deutschen EntscheidungsträgerInnen in einen globalen Kontext werden außerdem die Durchschnittswerte der globalen Normgruppe, die aus 284 EntscheidungsträgerInnen aus aller Welt besteht, angeführt (siehe Kapitel 2.1). Zu den zehn Bundeskanzlern und Außenministern vor 1989 gehören Adenauer, Brandt, Brentano, Erhard, Genscher, Kiesinger, Kohl, Scheel, Schmidt und Schröder (Außenminister). Zu den sieben AmtsträgerInnen nach 1989 gehören Fischer, Gabriel, Kinkel, Merkel, Schröder (Bundeskanzler), Steinmeier und Westerwelle. Die beiden Entscheidungsträger der Wendezeit (Bundeskanzler Kohl und Außenminister Genscher) wurden der Gruppe vor 1989 zugeordnet, da von einem graduellen Wandel des Rollenverständnisses auszugehen ist, der sich nicht kurzfristig in veränderten Persönlichkeitsvariablen äußern sollte.

*Abbildung 5.8: Führungseigenschaften von Bundeskanzlern und Außenminis-*
*tern vor und nach 1989*[56]

| Führungs-eigenschaft<br><br>Entscheidungs-träger (ET) | BACE | PWR | CC | SC | IGB |
|---|---|---|---|---|---|
| ET vor 1989 (n = 10; Durchschnittswerte) | 0,27 | 0,24 | 0,61 | 0,36 | 0,12 |
| ET nach 1989 (n = 7; Durchschnittswerte) | **0,32*** | **0,30*** | 0,61 | 0,39 | 0,12 |
| Entwicklung nach 1989 im Vergleich zu vor 1989 | Zunahme | Zunahme | Keine Veränderung | Zunahme | Keine Veränderung |
| Globale Normgruppe (n = 284; Durch-schnittswerte) | 0,35 | 0,26 | 0,59 | 0,36 | 0,15 |
| Vergleich der deut-schen ET mit der glo-balen Normgruppe (vor 1989 → nach 1989) | Unterdurch-schnittlich → Durchschnitt | Durchschnitt → Durchschnitt | Durchschnitt → Durchschnitt | Durchschnitt → Durchschnitt | Durchschnit → Durchschnitt |

Quelle: Eigene Darstellung. * p < 0.01 (einseitige t-Tests).

Die Auswertung der Ergebnisse zeigt einen Anstieg der Durchschnittswerte bei den EntscheidungsträgerInnen nach der Wiedervereinigung bei drei
der fünf untersuchten Persönlichkeitsvariablen. Die Ergebnisse bestätigen
damit mehrere der im vorherigen Abschnitt gemachten Annahmen bezüglich des zu erwartenden Anstiegs bestimmter Variablen infolge einer „Normalisierung". So stiegen die Werte für Glaube an die eigenen Kontrollfähigkeiten (BACE), Machtbedürfnis (PWR) und Selbstbewusstsein (SC) an.
Allerdings war der Anstieg nur für die beiden erstgenannten Eigenschaften
(BACE, PWR) auch statistisch signifikant. Nicht bestätigt werden hingegen die Erwartungen für Konzeptionelle Komplexität (CC) und Eigengruppenfavorisierung (IGB). Während hier von einer Abnahme (CC) bzw.
Zunahme (IGB) ausgegangen wurde, blieben die Werte in beiden Fällen
unverändert.

Es zeigt sich somit einerseits, dass Führungseigenschaften zwar nicht statisch, aber insgesamt doch überwiegend stabil sind. Andererseits ist festzu-

---

56 Die Werte für die beiden Führungseigenschaften, für die keine Erwartungen abgeleitet wurden, lauten 0,64 (entspricht globalem Durchschnitt) vor 1989
und 0,66 (globaler Durchschnitt) nach 1989 für TASK sowie 0,12 (globaler
Durchschnitt) vor 1989 und 0,17 (globaler Durchschnitt) nach 1989 für DST.

stellen, dass sich einzelne Eigenschaften sehr wohl – und obendrein deutlich – verändern können (hier: BACE und PWR). Ein Vergleich mit der globalen Normgruppe relativiert allerdings das Ausmaß dieser Veränderungen. So haben sich die deutschen EntscheidungsträgerInnen im Falle von BACE „nur" von unterdurchschnittlich zu durchschnittlich verändert, und im Falle von PWR bewegen sie sich weiterhin im globalen Durchschnitt. Auch wenn sich somit die Führungseigenschaften im „deutschlandinternen" Vergleich teilweise verändert haben, stechen die Führungseigenschaften der deutschen EntscheidungsträgerInnen global gesehen nicht hervor.

Dieser wenig eindeutige Befund zeigt sich auch bei der Interaktion der einzelnen Führungseigenschaften (siehe Abbildung 5.7). Abhängig davon, welche Referenzgruppe herangezogen wird, kommt es hier teilweise zu veränderten Einschätzungen. Am deutlichsten wird dies beim Umgang mit Beschränkungen. Wie angeführt, haben BACE und PWR seit 1989 zugenommen. Zieht man somit die deutschen Entscheidungsträger vor 1989 als Referenzgruppe heran, wäre eine größere Nichtakzeptanz von Beschränkungen seit der Wiedervereinigung zu erwarten. Bemessen an der globalen Normgruppe bewegen sich die deutschen EntscheidungsträgerInnen nach 1989 jedoch in beiden Führungseigenschaften im Durchschnitt, woraus sich keine besonders ausgeprägte Neigung zum Angehen von Beschränkungen ableiten lässt.

*Fazit*

Seit der Wiedervereinigung sind die Führungseigenschaften der außenpolitischen EntscheidungsträgerInnen Deutschlands „in Bewegung" geraten. Ob sich aus den nur in der Minderzahl der Fälle wirklich grundlegenden Veränderungen jedoch eine Abkehr vom Rollenkonzept der Zivilmacht und damit verbunden eine „Normalisierung" der deutschen Außenpolitik ableiten lässt, die sich in den Führungseigenschaften der deutschen EntscheidungsträgerInnen widerspiegelt, lässt sich nicht eindeutig beantworten. Einerseits könnte die überwiegende Stabilität in den Führungseigenschaften zwischen den EntscheidungsträgerInnen vor bzw. nach 1989 durchaus als Beleg für die anhaltende Prägkraft des Rollenkonzepts der Zivilmacht im Sinne einer „modifizierten Kontinuität" (Harnisch 2001) verstanden werden. Andererseits kann aber die nunmehr durchweg gegebene „globale Durchschnittlichkeit" der deutschen EntscheidungsträgerInnen in allen sieben Führungseigenschaften im Vergleich zur globalen Normgruppe als Indiz für eine Normalisierung und damit auch für eine gewisse Abkehr vom Zivilmachtkonzept interpretiert werden. Festzuhalten bleibt in jedem Fall, dass die Wendezeit nicht spurlos an den Füh-

rungseigenschaften der deutschen EntscheidungsträgerInnen vorüberge-
gangen ist.

## 5.5 Die politischen Überzeugungen von conviction leaders

### Das Konzept der conviction leadership

„Sie ist ganz allein." Diese Worte Barack Obamas, geäußert im Kontext seines letzten offiziellen Treffens mit Angela Merkel nach der Wahl von Do-
nald Trump zum US-Präsidenten im November 2016 (Baker 2018), standen sinnbildlich für das Narrativ, das sich in der Folgezeit um die Bundeskanzlerin entspann: Bundeskanzlerin Merkel als letzte Bastion der Führung in der westlichen Staatengemeinschaft, als Verteidigerin der liberalen
Weltordnung (Moore 2017). Die Erwartung an Deutschland, eine Führungsrolle insbesondere innerhalb der europäischen Staatengemeinschaft
zu übernehmen, ist indes nicht neu. Forderungen danach sind im vergangenen Jahrzehnt immer wieder von verschiedenen Seiten gestellt worden
(Barysch 2011).

Entsprechend viel Beachtung hat die Frage nach deutscher Führung
auch im wissenschaftlichen Diskurs gefunden. Zunächst gewann das Thema in den Jahren nach der Wiedervereinigung an Relevanz (Kaelberer
1997; Paterson 1996b; Bulmer und Paterson 1996; Janning 1996). Durch
die Euro- und Flüchtlingskrise bekam es neuen Auftrieb (Bruno et al.
2019; Hellmann 2016). Dabei ist der Großteil der Beiträge allerdings auf
strukturelle und institutionelle Erklärungsansätze fokussiert (Schild 2013;
Matthijs 2016; Schoeller 2015b; Helwig 2019; Siddi 2018). Nur wenige AutorInnen beschäftigen sich hingegen mit deutschen EntscheidungsträgerInnen als Faktor für Deutschlands Führungsrolle und Außenpolitik.

Eine der wenigen Ausnahmen stellt der Beitrag von Helms, Van Esch
und Crawford (2019) dar, der das Konzept der *conviction leadership* voran-
treibt und Angela Merkels Rolle in der Flüchtlings- und Eurokrise in diesem Rahmen untersucht. Das Konzept, welches zunächst von David Bell
(1985) für seine Analyse der Thatcher-Regierung verwendet wurde, weist
Anknüpfungspunkte zu Überlegungen von Max Weber (1994) und James
Burns (1978, 2003) auf. Im Kern steht *conviction leadership* dafür, dass EntscheidungsträgerInnen Entscheidungen auf der Basis von „grundlegenden
Prinzipien statt von politischem Selbstinteresse oder taktisch-strategischen
Motiven" treffen (Helms, Van Esch und Crawford 2019: 174). Das Gegen-
stück zu *conviction leaders* sind *pragmatic leaders*, deren Entscheidungspro-

zesse von ebendiesen Selbstinteressen und taktisch-strategischen Überlegungen geprägt sind (Helms, Van Esch und Crawford 2019: 174). Um eine empirische Bestimmung zu ermöglichen, stellen Helms et al. in ihrem Beitrag vier Merkmale von *conviction leadership* vor. Diese sind:

> „(1) das Festhalten an einem System bestimmter fundamentaler Überzeugungen auch im Falle weitreichender Wandlungen des politischen Entscheidungskontextes; (2) die Verteidigung einer Position selbst um den Preis der Verletzung der eigenen politischen Interessen (wie insbesondere des Machterhalts und der Wiederwahl); (3) die nachlassende Unterstützung eines Akteurs in den Reihen des eigenen politischen Lagers sowie auf der Ebene der Bevölkerung insgesamt; sowie schließlich (4) die Bedeutung einer ethischen Dimension politischer Überzeugungen, welche kontextübergreifende, universale Fragen der Humanität betrifft" (Helms, Van Esch und Crawford 2019: 174).

Beiträge zu *conviction leadership* ziehen das Konzept weitgehend als theoretischen Rahmen für qualitative Fallstudien zu einzelnen EntscheidungsträgerInnen heran (Bell 1985; Sykes 2000; Helms, Van Esch und Crawford 2019). Eine tiefergehende Untersuchung, inwiefern sich diese Art von EntscheidungsträgerInnen in ihren politischen Überzeugungen von anderen EntscheidungsträgerInnen unterscheiden, ist bislang ausgeblieben. Mithilfe unseres Datensatzes lässt sich eine erste Einschätzung in Bezug auf diese Frage vornehmen, da die politischen Überzeugungen (*operational codes*) von denjenigen deutschen EntscheidungsträgerInnen, die sich als *conviction leaders* einstufen lassen, mit den Überzeugungen von denjenigen Führungspersonen verglichen werden können, die in ihrer Amtszeit einen pragmatischen Führungsstil pflegten. Wir konzentrieren uns dabei nachfolgend auf die deutschen Bundeskanzler.

Wichtig ist es zu betonen, dass *conviction leadership* keine grundlegenden Führungseigenschaften von EntscheidungsträgerInnen meint, wie sie im LT-Ansatz zu finden sind. Vielmehr geht es zuvorderst um das Handeln und Entscheiden in bestimmten Kontexten bzw. bezogen auf konkrete Sachverhalte, welches geprägt ist von bestimmten Überzeugungen. Von daher nutzen wir für die Analyse nicht den begrifflich auch auf „Führung" abhebenden LT-Ansatz, sondern den OC-Ansatz.

Im weiteren Verlauf geht es also um die Frage, ob *conviction leaders* systematisch andere politische Überzeugungen aufweisen als *pragmatic leaders*. Um dieser Frage nachzugehen, führen wir zunächst an, welche Bundeskanzler aus unserer Sicht die von Helms, Van Esch und Crawford (2019) angeführten Kriterien von *conviction leadership* erfüllen. Dies sind Willy

Brandt bezogen auf die Neue Ostpolitik, Helmut Kohl mit Blick auf die Währungsunion und Angela Merkel bezüglich der „Flüchtlingskrise". Zwar lassen sich auch bei weiteren deutschen Bundeskanzlern Anzeichen für *conviction leadership* feststellen.[57] Unserer Beurteilung nach handelt es sich bei den drei angeführten Bundeskanzlern und Entscheidungskontexten aber um die eindeutigsten Fälle. Anschließend formulieren wir Annahmen dahingehend, in welchen politischen Überzeugungen sich die Gruppe der *conviction leaders* von den weiteren deutschen EntscheidungsträgerInnen unterscheiden sollte, und überprüfen diese anhand der Projektdaten.

*Deutsche* conviction leaders*: Brandt, Kohl und Merkel*

Mit seiner Ostpolitik offenbarte Brandt Überzeugungen, die er Zeit seines politischen Wirkens beibehalten wird, auch in sehr unterschiedlichen Entscheidungskontexten. Bereits 1962 und 1963 warb er in Reden in Harvard und Tutzing um die Entspannung in der Beziehung mit dem Ostblock (Bundeskanzler-Willy-Brandt-Stiftung 2019; Weber 2013). Sein Engagement für dieses Konzept entsteht damit, bevor er in das Amt des Außenministers (und später Bundeskanzlers) eintritt. Er behält diese Überzeugung über beide Ämter hinaus bei und erfüllt damit die Bedingungen des ersten Indikators. Auch die von Helms, Van Esch und Crawford (2019) geforderte Verteidigung der Überzeugungen selbst im Angesicht der Verletzung von eigenen politischen Interessen ist in Brandts Fall eindeutig vorhanden. Sein Festhalten an der Ostpolitik insbesondere in Form der Ostverträge, welche die Beziehung zu den Ostblockstaaten in eine neue Periode des Friedens und der Zusammenarbeit überführen sollten, kostete Brandt beinahe sein Amt als Bundeskanzler. Die aus CDU/CSU bestehende Opposition und Mitglieder des eigenen Koalitionspartners FDP sahen in den Verträgen eine Gefahr für die deutsche Wiedervereinigung. Am 24. April 1972 reichte Oppositionsführer Barzel (CDU) den Antrag auf ein Konstruktives Misstrauensvotum ein. Mit nur zwei Stimmen verfehlte die Opposition knapp die notwendige Mehrheit. Während des Misstrauensvotums liefen auch Anhänger des Regierungslagers zur Opposition über, darunter der Minister für gesamtdeutsche Fragen, Erich Mende (FDP), und der Vorsitzende des Bundes der Vertriebenen, Hubert Hupka (SPD). Die Unterstüt-

---

57 So erfüllt unter anderem Adenauers Vorantreiben der Westbindung der Bundesrepublik zumindest das erste von Helms et al. genannte Merkmal von *conviction leadership*. Anders als bei den in diesem Unterkapitel angeführten Fällen, sehen wir aber nicht alle der weiteren Merkmale als ausreichend erfüllt an, um Adenauer unserer Analyse hinzuzufügen.

zung für die Ostpolitik ließ damit selbst innerhalb der eigenen Koalition nach, womit das dritte Kriterium des Konzepts als erfüllt angesehen werden kann. Das gilt auch in Bezug auf die Einstellung innerhalb der Bevölkerung, denn insbesondere in der Frage der Anerkennung der Oder-Neiße-Grenze war eine Mehrheit ablehnend eingestellt (Hoeres 2013: 399). Nichtsdestotrotz hielt Brandt an seiner Politik fest, die ihre ethische Dimension durch die Idee der Aussöhnung mit Staaten erhielt, denen in der Vergangenheit mit Feindschaft begegnet wurde. Brandt wurde für seine Politik 1971 mit dem Friedensnobelpreis ausgezeichnet. Somit halten wir fest, dass Brandt als *conviction leader* eingeordnet werden kann.

Für Helmut Kohl gehörte die Durchsetzung einer Währungsunion schon früh zum Bild eines geeinten Europas (Loth 2013: 458). Diese Haltung, wenn auch spät öffentlich gemacht, bewahrte er sich auch im Kontext der Wiedervereinigung und starker Wandlung des politischen Entscheidungskontextes: Kohl hielt an seinem Europakurs fest, auch nachdem er die Bundestagswahl 1994 nur knapp gewonnen hatte. Die Niederlage gegen Gerhard Schröder 1998 erfolgte vor allem aufgrund der Wirtschaftspolitik von Kohls Regierung, zu der auch die Euro-Einführung zählte. Somit stand er für seine Überzeugungen auch angesichts des politischen Machtverlustes ein. Trotz schwindender Unterstützung im eigenen politischen Lager und der eher ablehnenden Haltung der Deutschen gegenüber dem Vorhaben, behielt er den Kurs bei. Innenpolitisch traf Kohl auf deutlichen Widerstand, was diese Politik angeht, sowohl in der Opposition als auch im eigenen Lager. Der spätere SPD-Kanzlerkandidat Schröder bezeichnet die Euro-Einführung als „kränkelnde Frühgeburt", während sich in den eigenen Reihen Edmund Stoiber und Kurt Biedenkopf äußerst skeptisch zeigten (Ummen 1997; Didzoleit et al. 2001). Führende Ökonomen wendeten sich gegen das Vorhaben und riefen sogar das Bundesverfassungsgericht an, um die Einführung zu stoppen (Plickert 2017; Darnstädt 1998). Auch innerhalb der deutschen Bevölkerung war die Ablehnung gegenüber dem Vorhaben groß. Die Deutschen machten bei Umfragen regelmäßig die euroskeptischste Gruppe der zukünftigen Mitglieder der Währungsunion aus (Didzoleit et al. 2001). Aber für Kohl war die Fortführung der europäischen Einheit auch mithilfe der gemeinsamen Währung der Schlüssel für die Friedenspolitik in Europa und die Garantie für die bestehende europäische Zusammenarbeit nach den verheerenden Konflikten des 20. Jahrhunderts. Auch ihn kann man dementsprechend zur Gruppe der *conviction leaders* zählen.

Angela Merkels Umgang mit der Flüchtlingskrise trägt ebenfalls die Merkmale von *conviction leadership*. Helms, Van Esch und Crawford haben die Bundeskanzlerin bereits aus dieser Perspektive untersucht und kommen zu folgendem Schluss:

> „In der Summe der Ereignisse offenbarte Merkels Führungsverhalten auch, und ganz besonders, im Rahmen der Flüchtlingskrise deutliche Merkmale von *conviction leadership*. In Übereinstimmung mit unserem ersten Indikator ist zunächst feststellen, dass die Kanzlerin, nachdem sie die humanitäre Dramatik der Herausforderung vollständig realisiert hatte, allen Turbulenzen zum Trotz an ihrer Überzeugung festhielt, dass Deutschland den Flüchtlingen helfen müsse – ohne Festsetzung einer absoluten ‚Obergrenze‘. Zweitens war ihr Festhalten an ihrer Grundposition eindeutig nicht an der Sicherung persönlicher Interessen oder Vorteile orientiert. Vielmehr nahm Merkel deutlich nachlassende persönliche Popularitätswerte und Unterstützungswerte seitens der deutschen Bevölkerung, bis hin zu öffentlichen Diffamierungen, in Kauf. Hinzu kamen, drittens, schwere interne Zerwürfnisse innerhalb auch des eigenen politischen Lagers und eine wachsende Opposition europäischer Partner. Deutlicher als bei der Bewältigung der Euro-Krise zeigte sich im Kontext der Flüchtlingskrise schließlich, viertens, auch ein starkes ethisches Moment, bei dem es zum einen um den hohen Stellenwert europäischer Solidarität, zum anderen um eine universalistisch geprägte Humanität ging" (Helms, Van Esch und Crawford 2019: 188-189).

*Operationalisierung von* conviction leadership

Ausgehend von den Indikatoren von Helms, Van Esch und Crawford (2019) bieten sich aus unserer Sicht insbesondere die folgenden Verknüpfungen zwischen politischen Überzeugungen und dem Konzept der *conviction leadership* an. *Conviction leaders* sollten stärker als *pragmatic leaders* davon überzeugt sein, ihre politischen Werte und Ziele durchsetzen zu können (P-2). Um an ihrem politischen Handeln auch im Angesicht von deutlichem Widerstand aus dem eigenen Lager und der Bevölkerung festzuhalten, sollte trotz dieser widrigen Umstände die Überzeugung bestehen, ihre Ziele durchsetzen zu können, eventuell um den Preis des politischen Machtverlustes. Dies schließt sich an die von Helms, Van Esch und Crawford definierten zweiten und dritten Indikatoren an, mit denen die Verteidigung der eigenen Position im Kontext des Widerstands und der Gefahr des eigenen Machtverlustes als Merkmale von *conviction leadership* benannt wird.

*H1:* Conviction leaders besitzen *höhere P-2-Werte* als pragmatic leaders.

Ähnlich sollte es sich für die Überzeugung von *conviction leaders* verhalten, das politische Geschehen kontrollieren können (P-4). Um politische Überzeugungen auch gegen den Widerstand der Bevölkerung und der Opposition wie auch gegenüber Akteuren im eigenen politischen Lager durchsetzen zu können, sollte der oder die politische EntscheidungsträgerIn davon überzeugt sein, trotz dieser Entwicklungen ein hohes Maß an Kontrolle über den politischen Entscheidungsprozess auszuüben, um die eigenen Vorstellungen verwirklichen zu können. Auch hier ergibt sich die Anbindung an die von Helms, Van Esch und Crawford (2019) definierten Indikatoren für *conviction leadership*, die das Bestehen von derartigem Widerstand zur Bedingung machen.

*H2:* Conviction leaders besitzen *höhere P-4-Werte* als pragmatic leaders.

Schließlich sollte für die Verknüpfung zwischen dem OC-Ansatz und *conviction leadership* auch eine der instrumentellen Überzeugungen von Bedeutung sein. I-3 misst die Bereitschaft von EntscheidungsträgerInnen Risiken in Kauf zu nehmen, um ihre politischen Ziele zu verfolgen. Da *conviction leaders* sich dadurch auszeichnen, die eventuelle Gefahr des Amts- und Machtverlustes zu akzeptieren, um ihre Ziele zu realisieren, nehmen wir an, dass sie sich durch eine höhere Risikoaffinität auszeichnen als *pragmatic leaders*. Dies schließt wieder an das Konzept von Helms, Van Esch und Crawford (2019) an, welches die Bereitschaft Risiken zu tragen durch den zweiten und dritten Indikator implizit zur Bedingung für die Existenz von *conviction leadership* macht.

*H3:* Conviction leaders besitzen *höhere I-3-Werte* als pragmatic leaders.

*Diskussion der Ergebnisse*

Durch die Kategorisierung der Bundeskanzler Brandt, Kohl und Merkel als *conviction leaders* ergibt sich die Vergleichsgruppe der pragmatischen Entscheidungsträger durch die weiteren deutschen Bundeskanzler Adenauer, Erhard, Kiesinger, Schmidt und Schröder. Abbildung 5.9 zeigt die Durchschnittswerte beider Gruppen entlang der im OC-Ansatz abgebildeten politischen Überzeugungen.

*Abbildung 5.9:* *Politische Überzeugungen von pragmatic leaders und conviction leaders*

| Politische Überzeugung | Pragmatic leaders | Conviction leaders |
|:---:|:---:|:---:|
| P-1 | 0,41 | **0,54*** |
| P-2 | 0,17 | **0,27*** |
| P-3 | 0,27 | 0,28 |
| P-4 | 0,52 | 0,60 |
| P-5 | 0,86 | 0,83 |
| I-1 | 0,61 | 0,68 |
| I-2 | 0,28 | 0,31 |
| I-3 | 0,40 | 0,43 |
| I-4a | 0,39 | 0,32 |
| I-4b | 0,35 | 0,38 |
| I-5 Punish | 0,04 | 0,03 |
| I-5 Threaten | 0,02 | 0,01 |
| I-5 Oppose | 0,14 | 0,12 |
| I-5 Appeal | 0,64 | 0,66 |
| I-5 Promise | 0,02 | 0,02 |
| I-5 Reward | 0,14 | 0,16 |

Quelle: Eigene Darstellung. * p < 0,10 (zweiseitige t-Tests).

Die auf P-2 abzielende Annahme, dass *conviction leaders* deutlich stärker davon überzeugt sind, die eigenen politischen Ziele durchsetzen zu können als *pragmatic leaders*, wird bestätigt. Die Gruppe der *conviction leaders* verzeichnet diesbezüglich einen signifikant höheren Durchschnittswert. Dies spricht für die getroffene Vermutung, dass sich *conviction leaders* durch die Überzeugung auszeichnen, ihre politischen Vorhaben und Wertvorstellungen verwirklichen zu können. Die Ergebnisse zur Überzeugung, das politische Geschehen kontrollieren zu können (P-4), fallen demgegenüber nicht so eindeutig aus. Zwar liegt der Durchschnittswert der Gruppe der *conviction leaders* wie erwartet über demjenigen der *pragmatic leaders*. Der Unterschied ist allerdings statistisch nicht signifikant. *Conviction leaders* sind also nicht zwangsweise deutlich stärker davon überzeugt, die Kontrolle über den politischen Entscheidungsprozess beibehalten zu können. Ähnliches lässt sich Bezug auf die Risikoaffinität (I-3) beider Gruppen von EntscheidungsträgerInnen feststellen. Die Annahme, dass *conviction leaders* eher dazu bereit sind Risiken einzugehen als *pragmatic leaders*, kann nicht bestätigt werden.

Der Vergleich der Durchschnittswerte offenbart allerdings einen signifikanten Unterschied zwischen den Gruppen für eine politische Überzeugung, für welche wir keine Annahme getroffen hatten. Die Gruppe der *conviction leaders* schätzt das politische Universum und die darin agierenden Akteure („others") signifikant positiver ein (P-1) als die Gruppe der *pragmatic leaders*. Dies erscheint auf den ersten Blick durchaus plausibel, da eine positive Sichtweise auf Dritte und damit die Wahrnehmung eines freundlichen politischen Umfelds wichtige Impulse (in Form von Möglichkeitsräumen) für die Verfolgung der eigenen Überzeugungen bieten sollte. Allerdings würden wir argumentieren, dass *conviction leaders* auch dann an der Umsetzung ihrer Überzeugungen arbeiten sollten, wenn sich das Umfeld gegenteilig, also konfliktiv darstellt und damit nicht förderlich für die Zielerreichung erscheint. Von daher würden wird die Wahrnehmung eines positiven Umfelds weiterhin nicht als zentralen Indikator für *conviction leadership* anführen.

*Fazit*

Die Untersuchung zeigt, dass deutsche *conviction leaders* sich in zwei Überzeugungen signifikant von *pragmatic leaders* unterscheiden. Insbesondere ihre stärkere Überzeugung die eigenen politischen Ziele durchsetzen zu können, liefert einen Erklärungsansatz für die von Helms, Van Esch und Crawford (2019) thematisierte Tendenz von *conviction leaders*, ihre politischen Interessen den eigenen Überzeugungen hintan zu stellen. Demgegenüber sind die zwischen den Gruppen sehr ähnlichen Werte in Bezug auf ihre Risikoaffinität sowie hinsichtlich der Überzeugung, das politische Geschehen kontrollieren zu können, überraschend.

## 5.6 Die Themenspezifität von politischen Überzeugungen: Außenpolitik, Europapolitik und Sicherheitspolitik

*Europapolitik und Sicherheitspolitik als „besondere" Bereiche der deutschen Außenpolitik?*

Außenpolitik ist ein vielschichtiges Phänomen. Sie kann beispielsweise in unterschiedliche Phasen unterteilt werden. Diese reichen von der Problemdiagnose über die Formulierung von Handlungsoptionen hin zum Entscheidungsprozess und der eigentlichen Entscheidung bis schließlich zur Implementierung dieser Entscheidung (Brummer und Oppermann 2019: 3). Außenpolitik umfasst zugleich eine ganze Reihe von unterschiedlichen thematischen Bereichen. Hierzu gehören etwa die auswärtige Kulturpolitik, die Außenhandelspolitik und die Entwicklungspolitik ebenso wie die Europapolitik und die Sicherheitspolitik. Letzteren wird dabei jedoch eine Sonderstellung zugewiesen. In diesem Sinne betont Janning: „Im Feld der deutschen Außenpolitik bildet die Europapolitik neben der Sicherheitspolitik die zentrale außenpolitische Handlungsebene" (Janning 2007: 747).

Vor diesem Hintergrund gehen wir in dieser Anwendung der Frage nach, ob sich die vermeintliche Sonderstellung von Europapolitik und Sicherheitspolitik in unterschiedlichen Ausprägungen der politischen Überzeugungen (operational codes) der deutschen außenpolitischen EntscheidungsträgerInnen widerspiegelt. Entsprechend kommt das Kodierungsschema für OC-Analysen zur Anwendung. Wir unterteilen dabei Außenpolitik in die Bereiche „Europapolitik", „Sicherheitspolitik" – hier bezogen auf die Entsendung der Bundeswehr in Auslandseinsätze – und „Weitere Außenpolitik" (d.h. Außenpolitik ohne Bezug zu Europa oder zu Militäreinsätzen).[58]

*Mögliche Unterschiede zwischen den Themenfeldern und deren Erfassung*
Militäreinsätze im Ausland erfolgen unvermeidlich in einem konfliktiven politischen Kontext, bei dem ein bestimmter Teil des außenpolitischen Instrumentariums eines Landes (eben: Streitkräfte) zum Einsatz kommt. Von daher ließe sich für den Bereich „Sicherheitspolitik" beispielsweise erwarten, dass EntscheidungsträgerInnen die Natur des politischen Universums und damit den „Anderen" (other) als eher feindlich einstufen (P-1), Entwicklungen als weniger vorhersehbar erachten (P-3) und damit verbunden dem Zufall eine größere Rolle zuweisen (P-5). Diese Perspektiven sollten sich auch in der Mittelwahl niederschlagen, wo sich erwarten ließe, dass konfliktivere Strategien (I-1) und die damit verbundenen Instrumente wie „threaten" oder gar „punish" (I-5) maßgeblich sind.

Im Vergleich dazu könnten die Sichtweisen auf „Europa" deutlich positiver ausfallen. So ist der europäische Integrationsprozess nicht nur nach innen geprägt von Triebkräften und Mechanismen wie Werteorientierung, Aussöhnung, Ausgleich, Verhandlung und Kooperation. Auch im Außenverhalten gelten diese Aspekte als charakteristisch für die „normative Macht" Europa (Manners 2002). Entsprechend sollten die Sichtweisen auf Europa durchaus freundlicher bzw. kooperativer ausfallen (P-1), verbunden etwa mit einer größeren Verlässlichkeit, die sich aus den dichten Vertrags- und Regelwerken der heutigen EU ergibt (P-3). Zugleich sollten bei-

---

58  Siehe hierzu auch die Ausführungen zur Datensammlung in Kapitel 4.3.

spielsweise kooperative Strategien, die sich schon allein aus den auf die Bildung von Mehrheiten abzielenden Entscheidungsregeln (etwa qualifizierte Mehrheiten im Rat der EU) ergeben, im Vordergrund stehen (I-1) und sich in der Auswahl der konkreten Instrumente wie „promise" oder „reward" niederschlagen.

Erwartungen für die „Weitere Außenpolitik" sind demgegenüber deutlich schwieriger zu formulieren, da hierunter eine Vielzahl weiterer außenpolitischer Handlungsbereiche subsumiert wird. Gleichwohl nehmen wir an, dass die Bereiche Sicherheitspolitik und Europa in der Tendenz die jeweils „extremen" Ausprägungen von konfliktivem Umfeld und konfliktiven Instrumentarien (Sicherheitspolitik) auf der einen Seite und kooperativem Umfeld und kooperativen Instrumentarien (Europa) auf der anderen Seite darstellen. Weitere außenpolitische Fragen würden sich gemäß dieser Logik zwischen diesen „Polen" bewegen, mit entsprechend tendenziell „positiveren" Ausprägungen der Überzeugungen im Vergleich zur Sicherheitspolitik und „negativeren" Ausprägungen im Vergleich zu Europa.

Als nächstes stellte sich die Frage, wie etwaige in die skizzierten Richtungen gehende Unterschiede erfasst werden könnten. Vom Design her ähnelt die folgende Diskussion einem Aufsatz von Walker und Schafer (2000). Diese untersuchten mit Blick auf die Eskalation des Vietnamkonflikts durch den amerikanischen Präsidenten Lyndon B. Johnson, inwieweit sich dessen politische Überzeugungen zwischen November 1964 und Juli 1965 in drei unterschiedlichen Themenfeldern voneinander unterschieden haben. Die Themenfelder waren Innenpolitik („domestic"), Außenpolitik jenseits von Vietnam („foreign") und Außenpolitik mit Blick auf Vietnam („Vietnam"). Walker und Schafer zeigten, dass sich Johnsons politische Überzeugungen mit Blick auf Vietnam teilweise deutlich von denjenigen in den beiden anderen Themenfeldern abhoben. Dies gilt sowohl für seine philosophischen Überzeugungen als auch für seine instrumentellen Überzeugungen. So hatte Johnson bezogen auf Vietnam eine merklich konfliktivere bzw. feindlichere Einschätzung des politischen Umfelds (P-1) sowie eine deutlich pessimistischere Einschätzung hinsichtlich der Erreichung der eigenen Ziele (P-2) als in den beiden anderen Bereichen. Zugleich wies Johnson konfliktiven Strategien im Allgemeinen (I-1) sowie konkret den Instrumenten „threaten" (I-5e) und „punish" (I-5f) einen deutlich größeren Nutzen mit Blick auf Vietnam bei.

Trotz mehrerer Parallelen gehen wir nachfolgend in zweifacher Hinsicht über die Studie von Walker und Schafer hinaus. Erstens unterscheiden wir zwischen nunmehr drei Bereichen der Außenpolitik, in Form von „Europapolitik", „Sicherheitspolitik" und „Weitere Außenpolitik". Und zweitens beziehen wir uns nicht auf einen einzelnen Akteur, sondern auf mehr als ein Dutzend Bundeskanzler und Außenminister. Auf diese Weise werden grundsätzlichere Sichtweisen auf die jeweiligen Handlungsbereiche deutlich. Hieraus sollte sich eine größere Aussagekraft ergeben als aus personenbezogenen Studien, da diese infolge der angeführten Volatilität und Veränderbarkeit von politischen Überzeugungen möglicherwiese nur Momentaufnahmen darstellen. Je nach Erkenntnisinteresse können selbstverständlich auch diese wichtig sein (wie etwa für US-Präsident Johnson für einen Zeitraum von weniger als einem Jahr). Unsere Frage nach grundsätzlichen Unterschieden zwischen Themenbereichen sollte mit der eingenommenen längerfristigen Perspektive allerdings besser beantwortbar sein.

Bei den jeweils gepaarten Vergleichen ist die Zeitspanne unterschiedlich lang ausgeprägt. Der Vergleich zwischen „Weiterer Außenpolitik" und „Europapolitik" setzt mit der Gründung der Bundesrepublik ein. Demgegenüber beziehen sich die Vergleiche „Weitere Außenpolitik" und „Sicherheitspolitik" sowie „Europapolitik" und „Sicherheitspolitik" jeweils auf die Jahre nach 1990, als Einsätze der Bundeswehr im Ausland überhaupt erst zum Thema wurden. Entsprechend haben wir die für die Erhebung von politischen Überzeugungen kompilierten Sprechakte der Bundeskanzler und Außenminister (siehe Kapitel 3.3.) in diese drei Handlungsbereiche sowie in die jeweiligen Zeitfenster unterteilt und mit dem Kodierungsschema für OC-Analysen ausgewertet. Die Ergebnisse sind in Abbildung 5.10 (Weitere Außenpolitik „versus" Europapolitik), Abbildung 5.11 (Weitere Außenpolitik „versus" Sicherheitspolitik) und Abbildung 5.12 (Europapolitik „versus" Sicherheitspolitik) dargestellt.

Abbildung 5.10: Die Themenspezifität von politischen Überzeugungen: Weitere Außenpolitik und Europapolitik

| Themenfeld Überzeugung | Weitere Außenpolitik (seit 1949) | Europapolitik (seit 1949) |
|---|---|---|
| P-1 | 0,46 | **0,50*** |
| P-2 | 0,22 | 0,24 |
| P-3 | 0,26 | 0,27 |
| P-4 | 0,57 | 0,56 |
| P-5 | 0,85 | 0,85 |
| I-1 | 0,63 | 0,66 |
| I-2 | 0,29 | 0,31 |
| I-3 | 0,41 | 0,43 |
| I-4a | 0,37 | 0,34 |
| I-4b | 0,36 | 0,36 |
| I-5 Punish[a] | 0,03 | **0,03*** |
| I-5 Threaten | 0,02 | **0,01**** |
| I-5 Oppose | 0,13 | 0,13 |
| I-5 Appeal | 0,65 | 0,65 |
| I-5 Promise | 0,02 | 0,02 |
| I-5 Reward | 0,15 | 0,16 |

Quelle: Eigene Darstellung. * p < 0,10; ** p < 0,05 (zweiseitige t-Tests).

a: Die nicht gerundeten Durchschnittswerte für „I-5 Punish" lauten 0,0323 für „Weitere Außenpolitik" und 0,0251 für „Europapolitik".

Abbildung 5.11: Die Themenspezifität von politischen Überzeugungen: Weitere Außenpolitik und Sicherheitspolitik

| Überzeugung | Themenfeld | Weitere Außenpolitik (seit 1990) | Sicherheitspolitik (seit 1990) |
|---|---|---|---|
| P-1 | | 0,51 | **0,42*** |
| P-2 | | 0,26 | **0,20*** |
| P-3 | | 0,25 | **0,22*** |
| P-4 | | 0,73 | **0,55**** |
| P-5 | | 0,81 | **0,88**** |
| I-1 | | 0,72 | 0,69 |
| I-2 | | 0,34 | 0,35 |
| I-3 | | 0,43 | **0,37*** |
| I-4a | | 0,29 | 0,31 |
| I-4b | | 0,39 | **0,48*** |
| I-5 Punish | | 0,02 | **0,03*** |
| I-5 Threaten | | 0,02 | 0,02 |
| I-5 Oppose | | 0,10 | 0,10 |
| I-5 Appeal | | 0,66 | **0,60*** |
| I-5 Promise | | 0,03 | 0,03 |
| I-5 Reward | | 0,18 | **0,21*** |

Quelle: Eigene Darstellung. * $p < 0,05$; ** $p < 0,01$ (zweiseitge t-Tests).

*Abbildung 5.12: Die Themenspezifität von politischen Überzeugungen: Europapolitik und Sicherheitspolitik*

| Themenfeld<br>Überzeugung | Europapolitik<br>(seit 1990) | Sicherheitspolitik<br>(seit 1990) |
|---|---|---|
| P-1 | 0,52 | **0,42**\*\* |
| P-2 | 0,26 | **0,20**\*\* |
| P-3 | 0,26 | **0,22**\*\*\* |
| P-4 | 0,64 | **0,55**\* |
| P-5 | 0,82 | **0,88**\*\* |
| I-1 | 0,67 | 0,69 |
| I-2 | 0,33 | 0,35 |
| I-3 | 0,40 | 0,37 |
| I-4a | 0,33 | 0,31 |
| I-4b | 0,39 | **0,48**\*\* |
| I-5 Punish | 0,02 | 0,03 |
| I-5 Threaten | 0,01 | 0,02 |
| I-5 Oppose | 0,13 | **0,10**\* |
| I-5 Appeal | 0,64 | 0,60 |
| I-5 Promise | 0,03 | 0,03 |
| I-5 Reward | 0,17 | **0,21**\*\* |

Quelle: Eigene Darstellung. $*$ $p < 0,10$; $**$ $p < 0,05$; $***$ $p < 0,01$ (zweiseitige t-Tests).

*Diskussion der Ergebnisse*

Die in den Abbildungen angeführten Ergebnisse verdeutlichen zweierlei. Erstens lassen sich kaum nennenswerte Unterschiede zwischen den Bereichen „Weitere Außenpolitik" und „Europapolitik" feststellen (Abbildung 5.10). Die politischen Überzeugungen der deutschen Bundeskanzler und Außenminister sind hier sehr ähnlich. Die wenigen Unterschiede, die auch statistisch signifikant sind, sind wie zuvor angenommen: So haben die deutschen EntscheidungsträgerInnen eine positivere Sichtweise auf das „europäische politische Universum" im Vergleich zur Außenpolitik im Allgemeinen (P-1). Zugleich weisen sie mit Blick auf Europa den konfliktiven Instrumenten „Punish" und „Threaten" (I-5) noch weniger Nutzen zu. Europapolitik wird somit „leicht" anders im Sinne von positiver und kooperativer wahrgenommen als die weitere Außenpolitik; die Unterschiede halten sich jedoch in Grenzen.

Demgegenüber lässt sich, zweitens, für die Sicherheitspolitik festhalten, dass diese deutlich anders wahrgenommen wird im Vergleich sowohl zu anderen Bereichen der Außenpolitik (Abbildung 5.11) als auch zur Europapolitik (Abbildung 5.12) (wobei sich Weitere Außenpolitik und Europapolitik, wie angeführt, weitgehend ähneln). Die meisten Unterschiede, die sich als statistisch signifikant erweisen, gehen auch in die angenommene Richtung. Auffällig ist, dass sich statistisch signifikante Unterschiede in sämtlichen philosophischen Überzeugungen ergeben. So wird im Bereich der Sicherheitspolitik das politische Umfeld als deutlicher konfliktiver bzw. feindlicher wahrgenommen als in den beiden anderen Bereichen (P-1). Zudem werden die Aussichten zur Umsetzung der eigenen politischen Ziele pessimistischer eingestuft (P-2) und Entwicklungen generell als weniger vorhersehbar bewertet (P-3). Entsprechend sehen die EntscheidungsträgerInnen auch deutlich weniger die Kontrolle über die Entwicklungen bei sich selbst liegen (P-4), schätzen dafür aber die Rolle des Zufalls als stärker ein (P-5).

Die Diskrepanz zwischen der Sicherheitspolitik auf der einen und der Weiteren Außenpolitik bzw. der Europapolitik auf der anderen Seite in den instrumentellen Überzeugungen sind nicht ganz so ausgeprägt wie bei den philosophischen Überzeugungen. Gleichwohl lässt sich auch hier eine ganze Reihe von Unterschieden feststellen. Diese zeigen jedoch teilweise in unerwartete Richtungen. So wird beispielsweise in der Sicherheitspolitik scheinbar eher auf das Instrument „Reward" (I-5) gesetzt als in den beiden anderen Bereichen, und im Vergleich zur Europapolitik weniger stark auf „Oppose" (I-5). Dass im Bereich der Sicherheitspolitik eine geringere Risikoneigung zu sehen ist im Vergleich zur Außenpolitik allgemein (I-3) ist ebenfalls überraschend. Dies könnte aber mit der Reich- bzw. Tragweite von Militäreinsätzen zusammenhängen, bei denen EntscheidungsträgerInnen Risiken soweit wie möglich minimieren möchten. Die anderen signifikanten Unterschiede entsprechen hingegen eher unseren Erwartungen. So lässt sich für die Sicherheitspolitik eine höhere Flexibilität bei der Auswahl der Instrumente (I-4b) festhalten als in den beiden anderen Bereichen, was als Teil strategischer oder zumindest taktischer Überlegungen (Handlungsspielräume offenhalten etc.) gesehen werden kann. Beim Vergleich der Sicherheitspolitik zur Außenpolitik wird bei ersterer mehr auf das Instrument „Punish" (I-5) gesetzt und weniger auf „Appeal" (I-5)

*Fazit*

Die Ausführungen legen nahe, dass Europapolitik trotz aller Verflechtungen und historisch gewachsener Beziehungen vielleicht doch gar nicht so anders wahrgenommen (philosophische Überzeugungen) wie auch durchgeführt (instrumentelle Überzeugungen) wird wie andere Bereiche der deutschen Außenpolitik. Die wenigen signifikanten Unterschiede zur Außenpolitik im Allgemeinen verweisen jedoch in die vermutete – harmonischere und kooperativere – Richtung. Demgegenüber stellt sich der Bereich der Sicherheitspolitik gerade mit Blick auf das – merklich konfliktiver und als weniger kontrollierbar wahrgenommene – politische Umfeld (philosophische Überzeugungen) deutlich anders dar im Vergleich zur weiteren Außenpolitik wie auch zur Europapolitik. Mit Blick auf die Instrumente (instrumentelle Überzeugungen) zeigen sich ebenfalls deutliche Unterschiede. Die vereinzelt unerwarteten Werte (insb. mehr „Reward" und weniger „Oppose") könnten damit zu tun haben, mit wem man in der Sicherheitspolitik agiert. Auch wenn bei der Diagnose die negativ wahrgenommenen „Anderen" im Mittelpunkt stehen dürften, finden sich bei den Ausführungen zu den anvisierten Maßnahmen gegenüber Dritten auch Verweise auf das gemeinschaftliche Vorgehen Deutschlands mit seinen Partnern im Rahmen von internationalen Organisationen (v.a. NATO und EU). Hieraus könnte die Hervorhebung von bestimmten kooperativen Instrumenten in der an sich konfliktiv wahrgenommenen Sicherheitspolitik resultieren.

# 6. Bilanz und Ausblick

In diesem abschließenden Kapitel fassen wir zunächst die zentralen Zielsetzungen und Ergebnisse dieses Bandes zusammen (Kapitel 6.1). Im zweiten und letzten Schritt richtet sich der Blick nach vorne. Es folgen Hinweise auf mögliche Ansatzpunkte für die künftige Forschung in empirischer wie auch in konzeptioneller Hinsicht, die sich aus unserem Projekt ergeben (Kapitel 6.2).

## 6.1 Bilanz

Das Ziel dieses Bandes besteht darin, in der theoriegeleiteten Forschung zur deutschen Außenpolitik den Blick stärker auf die Rolle von einzelnen EntscheidungsträgerInnen zu richten. Im Mittelpunkt stehen die Bundeskanzler und Außenminister und somit die beiden zentralen Akteure der „außenpolitischen Exekutive". Um die individuellen Eigenschaften dieser Akteure auf der Grundlage von deren Äußerungen zu erfassen, haben wir auf der Basis bestehender Kodierungsschemata für englische Sprechakte Schemata für die deutsche Sprache entwickelt. Konkret geht es um die Erfassung von Führungseigenschaften „at-a-distance" mittels des *Leadership Trait*-Ansatzes (LT-Ansatz) und von politischen Überzeugungen anhand des *Operational Code*-Ansatzes (OC-Ansatz).

Diese in der theoriegeleiteten Außenpolitikforschung (*Foreign Policy Analysis*) seit Jahrzehnten etablierten Ansätze können nunmehr auch systematisch auf deutsche EntscheidungsträgerInnen angewendet werden. Um dies zu ermöglichen, reichte es jedoch nicht aus, die englischen Kodierungsschemata schlicht ins Deutsche zu übersetzen. Linguistische Eigenheiten des Deutschen bzw. Englischen machten dies unmöglich, etwa mit Blick auf Satzbau oder Nomenkomposita. Hinzu kommen geschichtliche und kulturelle Aspekte, die sich insbesondere in der Diskreditierung oder gar Tabuisierung von mit dem Nationalsozialismus verbundenen Begriffen zeigt, die im englischsprachigen außenpolitischen Diskurs geläufig sind (etwa „leader").

Wie die neuen Kodierungsschemata für LT- bzw. OC-Analysen empirisch genutzt werden können, haben wir in diesem Band anhand einer Reihe von Beispielen illustriert. Diese adressierten nicht nur Fragen, die spezifisch für die deutsche Außenpolitik diskutiert werden, sondern auch solche, die in der vergleichenden Forschung zur Rolle individueller EntscheidungsträgerInnen in der Außenpolitik von Bedeutung sind. So behandelten wir Fragen wie diejenige nach dem Einfluss von Ämterwechseln oder externen Schocks auf die Führungseigenschaften bzw. politischen Überzeugungen von außenpolitischen EntscheidungsträgerInnen ebenso wie die Frage, aus welchen Quellen sich bestimmte Ausprägungen von Führungseigenschaften bzw. Überzeugungen überhaupt speisen. Darüber hinaus gingen wir Fragen zur „Normalisierung" der deutschen Außenpolitik, zur substanziellen Grundierung von *conviction leadership* und zur (vermeintlichen) Besonderheit sowohl von Europapolitik als auch von Sicherheitspolitik im Vergleich zu anderen Bereichen der Außenpolitik nach.

Wie in der Einleitung des Bandes dargestellt, ist die Forschung zur deutschen Außenpolitik ganz überwiegend durch strukturelle Zugriffe und die Vernachlässigung von individueller Agency und umso mehr von individuellen Merkmalen der EntscheidungsträgerInnen gekennzeichnet. Die Bedeutung individualpsychologischer Faktoren wird dabei durch deduktive Überlegungen negiert und nicht etwa mittels empirischer Daten und konkurrierender Hypothesentests überprüft (vgl. Jervis 2013: 155-158; Greenstein 1992: 106). Dadurch besteht das Risiko, dass der vorhandene strukturalistische Bias in der Forschungslandschaft immer wieder reproduziert und verstärkt wird. Die *a priori* erfolgende Ausklammerung individualpsychologischer Ansätze erschwert zudem die Herausbildung komplexer Erklärungsmodelle, die Faktoren auf unterschiedlichen Analyseebenen miteinander verschränken (Hudson 2007: 6; Kaarbo 2015).

Wir haben daher einen offeneren Ansatz gewählt. Entsprechend sind die Forschungsdesigns mehrerer Fallstudien darauf ausgerichtet, Verbindungen zwischen strukturellen Variablen (Ämter, externe Schocks, Generationenzugehörigkeit etc.) und individuellen Variablen (Führungseigenschaften und Überzeugungen) herzustellen. Ein solch offenes Vorgehen eröffnet aus unserer Sicht auch einen Mehrwert für jene ForscherInnen, die sich der deutschen Außenpolitik aus der Perspektive struktureller Ansätze nähern. Dieser ergibt sich zuvorderst daraus, dass sich auf individueller Ebene wichtige empirisch beobachtbare Implikationen struktureller Ansätze finden lassen, die mit Hilfe unserer Daten und Analyseverfahren erfasst und ausgewertet werden können.

## 6.2 Ausblick

Aus unseren Arbeiten ergeben sich Hinweise für die künftige Forschung. In empirischer Hinsicht können unmittelbar aus unseren Anwendungen mehrere Ansatzpunkte abgeleitet werden. So ließe sich beispielsweise die Frage nach den „Folgen" von Ämterwechseln für weitere EntscheidungsträgerInnen stellen (etwa für Ludwig Ehrhard, der vom Wirtschaftsministerium ins Bundeskanzleramt wechselte). Mit Blick auf den Einfluss externer Schocks könnte wiederum untersucht werden, ob Ereignisse wie der Mauerfall oder der 11. September auf andere AmtsträgerInnen ebenfalls (kaum) Einfluss hatten. Durch die Erweiterungen der jeweiligen „Pools" von Akteuren ließe sich somit diskutieren, inwieweit strukturelle Faktoren mehr oder minder gleichförmig auf EntscheidungsträgerInnen wirken oder inwieweit individuelle Prädispositionen die Wirkung beeinflussen.

Eine größere Anzahl an EntscheidungsträgerInnen mit unterschiedlichen Hintergründen und Generationenzugehörigkeit würde auch die Forschung zu den möglichen Ursachen für bestimmte Ausprägungen Führungseigenschaften bzw. politischen Überzeugungen voranbringen. Hierbei ließe sich der Blick zugleich auf weitere mögliche Prägekräfte neben Kriegserfahrungen richten, wie Familienhintergrund, Bildungsgrad oder berufliche Laufbahn (Horowitz, Stam und Ellis 2015). Die Untersuchungen zu *conviction leadership* ließen sich durch noch spezifischere Analysen der politischen Überzeugungen basierend auf Aussagen, die nur das jeweilige Themenfeld betreffen, fortführen. Und für die Frage nach möglichen Besonderheiten von bestimmten außen-/politischen Handlungsfeldern ließe sich überlegen, den Bereich der „Weiteren Außenpolitik" zu untergliedern (etwa Außenhandel, Entwicklung etc.), um auf diese Weise ein noch nuanciertes Bild der politischen Überzeugungen in den verschiedenen Handlungsbereichen der Außenpolitik zu erhalten.

Darüber hinaus lassen sich aus unseren Diskussionen Hinweise für die weitere Forschung ableiten, die über die im vorliegenden Band gewählten Zugänge hinausgehen. Auf der Grundlage unserer Kodierungsschemata, die systematisch und mit hoher Reliabilität die Führungseigenschaften und politischen Überzeugungen von EntscheidungsträgerInnen erheben, ließen sich beispielsweise konkurrierende Hypothesentests zu verschiedenen strukturellen Einflüssen durchführen. Wenn etwa die durchschnittlichen Werte von Personen mit gemeinsamer Parteizugehörigkeit weniger stark voneinander abweichen als die Werte verschiedener deutscher Außenminister, dann würde dies die Annahme bestätigen, dass Parteien als Sozialisationsinstanzen größeren Einfluss auf außenpolitische Grundorientierungen haben als die Organisationskultur und funktionellen Erfordernisse des Außenministeriums. Auf ähnliche Weise ließen sich die relativen Einflüsse von Gender, Migrationserfahrung, Beruf oder Konfession erfassen und gegeneinander abwägen.

Weiterhin bieten unsere Daten und Methodik neue Möglichkeiten für Studien, in denen der Kontext und die Adressaten von Sprechakten im Vordergrund stehen. Dabei kann es sich zum Beispiel um Forschungen handeln, die den Einfluss politischer Öffentlichkeiten, etwa im Rahmen von Wahlkämpfen, auf die außenpolitische Rhetorik untersuchen. Dieser Einfluss sollte sich darin niederschlagen, dass sich Sprechakte signifikant unterscheiden abhängig davon, ob sie öffentlich und im Wahlkampf oder privat bzw. abseits wahlkampftauglicher Kontexte getätigt wurden. Diese Unterschiede, beispielsweise die Abgrenzung gegenüber Dritten, lassen sich mithilfe unserer automatisierten Sprechaktanalyse sichtbar machen und quantifizieren.

Ein weiteres Beispiel sind Forschungen, die den Einfluss von Allianzbeziehungen oder internationalen Normen untersuchen. Hier sind Unterschiede zwischen Sprechakten vor heimischem Publikum auf der einen Seite und vor internationaler Zuhörerschaft auf der anderen Seite von besonderem Interesse. Je größer diese Unterschiede sind, desto mehr spricht mutmaßlich für taktische und Opportunitätserwägungen. Je geringer die Abweichungen hingegen ausfallen, desto plausibler erscheint die Annahme zurückliegender Normeninternalisierung. Diese Beispiele sollen unterstreichen, dass die Untersuchung individualpsychologischer Variablen nicht „für sich" stehen muss, sondern zugleich die empirische Datengrundlage für strukturalistische Ansätze verbreitert und multikausale Überlegungen erleichtert.

Ein letzter Ansatzpunkt für weitergehende empirische Forschung, der zugleich auch konzeptionelle Anpassungen erforderlich macht, besteht darin, EntscheidungsträgerInnen aus anderen Zeiträumen und politischen Systemen – beispielsweise der Weimarer Republik oder dem Kaiserreich – einzubeziehen. Hierfür müsste eine Prüfung und Aufnahme von spezifischem Vokabular erfolgen, das in den jeweiligen Zeiträumen gängig war und zugleich für den LT- bzw. den OC-Ansatz als relevant betrachtet wird. Ein ähnliches Vorgehen wäre für die Analyse von EntscheidungsträgerInnen aus anderen Staaten des deutschsprachigen Raumes erforderlich. Diese wäre aber aufgrund der notwendigen Analyse und Integration etwa von spezifischen österreichischen oder schweizerischen sprachlichen Eigenheiten in die Schemata etwas aufwendiger.

Abgesehen von den sprachlichen und zeitlichen Aspekten könnte eine Version 2.0 der deutschen Kodierungsschemata durch den Vergleich und die Gegenüberstellung der Kodierungsschemata in allen vorliegenden Sprachen Potenziale aufzeigen, inwiefern die Erkennung von Indikatoren weiter verbessert werden kann. Abgesehen davon ermöglicht die Arbeit an den Kodierungsschemata in mehreren Sprachen die Erstellung von zahlenmäßig großen Norm- und damit Vergleichsgruppen, was zahlreiche neue Erkenntnisse über Führungseigenschaften und Überzeugungen liefern bzw. erst einmal die Frage klären dürfte, ob die verschiedensprachigen Schemata überhaupt miteinander vergleichbar sind.

Jede Erweiterung der bestehenden Schemata sollte auf Datenbanken wie der Kookkurrenzdatenbank oder auf ähnliche Korpora zurückgreifen, da dies die Suche nach Indikatoren erheblich beschleunigt bzw. die Qualität der Indikatoren in Form des erkannten Kontextes verbessert und somit die Anzahl an falschen Positiven geringhält. Eine aktuell vieldiskutierte Alternative für die datenbankbasierte, kontextgerichtete Recherche nach Indikatoren könnte der automatische Musterabgleich in einer sehr großen Datenmenge darstellen, wofür die in diesem Projekt gesammelten Sprechakte als Trainingsmaterial und die Indikatoren als Maßstab des Lernerfolgs einer solchen Software auf Basis der schwachen Künstlichen Intelligenz (KI) dienen könnten (Apt und Priesack 2019). Gerade für das OC-Schema könnte ein automatischer Musterabgleich leicht Erfolge liefern, da aufgrund der fehlenden Beschränkung auf spontane Sprechakte eine potenziell sehr große Menge an Trainingsdaten für die KI zur Verfügung stünde. Ließen sich die erwähnten Erweiterungen schnell umsetzen, bedürfte es bei einer KI-basierten Lösung einer kompletten Neuerstellung einer Software, die jedoch – sobald vorhanden – selbsttätig und -lernend die Indikatorenlisten erweitern könnte (siehe hierzu auch Brummer et al. 2020).

Ein letzter konzeptioneller Ansatzpunkt bestünde schließlich darin, das in diesem Band über transkribierte Sprechakte vollzogene *profiling* von EntscheidungsträgerInnen mit anderen Zugängen zu verknüpfen. Eine Möglichkeit hierfür wäre, nicht nur die Inhalte der Sprechakte zu analysieren, sondern auch die Art und Weise des Sprechens als solche (Dietrich, Hayes und O'Brien 2019). Alternativ oder aber auch zusätzlich ließe sich die nonverbale Kommunikation etwa in Form von Mimik oder Gestik ebenfalls berücksichtigen. Und wenn derlei Verbindungen zu komplex sein sollten, könnte zumindest die Textbasis für die Analyse von EntscheidungsträgerInnen auf der Grundlage von Sprechakten durch Fortschritte bei der automatisierten Transkription von Äußerungen mittels „automatic speech recognition technology" (Proksch, Wratil und Wäckerle 2019) künftig auf eine noch breitere Grundlage gestellt werden.

# Anhang

*Anleitung für das Durchführen von Analysen mithilfe der deutschen Schemata in* Profiler Plus

Analysen mithilfe von *Profiler Plus* sind in der Standardversion (online unter profilerplus.org) nach erfolgter Registrierung einfach durchzuführen. Ausgewählte Sprechakte für die Analyse können als txt-Datei (UTF-8) hochgeladen werden. Die Zusendung des Auswertungsergebnisses erfolgt dann an die vom Benutzer bzw. der Benutzerin angegebene E-Mailadresse.

Im Gegensatz zu dieser leicht handhabbaren Analyse wird im Folgenden noch auf die Schritte hingewiesen, die erforderlich sind, um aktiv an den Kodierungsschemata (nur in Verbindung mit den Programmen XERF und TERF) zu arbeiten. Für die Durchführung von Analysen mithilfe der deutschen Schemata des LT- bzw. des OC-Ansatzes werden neben den Sprechakten im txt-Format (UTF-8) noch das Programm *TreeTagger* sowie *Profiler Plus* (mind. Version 7.3.10) benötigt. Eine Analyse in der Offline-Version von *Profiler Plus* läuft wie folgt ab:

1) Die zu analysierenden Sprechakte für die Auswertung müssen für die korrekte Bearbeitung sowohl mit dem *Part-of-Speech-Tagger TreeTagger* als auch in *Profiler Plus* im txt-Format mit der Kodierung UTF-8 gespeichert werden. Die txt-Datei sollte keine Metadaten mehr enthalten.
2) Für die korrekte Analyse in *Profiler Plus* müssen die Sprechakte zudem mithilfe des *Part-of-Speech-Taggers TreeTagger* bearbeitet werden, es wird dabei jedem Token[59] die Wortart sowie die Grundform (Lemma) zugewiesen. Das Programm *TreeTagger* kann kostenfrei unter http://www.cis .uni-muenchen.de/~schmid/tools/TreeTagger/ bezogen werden und für die leichtere Bedienung mit grafischer Benutzeroberfläche versehen werden (siehe Abbildung 0-1). In einem ersten Durchlauf der Sprechakte können die Grundeinstellungen belassen werden, um eine Testversion zu erstellen. Diese enthält bei fehlerhaften oder nicht bekannten Tokens das Lemma „Unknown", welches gezielt gesucht werden kann, um bei den Sprechakten Rechtschreibfehler, doppelte Leerzeichen usw.

---

59 Wortform, worin neben Wörtern auch „Zahlen, Satz- und Sonderzeichen, abgetrennte Wortteile oder Kompositionsglieder" gezählt werden. (Schiller et al. 1995: 4)

zu identifizieren und zu beheben. Anschließend kann die korrigierte Datei erneut mit *TreeTagger* bearbeitet werden, allerdings sollte dieses Mal die Option „the token in place of unknown lemma" aktiviert werden bzw. nicht erkannte Lemmata zum Lexikon des Programms hinzugefügt werden (siehe Handbuch des Programms für eine Anleitung).

*Abbildung A-1:   Ansicht des Programms TreeTagger mit grafischer Bildoberfläche*

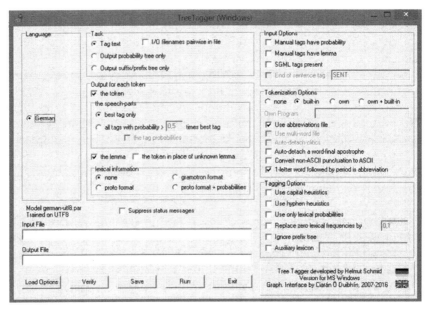

Quelle: Eigene Darstellung.

3) Sobald die getaggte Datei erstellt ist, kann diese in *Profiler Plus* verwendet werden. Voraussetzung für die Analyse deutschsprachiger Texte ist mindestens Version 7.3.10 des Programms. Zudem muss in den Optionen (Tools → Options → Parser/preprocessor → "To what extent should the language model be applied?" → Simple sentences) das interne *Tagger*-Modul für Englisch ausgeschaltet werden, da dies für die deutsche Sprache ja bereits erfolgt ist (siehe Abbildung A-2).

*Abbildung A-2: Änderungen der Option für das Tagging in Profiler Plus*

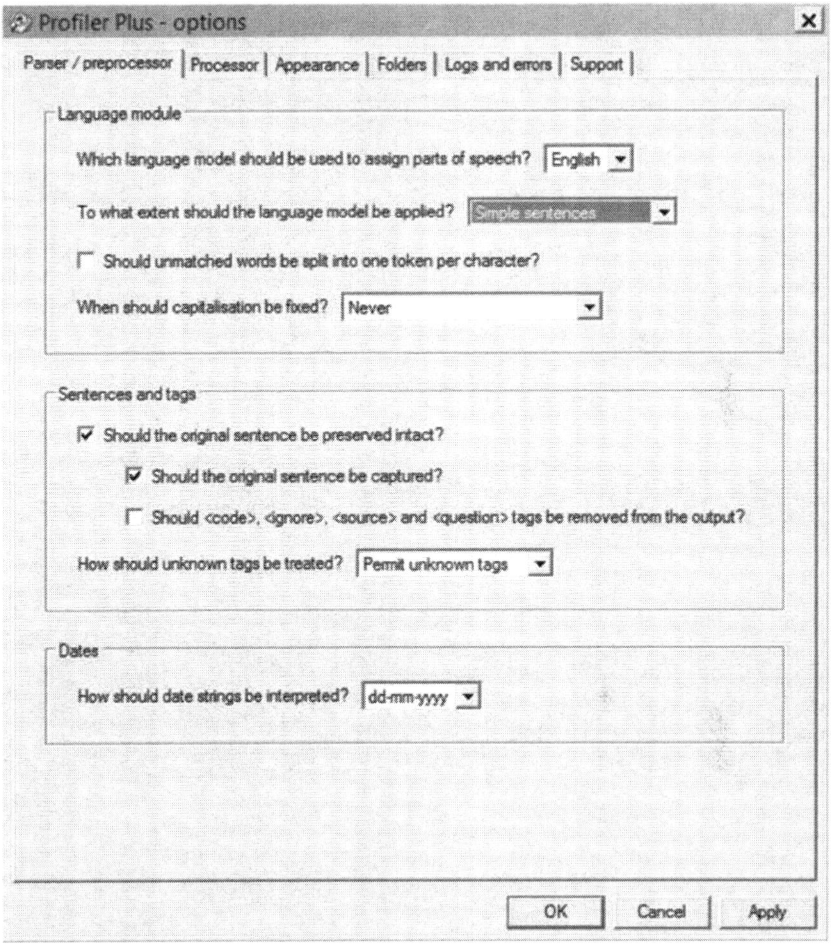

Quelle: Eigene Darstellung.

4) Für die reibungslose Anwendung des Programms muss nun noch vor der eigentlichen Kodierung das Input-Format der Sprechakte von „Plain Text" auf „Tab Delimited" geändert werden (File → Code → Input Format → Tab Delimited). Danach – wenn nicht schon voreingestellt – kann über „Set" das Schema von OP-Code-Deutsch ausgewählt

und die Analyse durchgeführt werden. Die Ergebnisse lassen sich am besten mit LibreOffice darstellen.

*Abbildung A-3:*  *Wechsel des Eingangstextformats von unbearbeitetem Text (plain text) zu tabulatorgetrenntem Format (tab delimited) im Kodierungsmenü*

Quelle: Eigene Darstellung.

# Quellen- und Literaturverzeichnis[60]

Adam, Anatol (2011) *Deutschlands Außen- und Sicherheitspolitik unter der Regierung Merkel und Westerwelle: Ambitionen und Interessen einer europäischen Mittelmacht.* Bonn: Friedrich-Ebert-Stiftung.

Adcock, Robert, und David Collier (2001) Measurement Validity: A Shared Standard for Qualitative and Quantitative. *American Political Science Review* 95(3), 529-546.

Allison, Graham T. (1969) Conceptual Models and the Cuban Missile Crisis. *American Political Science Review* 63(3), 689-718.

Allison, Graham T. (1971) *Essence of Decision: Explaining the Cuban Missile Crisis.* Boston: Little, Brown and Company.

Allison, Graham T., und Philip Zelikow (1999) *Essence of Decision: Explaining the Cuban Missile Crisis*, 2. Auflage. New York: Longman.

Ankel, Danae (2011) *Der außenpolitische Handlungsspielraum der Regierung Merkel in der Griechenlandkrise 2010: Eine Analyse der innerstaatlichen Restriktionen der deutschen Bundesregierung in den europäischen Verhandlungen zum Hilfspaket für Griechenland.* Arbeitspapiere zur Internationalen Politik und Außenpolitik (AIPA). Lehrstuhl für Internationale Politik und Außenpolitik der Universität zu Köln.

Artmann, Stefan et al. (2016) Auf dem Weg zur globalen Verantwortung? Die deutsche Außenpolitik im Wandel. *Zeitschrift für Außen- und Sicherheitspolitik* 9(1), 149-154.

Ashby, Ned (1969) *Schumacher and Brandt: The Divergent Operational Codes of Two German Socialist Leaders.* Stanford University.

Auswärtiges Amt (2018) Reden. Abrufbar unter: https://www.auswaertiges-amt.de/de/newsroom/web-archiv/archivreden-node (letzter Zugriff: 16.1.2018).

Baker, Peter (2018) How Trump's Election Shook Obama: 'What if We Were Wrong?' *New York Times*, 30. Mai. Abrufbar unter: https://www.nytimes.com/2018/05/30/us/politics/obama-reaction-trump-election-benjamin-rhodes.html (letzter Zugriff: 2.12.2019).

Bandulet, Bruno (1970) *Adenauer zwischen West und Ost.* München: Weltforum.

Banerjee, Jyotirmoy (2000) United Germany's Role in the Post-Cold War Era. *International Studies* 37(1), 41-59.

Baring, Arnulf (1969) *Außenpolitik in Adenauers Kanzlerdemokratie.* München et al.: Oldenbourg.

---

60 Informationen zu den Sprechakten, die für die Erstellung der „Profile" der deutschen EntscheidungsträgerInnen herangezogen wurden, finden sich in den Kapiteln 2.3 (für den LT-Ansatz) und 3.3 (für den OC-Ansatz).

Baring, Arnulf, und Gregor Schöllgen (2010) *Kanzler, Krisen, Koalitionen. Von Konrad Adenauer bis Angela Merkel.* München: Pantheon.

Barysch, Katinka (2011) The Curious Case of German Leadership. Centre for European Reform. Abrufbar unter: https://www.cer.eu/insights/curious-case-german-leadership (letzter Zugriff: 2.12.2019).

Baumann, Ansbert (2003) Kurt Georg Kiesinger – Ein Freund Frankreichs? *Historisch-Politische Mitteilungen* 10(1), 225-254.

Baumann, Rainer (2006) *Der Wandel des deutschen Multilateralismus. Eine diskursanalytische Untersuchung deutscher Außenpolitik.* Baden-Baden: Nomos.

Baumann, Rainer, und Gunther Hellmann (2001) Germany and the Use of Military Force: 'Total War', the 'Culture of Restraint' and the Quest for Normality. *German Politics* 10(1), 61-82.

Behrens, Kai (2005) *Prioritätenwechsel in der deutschen Außenpolitik?* Frankfurt am Main et al.: Lang.

Belica, Cyril (2001) *Kookkurrenzdatenbank CCDB. Eine korpuslinguistische Denk- und Experimentierplattform für die Erforschung und theoretische Begründung von systemisch-strukturellen Eigenschaften von Kohäsionsrelationen zwischen den Konstituenten des Sprachgebrauchs.* Mannheim: Institut für Deutsche Sprache.

Bell, David Scott (1985) Introduction: Conviction Politics. In David Scott Bell (Hrsg.) *The Conservative Government, 1979-84: An Interim Report.* London: Croom Helm, 1-12.

Bellers, Jürgen (2005) *Joschka Fischer. Minister des Äußersten. Versuch einer Bilanz.* Münster: Lit.

Bierling, Stephan (2014) *Vormacht wider Willen. Deutsche Außenpolitik von der Wiedervereinigung bis zur Gegenwart.* München: C.H. Beck.

Blasius, Rainer A. (1994) *Von Adenauer zu Erhard: Studien zur auswärtigen Politik der Bundesrepublik Deutschland 1963.* München: Oldenbourg.

Blome, Nikolaus (2013) *Angela Merkel, die Zauberkünstlerin.* München: Pantheon.

Boasso, Alyssa M. et al. (2015) The Relationship Between Course of PTSD Symptoms in Deployed U.S. Marines and Degree of Combat Exposure. *Journal of Traumatic Stress* 28(1), 73-78.

Brauckhoff, Kerstin, und Irmgard Adam-Schwaetzer (Hrsg.) (2015) *Hans-Dietrich Genschers Außenpolitik.* Wiesbaden: Springer VS.

Brandt, Willy (1971) Vortrag des Bundeskanzlers Willy Brandt zum Thema „Friedenspolitik in unserer Zeit" in der Universität Oslo am 11. Dezember 1971 anlässlich der Verleihung des Friedensnobelpreises. Abrufbar unter: https://www.willy-brandt-biografie.de/quellen/bedeutende-reden/rede-friedensnobelpreises-1971/ (letzter Zugriff: 13.2.2020).

Bredow, Wilfried von (1993) *Neue deutsche Außenpolitik.* Opladen: Leske und Budrich.

Bredow, Wilfried von (2006) *Die Außenpolitik der Bundesrepublik Deutschland. Eine Einführung.* Wiesbaden: VS Verlag.

Bresselau von Bressensdorf, Agnes (2015) *Frieden durch Kommunikation. Das System Genscher und die Entspannungspolitik im Zweiten Kalten Krieg 1979-1982 und 83*. Berlin und Boston: De Gruyter.

Brummer, Klaus (2011) Beliefs and Action in Foreign Policy: The Operational Code of Angela Merkel and Germany's Afghanistan Policy. *Zeitschrift für Außen- und Sicherheitspolitik* Sonderheft 3, 143-169.

Brummer, Klaus (2012) Germany's Participation in the Kosovo War: Bringing Agency Back In. *Acta Politica* 47(3), 272-291.

Brummer, Klaus (2013a) The Reluctant Peacekeeper. Governmental Politics and Germany's Participation in EUFOR RD Congo. *Foreign Policy Analysis* 9(1), 1-20.

Brummer, Klaus (2013b) *Die Innenpolitik der Außenpolitik. Die Große Koalition, „Governmental Politics" und Auslandseinsätze der Bundeswehr*. Wiesbaden: Springer VS.

Brummer, Klaus (2014) Die begrenzten „war powers" des Bundestags. *Zeitschrift für Parlamentsfragen* 45(3), 596-614.

Brummer, Klaus (2016) 'Fiasco Prime Ministers'. Beliefs and Leadership Traits as Possible Causes for Policy Fiascos. *Journal of European Public Policy* 23(5) 702-717.

Brummer, Klaus, und Friedrich Kießling (Hrsg.) (2019) *Zivilmacht Bundesrepublik? Bundesdeutsche außenpolitische Rollen vor und nach 1989 aus politik- und geschichtswissenschaftlichen Perspektiven*. Baden-Baden: Nomos.

Brummer, Klaus, und Kai Oppermann (2016) Germany's Foreign Policy after the End of the Cold War: "Becoming Normal"? *Oxford Handbooks Online*. DOI: 10.1093/oxfordhb/9780199935307.013.1. Oxford University Press.

Brummer, Klaus, und Kai Oppermann (2019) *Außenpolitikanalyse*, 2. Auflage. Berlin und Boston: De Gruyter Oldenbourg.

Brummer, Klaus, und Cameron G. Thies (2015) The Contested Selection of National Role Conceptions. *Foreign Policy Analysis* 11(3) 273-293.

Brummer Klaus et al. (2019) Neue Rolle, neue Führungseigenschaften? Außenpolitische Rollenkonzepte und außenpolitische Führungseigenschaften von deutschen Bundeskanzlern und Außenministern. In Klaus Brummer und Friedrich Kießling (Hrsg.) *Zivilmacht Bundesrepublik? Bundesdeutsche außenpolitische Rollen vor und nach 1989 aus politik- und geschichtswissenschaftlichen Perspektiven*. Baden-Baden: Nomos, 255-272.

Brummer, Klaus et al. (2020) Forum: Coding in Tongues. Developing Non-English Coding Schemes for Leadership Profiling. *International Studies Review*. DOI: doi.org/10.1093/isr/viaa001.

Bruno, Valerio A., und Giacomo Finzi (2018) Leading through a Decade of Crisis – Not Bad, After All. *German Politics and Society* 36(4), 50-77.

Bucerius, Gerd (1963) Der Abschied. In *Frankfurter Allgemeine Zeitung*, Nr. 42, 18. Oktober.

Bude, Heinz (1994) Außenpolitik im Generationszusammenhang: Der Fall Klaus Kinkel. *Merkur* 48(546), 804-811.

Bulletin der Bundesregierung (2018) Erklärender Hinweis. Abrufbar unter: https://archiv.bundesregierung.de/Webs/Breg/DE/Service/Bulletin/erklaerender_Hinweis_artikel.html (letzter Zugriff: 16.1.2018).

Bulmer, Simon, und William E. Paterson (1996) Germany in the European Union: Gentle Giant or Emergent Leader? *International Affairs* 72(1), 9-32.

Bulmer, Simon, und William E. Paterson (2013) Germany as the EU's Reluctant Hegemon? Of Economic Strength and Political Constraints. *Journal of European Public Policy* 20(10), 1387-1405.

Bundeskanzler-Willy-Brandt-Stiftung (2019) Frieden sichern und Mauern überwinden – Ost- und Deutschlandpolitik 1955-1989. Abrufbar unter: https://www.willy-brandt-biografie.de/politik/ost-und-deutschlandpolitik/ (letzter Zugriff: 2.12.2019).

Bundeswehr (2017) Überblick: Die „Armee im Einsatz", 13. September 2017. Abrufbar unter: https://www.bundeswehr.de (letzter Zugriff: 24.10.2018).

Bundeswehr (2020) Aktuelle Einsätze der Bundeswehr. Abrufbar unter: https://www.bundeswehr.de/de/einsaetze-bundeswehr (letzter Zugriff: 7.2.2020).

Burns, James MacGregor (1978) *Leadership*. New York: Harper and Row.

Burns, James MacGregor (2003) *Transforming Leadership: A New Pursuit of Happiness*. New York: Grove Press.

Cantir, Cristian, und Juliet Kaarbo (Hrsg.) (2016) *Internal Role Contestation and International Politics*. London: Routledge.

Cole, Alistair (1998) Political leadership in Western Europe. Helmut Kohl in Comparative Context. *German Politics* 7(1), 120-142.

Colschen, Lars (2010) *Deutsche Außenpolitik*. Paderborn: Fink.

Copur, Burak (2012) *Neue deutsche Türkeipolitik der Regierung Schröder – Fischer (1998-2005). Von einer Partnerschafts- zur EU-Mitgliedschaftspolitik mit der Türkei*. Hamburg: Kovač.

Cottam, Martha et al. (Hrsg.) (2010) *Introduction to Political Psychology*, 2. Auflage. New York und Hove: Psychology Press.

Crichlow, Scott (1998) Idealism or Pragmatism? An Operational Code Analysis of Yitzhak Rabin and Shimon Peres. *Political Psychology* 19(4), 683-706.

Cuhadar, Esra et al. (2017) Personality or Role? Comparisons of Turkish Leaders Across Different Institutional Positions. *Political Psychology* 38(1), 39-54.

Dalgaard-Nielsen, Anja (2006) *Germany, Pacifism and Peace Enforcement*. Manchester und New York: Manchester University Press.

Dannenberg, Julia von (2008) *The Foundations of Ostpolitik. The Making of the Moscow Treaty between Germany and the USSR*. Oxford: Oxford University Press.

Darnstädt, Thomas (1998) Vier gegen den Euro. Der Spiegel, Heft 3. Abrufbar unter: https://www.spiegel.de/spiegel/print/d-7809467.html (letzter Zugriff: 2.12.2019).

Datenbank des Deutschen Bundestags (2018) Drucksachen und Plenarprotokolle des Bundestages – ab 1949. Abrufbar unter: http://pdok.bundestag.de/ (letzter Zugriff: 16.1.2018).

Deutscher Bundestag (2019) Gerhard Schröders Vertrauensfrage (2001). Abrufbar unter: https://www.bundestag.de/dokumente/textarchiv/32247430_misstrauensv otum06-203232 (letzter Zugriff: 2.12.2019).

Didzoleit, Winfried et al. (2001) Aufbruch ins Ungewisse. Der Spiegel, Heft 1. Abrufbar unter: https://www.spiegel.de/spiegel/print/d-21086842.html (letzter Zugriff: 02.12.2019).

Dietrich, Bryce J., Matthew Hayes und Diana Z. O'Brien (2019) Pitch Perfect: Vocal Pitch and the Emotional Intensity of Congressional Speech. *American Political Science Review* 113(4), 941-962.

Dreher, Klaus. (1998) *Helmut Kohl – Leben mit Macht*. Stuttgart: Deutsche Verlags-Anstalt.

Dubois, Jean (Hrsg.) (1992) *Dictionnaire de la Langue Française: Lexis*. Paris: Larousse.

Duden (2016) *Die Grammatik – Unentbehrlich für richtiges Deutsch*. Berlin: Dudenverlag.

Dyson, Kenneth (1998) Chancellor Kohl as Strategic Leader. The Case of Economic and Monetary Union. *German Politics* 7(1), 37-63.

Dyson, Kenneth (2001) The German Model Revisited. From Schmidt to Schröder. *German Politics* 10(2), 135-154.

Dyson, Kenneth, und Thomas Saalfeld (2010) Actors, Structures and Strategies. Policy Continuity and Change under the German Grand Coalition (2005-09). *German Politics* 19(3-4), 269-282.

Dyson, Stephen Benedict (2006) Personality and Foreign Policy: Tony Blair's Iraq Decisions. *Foreign Policy Analysis* 2(3), 289-306.

Dyson, Stephen Benedict, und Thomas Briggs (2017) Leaders and Foreign Policy: Surveying the Evidence. *Oxford Research Encyclopedia of Politics*. Abrufbar unter: https://oxfordre.com/politics/view/10.1093/acrefore/9780190228637.001.0001/acrefore-9780190228637-e-281.

Dyson, Stephen Benedict, und Alexandra Raleigh (2012) Blair, Brown, Cameron and the War on Terror. In Kai Oppermann (Hrsg.) *British Foreign and Security Policy. Historical Legacies and Current Challenges*. Augsburg: Wißner, 190-206.

Dyson, Tom (2014) German Defence Policy under the Second Merkel Chancellorship. *German Politics* 23(4), 1-16.

Egle, Christoph (Hrsg.) (2010) *Die zweite Große Koalition. Eine Bilanz der Regierung Merkel 2005-2009*. Wiesbaden: VS Verlag.

Egle, Christoph, Tobias Ostheim und Reimut Zohlnhöfer (Hrsg.) (2003) *Das rot-grüne Projekt. Eine Bilanz der Regierung Schröder 1998-2002*. Wiesbaden: Westdeutscher Verlag.

Eibl, Franz (2001) *Politik der Bewegung: Gerhard Schröder als Außenminister 1961-1966*. München: Oldenbourg.

Engel, Ulrich (2009) *Deutsche Grammatik*. München: Iudicium Verlag.

Erben, Johannes. (1980) *Deutsche Grammatik. Ein Abriss*. München: Hueber.

Faas, Thorsten, Cornelia Frank und Harald Schoen (Hrsg.) (2015) *Politische Psychologie*. Baden-Baden: Nomos.

FAZ (2015) „Smombie" ist Jugendwort des Jahres, 13. November. Abrufbar unter: https://www.faz.net/aktuell/gesellschaft/menschen/smombie-zu-jugendwort-des-jahres-2015-gekuert-13910514.html (letzter Zugriff: 11.2.2020).

Filmer, Werner, und Heribert Schwan (1991a) „Die Crew des Kanzlers. In Werner Filmer und Heribert Schwan (Hrsg.) *Helmut Kohl*. Düsseldorf et al.: Econ, 225-227.

Filmer, Werner, und Heribert Schwan (1991b) Sein Führungs- und Arbeitsstil. In Werner Filmer und Heribert Schwan (Hrsg.) *Helmut Kohl*. Düsseldorf et al.: Econ, 355-364.

Fink, Carole (2014) 'The Most Difficult Journey of All': Willy Brandt's Trip to Israel in June 1973. *International History Review* 37(3), 1-16.

Fischer, Angela (1996) *Entscheidungsprozeß zur deutschen Wiedervereinigung. Der außen- und deutschlandpolitische Entscheidungsprozeß der Koalitionsregierung Kohl und Genscher in den Schicksalsjahren 1989 und 90*. Frankfurt am Main und Berlin: Peter Lang.

Fiske, Susan T., und Shelley E. Taylor (2010) *Social Cognition: From Brains to Culture*. Boston et al.: McGraw Hill.

Fleischer, Wolfgang, und Irmhild Barz (2012) *Wortbildung der deutschen Gegenwartssprache*. Berlin und Boston: De Gruyter.

Fowler, Henry, und Della Thompson (Hrsg.) (1995) *The Concise Oxford Dictionary of Current English*. Oxford: Clarendon Press.

Fröhlich, Stefan (2001) *„Auf den Kanzler kommt es an": Helmut Kohl und die deutsche Außenpolitik. Persönliches Regiment und Regierungshandeln vom Amtsantritt bis zur Wiedervereinigung*. Paderborn: Ferdinand Schöningh.

Gaschke, Susanne (2016) Merkel & Co. Deutsche Politiker fahren ohne Humor besser. *Die Welt*, 8. Mai. Abrufbar unter: https://www.welt.de/politik/deutschland/article155152950/Deutsche-Politiker-fahren-ohne-Humor-besser.html (letzter Zugriff: 11.2.2020).

Gast, Henrik (2011) *Der Bundeskanzler als politischer Führer. Potenziale und Probleme deutscher Regierungschefs aus interdisziplinärer Perspektive*. Wiesbaden: VS Verlag.

Geppert, Dominik (2019) Die doppelte Staatsräson. Kontinuität und Wandel außenpolitischer Rollen der Bundesrepublik im Übergang von der Bonner zur Berliner Republik. In Klaus Brummer und Friedrich Kießling (Hrsg.) *Zivilmacht Bundesrepublik? Bundesdeutsche außenpolitische Rollen vor und nach 1989 aus politik- und geschichtswissenschaftlichen Perspektiven*. Baden-Baden: Nomos, 37-49.

Giegerich, Bastian (2006) *European Security and Strategic Culture. National Responses to the EU's Security and Defence Policy*. Baden-Baden: Nomos.

Gottschalk, Thorben (2013) *Politische Führung im Parlamentarischen Regierungssystem. Konrad Adenauer und Ludwig Erhard*. Baden-Baden: Nomos.

Grande Dizionario della Lingua Italiana Moderna (2000) *E-Mak*. Milano: Garzanti.

Grebing, Helga (2008) *Willy Brandt. Der andere Deutsche*. München: Wilhelm Fink.

Grimmer, Justin, und Brandon M. Stewart (2013) Text as Data: The Promise and Pitfalls of Automatic Content Analysis Methods for Political Texts. *Political Analysis* 21(3), 267-297.

Grünhage, Jan (2007) *Entscheidungsprozesse in der Europapolitik Deutschlands: Von Konrad Adenauer bis Gerhard Schröder.* Baden-Baden: Nomos.

Guerot, Ulrike (2013) Merkel's European and Foreign Policy Legacy on the Eve of the German Elections: European Hegemon or Global Player? *The Polish Quarterly of International Affairs* 22(2), 11-27.

Haarmann, Lutz (Hrsg.) (2018) *Von der Bonner zur Berliner Republik. Politik im Spiegel praktischer Wissenschaft. Festschrift für Tilman Mayer zum 65. Geburtstag.* Baden-Baden: Nomos.

Hacke, Christian (1993) *Weltmacht wider Willen: Die Außenpolitik der Bundesrepublik Deutschland.* Frankfurt am Main et al.: Ullstein.

Hacke, Christian (2004) *Die Außenpolitik der Bundesrepublik Deutschland*, 2. Auflage. Berlin: Ullstein.

Hacke, Christian (2005) Die Außenpolitik der Regierung Schröder und Fischer. *Aus Politik und Zeitgeschichte* 2005(32-33), 9-15.

Hacke, Christian (2006) Deutsche Außenpolitik unter Bundeskanzlerin Angela Merkel. *Aus Politik und Zeitgeschichte* 2006(43), 30-37.

Haftendorn, Helga (2001) *Deutsche Außenpolitik zwischen Selbstbeschränkung und Selbstbehauptung, 1945-2000.* Stuttgart: Deutsche Verlags-Anstalt.

Hakkarainen, Petri (2011) *A State of Peace in Europe. West Germany and the CSCE, 1966-1975.* New York und Oxford: Berghahn Books.

Hamburger Morgenpost (2001) Politbarometer: 92 Prozent der Grünen-Anhänger wollen Rot-Grün. Abrufbar unter: https://www.mopo.de/freitag-16-11-2001--07-5 1-politbarometer--92-prozent-der-gruenen---anhaenger-wollen-rot---gruen-187576 20 (letzter Zugriff: 2.12.2019).

Hansel, Mischa (2012) *Internationale Beziehungen im Cyberspace: Macht, Institutionen und Wahrnehmung.* Wiesbaden: VS Verlag.

Hansel, Mischa, und Kai Oppermann (2014) Counterfactual Reasoning in Foreign Policy Analysis: The Case of German Non-participation in the Libya Intervention of 2011. *Foreign Policy Analysis* 12(2), 109-127.

Hansen, Niels (2002) *Aus dem Schatten der Katastrophe: die deutsch-israelischen Beziehungen in der Ära Konrad Adenauer und David Ben Gurion. Ein dokumentierter Bericht.* Düsseldorf: Droste.

Harlen, Christine Margerum (2002) The Leadership Styles of the German Chancellors from Schmidt to Schröder. *Politics & Policy* 30(2), 347-370.

Harnisch, Sebastian (2001) Change and Continuity in Post-Unification German Foreign Policy. *German Politics* 10(1), 35-60.

Harnisch, Sebastian (2003) Theorieorientierte Außenpolitikforschung in einer Ära des Wandels. In Gunther Hellmann, Klaus Dieter Wolf und Michael Zürn (Hrsg.) *Die neuen internationalen Beziehungen. Forschungsstand und Perspektiven in Deutschland.* Baden-Baden: Nomos, 313-360.

Harnisch, Sebastian (2010) German Foreign and Security Policy under the Government of Angela Merkel. A Liberal Analysis of the Grand Coalition. *Zeitschrift für Außen- und Sicherheitspolitik* 3(1), 59-83.

Harnisch, Sebastian, Cornelia Frank und Hanns W. Maull (Hrsg.) (2011) *Role Theory in International Relations. Approaches and Analyses*. Abingdon und New York: Routledge.

Harnisch, Sebastian, und Joachim Schild (Hrsg.) (2014) *Deutsche Außenpolitik und internationale Führung. Ressourcen, Praktiken und Politiken in einer veränderten Europäischen Union*. Baden-Baden: Nomos.

Harnisch, Sebastian, und Hanns W. Maull (Hrsg.) (2001) *Germany as a Civilian Power? The Foreign Policy of the Berlin Republic*. Manchester und New York: Manchester University Press.

Heep, Barbara D. (1990) *Helmut Schmidt und Amerika. Eine schwierige Partnerschaft*. Bonn: Bouvier.

Hellmann, Gunther (2009) Fatal Attraction? German Foreign Policy and IR und Foreign Policy Theory. *Journal of International Relations and Development* 12(3) 257-292.

Hellmann, Gunther (2016) Germany's World: Power and Followership in a Crisis-ridden Europe. *Global Affairs* 2(1), 3-20.

Hellmann, Gunther (2019) Deutsche Rollen in der Weltpolitik. Eine Kritik der IB-Rollentheorie. In Klaus Brummer und Friedrich Kießling (Hrsg.) *Zivilmacht Bundesrepublik? Bundesdeutsche außenpolitische Rollen vor und nach 1989 aus politik- und geschichtswissenschaftlichen Perspektiven*. Baden-Baden: Nomos, 85-105.

Hellmann, Gunther, Christian Weber und Frank Sauer (Hrsg.) (2008) *Die Semantik der neuen deutschen Außenpolitik. Eine Analyse des außenpolitischen Vokabulars seit Mitte der 1980er Jahre*. Wiesbaden: VS Verlag.

Helms, Ludger (2001) Gerhard Schröder und die Entwicklung der deutschen Kanzlerschaft. *Zeitschrift für Politikwissenschaft* 11(4), 1497-1517.

Helms, Ludger (2016) The politics of leadership capital in compound democracies. Inferences from the German case. *European Political Science Review* 8(2), 285-310.

Helms, Ludger, Femke Van Esch und Beverly Crawford (2019) Politische Führung aus dem Kanzleramt: „conviction leadership" statt Pragmatismus? In Reimut Zohlnhöfer und Thomas Saalfeld (Hrsg.) *Zwischen Stillstand, Politikwandel und Krisenmanagement. Eine Bilanz der Regierung Merkel 2013-2017*. Wiesbaden: Springer VS, 169-194.

Helmut Kohl-Archiv (2018) Reden. Abrufbar unter: https://www.helmut-kohl.de/d okumente_reden.html (letzter Zugriff: 16.1.2018).

Helwig, Niklas (2019) Germany in European Diplomacy: Minilateralism as a Tool for Leadership. *German Politics* 45(1), 1-17.

Hentschel, Elke, und Harald Weydt (2013) *Handbuch der deutschen Grammatik*. Berlin und Boston: De Gruyter.

Hermann, Margaret G. (1980) Explaining Foreign Policy Behavior Using the Personal Characteristics of Political Leaders. *International Studies Quarterly* 24(1), 7-46.

Hermann, Margaret G. (1999) *Leadership Trait Analysis*. Social Science Automation. Unveröffentlichter Bericht.

Hermann, Margaret G. (2002) Assessing Leadership Style: A Trait Analysis. Social Science Automation. Abrufbar unter: https://socialscience.net/docs/LTA.pdf (letzter Zugriff: 11.3.2020).

Hermann, Margaret G. (2005) Assessing Leadership Style: Trait Analysis. In Jerrold M. Post (Hrsg.) *The Psychological Assessment of Political Leaders: with Profiles of Saddam Hussein and Bill Clinton*. Ann Arbor: University of Michigan Press, 178-212.

Hiepel, Claudia (2009) *Willy Brandt, Frankreich und Europa zur Zeit der Großen Koalition 1966-1969. Francia: Forschungen zur westeuropäischen Geschichte* 36, 251-263.

Hiepel, Claudia (2012) *Willy Brandt und Georges Pompidou. Deutsch-französische Europapolitik zwischen Aufbruch und Krise*. München: Oldenbourg.

Hildebrand, Klaus (2004) Willy Brandt, Charles de Gaulle und „la grande Europe". *Historische Zeitschrift* 279(2), 387-408.

Hilsman, Roger (1967) *To Move a Nation. The Politics of Foreign Policy in the Administration of John F. Kennedy*. New York: Doubleday.

Hoeres, Peter (2013) *Außenpolitik und Öffentlichkeit*. München: Oldenbourg.

Hoey, Michael (1991) *Patterns of Lexis in Text*. Oxford: Oxford University Press.

Hofmann, Arne (2007) *The Emergence of Détente in Europe. Brandt, Kennedy and the Formation of Ostpolitik*. London und New York: Routledge.

Holsti, K. J. (1970) National Role Conceptions in the Study of Foreign Policy. *International Studies Quarterly* 14(3) 233-309.

Homberger, Dietrich (2000) *Sachwörterbuch zur Sprachwissenschaft*. Stuttgart: Reclam.

Horowitz, Michael C., Allan C. Stam und Calli M. Ellis (2015) *Why Leaders Fight*. Cambridge: Cambridge University Press.

Hudson, Valerie M. (2013) *Foreign Policy Analysis: Classic and Contemporary Theory*, 2. Auflage. New York: Rowman and Littlefield.

Huntington, Samuel P. (1961) *The Common Defense*. New York und London: Columbia University Press.

Irving, Ronald E.M. (2002) *Adenauer*. London: Longman.

Janes, Jackson (2014) Merkel 3.0. German Foreign Policy in the Aftermath of the 2013 Bundestag Election. *German Politics and Society* 32(3), 86-97.

Janning, Josef (1996) A German Europe – a European Germany? On the Debate over Germany's Foreign Policy. *International Affairs* 72(1), 33-41.

Janning, Josef (2007) Europäische Union und deutsche Europapolitik. In Siegmar Schmidt, Gunther Hellmann und Reinhard Wolf (Hrsg.) *Handbuch zur deutschen Außenpolitik*. Wiesbaden: VS Verlag, 747-762.

Jervis, Robert (1976) *Perception and Misperception in International Politics*. Princeton: Princeton University Press.

Kaarbo, Juliet (2015) A Foreign Policy Analysis Perspective on the Domestic Politics Turn in IR Theory. *International Studies Perspectives* 17(2), 189-216.

Kaelberer, Matthias (1997) Hegemony, Dominance or Leadership? *European Journal of International Relations* 3(1), 35-60.

Karp, Regina (2005) The New German foreign policy consensus. *The Washington Quarterly* 29(1), 61-82.

Karp, Regina (2009) Germany: A 'Normal' Global Actor? *German Politics* 18(1), 12-35.

Kaspari, Nicole (2008) *Gerhard Schröder – Political Leadership im Spannungsfeld zwischen Machtstreben und politischer Verantwortung.* Frankfurt am Main et al.: Peter Lang.

Keil, Rolf-Dietrich (1997) *Mit Adenauer in Moskau. Erinnerungen eines Dolmetschers.* Bonn: Bouvier.

Khong, Yuen Foong (1992) *Analogies at War: Korea, Munich, Dien Bien Phu, and the Vietnam Decisions of 1965.* Princeton: Princeton University Press.

Kilian, Werner (2005) *Adenauers Reise nach Moskau.* Freiburg: Herder.

Kimble, Matthew O. et al. (2012) Negative Expectancies in Posttraumatic Stress Disorder: Neurophysiological (N400) and Behavioral Evidence. *Journal of Psychiatric Research* 46(7), 849-855.

Kimble, Matthew O. et al. (2018) Negative World Views after Trauma: Neurophysiological Evidence for Negative Expectancies. *Psychological Trauma: Theory, Research, Practice, and Policy* 10(5), 576-584.

Kirste, Knut, und Hanns W. Maull (1996) Zivilmacht und Rollentheorie. *Zeitschrift für Internationale Beziehungen* 3(2) 283-312.

Klecha, Stephan (2013) Führung in der Politik. Angela Merkels Kanzlerschaft. *Gesellschaft Wirtschaft Politik* 62(1), 81-92.

Klein, Josef (2014) *Grundlagen der Politolinguistik.* Berlin: Frank & Timme.

Klein, Wolfgang, und Alexander Geyken (2010) Das Digitale Wörterbuch der Deutschen Sprache (DWDS). *Lexicographica* 26(1), 79-96.

Klemperer, Victor (2010) *LTI – Notizbuch eines Philologen.* Stuttgart: Philipp Reclam Junior.

König, Ekkehard, und Volker Gast (2009) *Understanding English-German Contrasts.* Berlin: Erich Schmidt.

Konrad-Adenauer-Stiftung (2018) Reden. Abrufbar unter: https://www.konrad-adenauer.de/dokumente/reden (letzter Zugriff: 16.1.2018).

Kornelius, Stefan (2013) *Angela Merkel. Die Kanzlerin und ihre Welt.* Hamburg: Hoffmann und Campe.

Korte, Karl-Rudolf (1998) *Deutschlandpolitik in Helmut Kohls Kanzlerschaft. Regierungsstil und Entscheidungen 1982-1989.* Stuttgart: Deutsche Verlags-Anstalt.

Krause-Burger, Sibylle (2000) *Wie Gerhard Schröder regiert. Beobachtungen im Zentrum der Macht.* Stuttgart und München: Deutsche Verlags-Anstalt.

Kroegel, Dirk (2009) *Einen Anfang finden! Kurt Georg Kiesinger in der Außen- und Deutschlandpolitik der Großen Koalition.* München: Oldenbourg.

Kubbig, Bernd W., und Axel Nitsche (2005) Germany: Selective Security Provider in the Schröder und Fischer Era. *Contemporary Security Policy* 26(3), 520-543.

Kuper, Ernst (1974) *Frieden durch Konfrontation und Kooperation. Die Einstellung von Gerhard Schröder und Willi Brandt zur Entspannungspolitik.* Stuttgart: Fischer.

Langguth, Gerd (2009) *Kohl, Schröder, Merkel. Machtmenschen.* München: DTV.

Langguth, Gerd (2010) *Angela Merkel – Biographie.* München: DTV.

Lappenküper, Ulrich (2000) Den Bau des „europäischen Hauses" vollenden. Die Europapolitik Ludwig Erhards (1963-1966). *Historisch-Politische Mitteilungen* 7(1), 239-267.

Leigh Wills, Jennifer, und David Schuldberg (2016) Chronic Trauma Effects on Personality Traits in Police Officers. *Journal of Traumatic Stress* 29(2), 185-189.

Lemnitzer, Lothar (2010) Neologismenlexikographie und das Internet. *Lexicographica* 26(1) 65-78.

Lind, Christoph (1998) *Die deutsch-französischen Gipfeltreffen der Ära Kohl-Mitterrand 1982-94. Medienspektakel oder Führungsinstrument?* Baden-Baden: Nomos.

Link, Werner (2015) Gemeinsame Führung und die Kultur der Zurückhaltung in der deutschen Außenpolitik. *Zeitschrift für Außen- und Sicherheitspolitik* 8(S1), 289-312.

Loch, Theo M. (1963) *Adenauer De Gaulle: Bilanz der Staatsbesuche.* Bonn: Athenäum.

Loth, Wilfried (2013) Helmut Kohl und die Währungsunion. *Vierteljahreshefte für Zeitgeschichte* 61(4), 455-480.

Lüdeke, Axel (2002) *„Europäisierung" der deutschen Außen- und Sicherheitspolitik?* Opladen: Leske und Budrich.

Mader, Matthias, und Jana Pötzschke (2014) National Identities and Mass Belief Systems on Foreign and Security Policy in Germany. *German Politics* 23(1-2), 59-77.

Malici, Akan (2005) Discord and Collaboration between Allies. Managing External Threats and Internal Cohesion in Franco-British Relations During the 9/11 Era. *Journal of Conflict Resolution* 49(1), 90-119.

Malici, Akan (2006) Germans as Venutians: The Culture of German Foreign Policy Behavior. *Foreign Policy Analysis* 2(1), 37-62.

Malici, Akan, und Johnna Malici (2005) The Operational Codes of Fidel Castro and Kim Il Sung: The Last Cold Warriors? *Political Psychology* 26(3), 387-412.

Manners, Ian (2002) Normative Power Europa – A Contradiction in Terms? *Journal of Common Market Studies* 40(2), 235-258.

Mantzke, Martin A. (1975) *Grundzüge der Frankreichpolitik Konrad Adenauers 1958-1963: ein Beitrag zur Geschichte der deutsch-französischen Beziehungen.* Dissertationsschrift, Rheinische Friedrich-Wilhelms-Universität Bonn.

March James G., und Johan P. Olsen (1998) The Institutional Dynamics of International Political Orders. *International Organization* 52(4), 943-969.

Marshall, Barbara (1993) *Willy Brandt. Eine politische Biographie.* Bonn: Bouvier.

Matthijs, Matthias (2016) The Three Faces of German Leadership. *Survival* 58(2), 135-154.

Maull, Hanns W. (1990) Germany and Japan: The New Civilian Powers. *Foreign Affairs* 69(5) 91-106.

Maull, Hanns W. (2007) Deutschland als Zivilmacht. In Siegmar Schmidt, Gunther Hellmann und Reinhard Wolf (Hrsg.) *Handbuch zur deutschen Außenpolitik.* Wiesbaden: VS Verlag, 73-84.

Maull, Hanns W. (2014) „Zivilmacht": Ursprünge und Entwicklungspfade eines umstrittenen Konzepts. In Sebastian Harnisch Joachim Schild (Hrsg.) *Deutsche Außenpolitik und internationale Führung.* Baden-Baden: Nomos, 121-147.

Mearsheimer, John J. (1990) Back to the Future: Instability in Europa After the Cold War. *International Security* 15(1), 5-56.

Melchior, Luca (2012) Halbkollaborativität und Online-Lexikographie. Ansätze und Überlegungen zu Wörterbuchredaktion und Wörterbuchforschung am Beispiel LEO Deutsch-Italienisch. *Lexicographica* 28(1), 337-372.

Merseburger, Peter (2002) *Willy Brandt 1913-1992. Visionär und Realist.* Stuttgart und München: Deutsche Verlags-Anstalt.

Meyer, Christian M., und Irina Gurevych (2014) Methoden bei kollaborativen Wörterbüchern. *Lexicographica* 30(1), 187-212.

Meyer, Henrik (2004) *Deutsche Europapolitik unter Helmut Kohl. Die Auswirkungen des politischen Umfeldes auf die Integrationsbereitschaft der Bundesregierung.* Berlin: Köster.

Miard-Delacroix, Hélène (1999) Ungebrochene Kontinuität: François Mitterrand und die deutschen Kanzler Helmut Schmidt und Helmut Kohl 1981-1984. *Vierteljahreshefte für Zeitgeschichte* 47(4), 539-558.

Michel, Judith (2010) *Willy Brandts Amerikabild und -politik 1933-1992.* Göttingen: Vandenhoeck Ruprecht.

Miskimmon, Alastair (2012) German Foreign Policy and the Libya Crisis. *German Politics* 21(4), 392-410.

Moore, Suzanne (2017) Angela Merkel Shows How the Leader of the Free World Should Act. *The Guardian*, 29. Mai. Abrufbar unter: https://www.theguardian.com/commentisfree/2017/may/29/angela-merkel-leader-free-world-donald-trump (letzter Zugriff: 8.1.2020).

Müller-Brandeck-Bocquet, Gisela (2007) Wie halten wir es mit Amerika? Die transatlantischen Beziehungen, die Konstruktion Europas und die deutsch-französische Zusammenarbeit in der Ära Kohl. *Historisch-Politische Mitteilungen* 14(1), 273-298.

Müller-Brandeck-Bocquet, Gisela et al. (2002) *Deutsche Europapolitik: Von Konrad Adenauer bis Gerhard Schröder.* Opladen: Leske + Budrich.

Müller-Brandeck-Bocquet, Gisela et al. (2010) *Deutsche Europapolitik: Von Adenauer bis Merkel*, 2., aktualisierte und erweiterte Auflage. Wiesbaden: Springer VS.

Munjiza, Jasna et al. (2017) Severe War-Related Trauma and Personality Pathology. A Case-Control Study. *BMC Psychiatry* 17(1), 100-108.

Mushaben, Joyce Marie (2017) *Becoming Madam Chancellor – Angela Merkel and the Berlin Republic.* Oxford: Oxford University Press.

Neustadt, Richard E. (1960) *Presidential Power.* New York: Wiley.

Niclauß, Karlheinz (2015) *Kanzlerdemokratie. Regierungsführung von Konrad Adenauer bis Angela Merkel,* 3. Auflage. Wiesbaden: Springer VS.

Noack, Joachim, und Wolfram Bickerich (2010) *Helmut Kohl – Die Biographie.* Berlin: Rowohlt.

Noack, Hans-Joachim (2013) *Willy Brandt. Ein Leben, ein Jahrhundert.* Berlin: Rowohlt.

Nykänen, Anne (2016) *Operational Code Analysis of Continuity and Change in German Federal Chancellor Angela Merkel's Foreign and European Policy.* Tampere: Tampere University Press.

Olsen, Jonathan (2011) Leadership in Grand Coalitions. Comparing Angela Merkel and Kurt Georg Kiesinger. *German Politics* 20(3), 342-359.

Oppermann, Kai (2012) National Role Conceptions, Domestic Constraints and the New 'Normalcy' in German Foreign Policy: The Eurozone Crisis, Libya and Beyond. *German Politics* 21(4), 502-519.

Osterheld, Horst (1992) *Außenpolitik unter Bundeskanzler Ludwig Erhard: 1963-1966. Ein dokumentarischer Bericht aus dem Kanzleramt.* Düsseldorf: Droste.

Qvortrup, Matthew (2016) *Angela Merkel – Europe's Most Influential Leader.* Richmond: Duckworth.

Paterson, William E. (1996) Beyond Semi-sovereignty: The New Germany in the New Europe. *German Politics* 5(2), 167-184.

Paterson, William E. (1998) Helmut Kohl, 'the Vision Thing' and Escaping the Semi-Sovereignty Trap. *German Politics* 7(1), 17-36.

Paterson, William E. (2011) The Reluctant Hegemon? Germany Moves Centre Stage in the European Union. *Journal of Common Market Studies* 49(Annual Review), 57-75.

Patzelt, Werner J. (2004) Chancellor Schröder's Approach to Political and Legislative Leadership. *German Politics* 13(2), 268-299.

Peter, Matthias (2010) Konferenzdiplomatie als Mittel der Entspannung. Die KSZE-Politik der Regierung Schmidt/Genscher 1975-1978. In Helmut Altrichter und Hermann Wentker (Hrsg.) *Der KSZE-Prozess. Vom Kalten Krieg zu einem neuen Europa 1975-1990.* München: Oldenbourg, 15-28.

Peters, Dirk (2007) Ansätze und Methoden der Außenpolitikanalyse. In Siegmar Schmidt, Gunther Hellmann und Reinhard Wolf (Hrsg.) *Handbuch zur deutschen Außenpolitik.* Wiesbaden: VS Verlag, 815-835.

Plickert, Philip (2017) Wovor die Euro-Kritiker schon früh warnten. Frankfurter Allgemeine Zeitung. Abrufbar unter: https://www.faz.net/aktuell/wirtschaft/wirtschaftspolitik/25-jahre-maastricht-wovor-die-euro-kritiker-schon-frueh-warnten-14852243.html (letzter Zugriff: 2.12.2019).

Post, Jerrold M. (Hrsg.) (2005) *The Psychological Assessment of Political Leaders. With Profiles of Saddam Hussein and Bill Clinton.* Ann Arbor: University of Michigan Press.

Proksch, Sven-Oliver, Christopher Wratil und Jens Wäckerle (2019) Testing the Validity of Automatic Speech Recognition for Political Text Analysis. *Political Analysis* 27(3), 339-359.

Rabini, Christian et al. (2020) Profiling Foreign Policy Leaders in Their Own Language: New Insights into the Stability and Formation of Leadership Traits. *British Journal of Politics and International Relations* 22(2), 256-273.

Recker, Marie-Luise (2015) *Konrad Adenauer. Leben und Politik.* München: C.H. Beck.

Renshon, Jonathan (2008) Stability and Change in Belief Systems: The Operational Code of George W. Bush. *Journal of Conflict Resolution* 52(6), 820-849.

Renshon, Jonathan (2009) When Public Statements Reveal Private Beliefs: Assessing Operational Codes at a Distance. *Political Psychology* 30(4), 649-661.

Riesing, Volker (2017) *Angela Merkel – Die Protestantin.* Freiburg: Herder.

Rittberger, Volker (Hrsg.) (2001) *German Foreign Policy since Unification. Theories and Case Studies.* Manchester: Manchester University Press.

Rödder, Andreas (2011) Bündnissolidarität und Rüstungskontrollpolitik: die Regierung Kohl-Genscher, der NATO-Doppelbeschluss und die Innenseite der Außenpolitik. In Philipp Gassert, Tim Geiger und Hermann Wentker (Hrsg.) *Zweiter Kalter Krieg und Friedensbewegung.* München: Oldenbourg, 123-136.

Rödder, Andreas (2018) *Wer hat Angst vor Deutschland? Geschichte eines europäischen Problems.* Frankfurt am Main: S. Fischer.

Roloff, Ralf (1995) *Auf dem Weg zur Neuordnung Europas. Die Regierungen Kohl und Genscher und die KSZE-Politik der Bundesrepublik Deutschland von 1986 bis 1992.* Vierow: SH-Verlag.

Roos, Ulrich (Hrsg.) (2017) *Deutsche Außenpolitik. Arenen, Diskurse und grundlegende Handlungsregeln.* Wiesbaden: Springer.

Rosenberger, Sigrid Elisabeth (2015) *Der Faktor Persönlichkeit in der Politik. Leadershipanalyse des Kanzlers Willy Brandt.* Wiesbaden: VS Verlag.

Rosin, Philip (2007) *Kurt Georg Kiesinger und Charles de Gaulle. Die Entwicklung der deutsch-französischen Beziehungen in der Zeit der Großen Koalition 1966-1969.* Bonn: Bouvier.

Rother, Bernd (Hrsg.) (2014) *Willy Brandts Außenpolitik.* Wiesbaden: Springer VS.

Rother, Bernd, und Klaus Larres (2018) *Willy Brandt and International Relations. Europe, the USA and Latin America, 1974-1992.* London: Bloomsbury.

Sánchez Hernández, Paloma. (2017) Synonyms in German Online Monolingual Dictionaries. *Journal of Languages for Specific Purposes* 4(1) 53-63.

Schafer, Mark (2000) Issues in Assessing Psychological Characteristics at a Distance: An Introduction to the Symposium. *Political Psychology* 21(3), 511-527.

Schafer, Mark, und Stephen G. Walker (2006a) Democratic Leaders and the Democratic Peace: The Operational Codes of Tony Blair and Bill Clinton. *International Studies Quarterly* 50(3), 561-583.

Schafer, Mark, und Stephen G. Walker (2006b) Operational Code Analysis at a Distance: The Verbs in Context System of Content Analysis. In Mark Schafer und Stephen G. Walker (Hrsg.) *Beliefs and Leadership in World Politics: Methods and Applications of Operational Code Analysis*. New York: Palgrave Macmillan, 25-53.

Schild, Joachim (2013) Leadership in Hard Times. Germany, France, and the Management of the Eurozone Crisis. *German Politics and Society* 31(1), 24-47.

Schiller, Anne et al. (1995) Vorläufige Guidelines für das Tagging deutscher Textcorpora mit STTS. Technischer Bericht. *Universitäten Stuttgart und Tübingen*, abrufbar unter https://bit.ly/2HO6zC1 (letzter Zugriff: 22.2.2020).

Schiller, Anne et al. (1999) Guidelines für das Tagging deutscher Textcorpora mit STTS (Kleines und großes Tagset). Universitäten Stuttgart und Tübingen. Abrufbar unter: https://bit.ly/2sjYrSh (letzer Zugriff: 11.1.2019).

Schmid, Helmut (1995) Improvements in Part-of-Speech Tagging with an Application to German. Proceedings of the ACL SIGDAT-Workshop. Dublin. Abrufbar unter: https://bit.ly/2KSJluj (letzter Zugriff: 23.5.2018).

Schmidt, Manfred G., und Reimut Zohlnhöfer (Hrsg.) (2006) *Regieren in der Bundesrepublik Deutschland. Innen- und Außenpolitik seit 1949*. Wiesbaden: VS Verlag.

Schmidt, Wolfgang (2014) *Aus historischer Verantwortung, moralischer Verpflichtung und politischer Überzeugung. Wie sich Bundeskanzler Willy Brandt um Israel und den Frieden im Nahen Osten bemühte*. Berlin: Bundeskanzler-Willy-Brandt-Stiftung.

Schmidtke, Evelyn (2001) *Der Bundeskanzler im Spannungsfeld zwischen Kanzlerdemokratie und Parteiendemokratie. Ein Vergleich der Regierungsstile Konrad Adenauers und Helmut Kohls*. Marburg: Tectum.

Schmitz-Berning, Cornelia (2007) *Vokabular des Nationalsozialismus*. Berlin und New York: De Gruyter.

Schoeller, Magnus G. (2015a) Explaining Political Leadership: Germany's Role in Shaping the Fiscal Compact. *Global Policy* 6(3), 256-265.

Schoeller, Magnus G. (2015b) Providing Political Leadership? Three Case Studies on Germany's Ambiguous Role in the Eurozone Crisis. *Journal of European Public Policy* 24(1), 1-20.

Schoenborn, Benedikt (2014) Chancellor Erhard's Silent Rejection of de Gaulle's Plans: The Example of Monetary Union. *Cold War History* 14(3), 1-26.

Schöllgen, Gregor (2001) *Willy Brandt. Die Biographie*. Berlin und München: Propyläen.

Schulz, Matthias (2004) Vom „Atlantiker" zum „Europäer"? Helmut Schmidt, deutsche Interessen und die europäische Einigung. In Mareike König (Hrsg.) *Die Bundesrepublik Deutschland und die europäische Einigung 1949-2000*. Stuttgart: Steiner, 185-220.

Schwabe, Klaus (2005) *Konrad Adenauer und Frankreich: 1949-1963. Stand und Perspektiven der Forschung zu den deutsch-französischen Beziehungen in Politik, Wirtschaft und Kultur*. Bonn: Bouvier.

Schwarz, Hans-Peter (1985a) *Adenauer und Europa.* Melle: Knoth.

Schwarz, Hans-Peter (1985b) *Adenauer und Frankreich: die deutsch-französischen Beziehungen 1958 bis 1969.* Bonn: Bouvier.

Schwarz, Hans-Peter (1991a) *Adenauer. Der Aufstieg: 1876-1952.* Stuttgart: Deutsche Verlags-Anstalt.

Schwarz, Hans-Peter (1991b) *Adenauer. Der Staatsmann: 1952-1967.* Stuttgart: Deutsche Verlags-Anstalt.

Schwarz, Hans-Peter (2004) *Anmerkungen zu Adenauer.* München: DVA.

Schwarz, Hans-Peter (2007) Transatlantische Beziehungen in der Ära Kohl. *Historisch-Politische Mitteilungen* 14(1), 231-234.

Schwarz, Hans-Peter (2012) *Helmut Kohl. Eine politische Biographie.* München: DVA.

Schwarz, Hans-Peter (2014) *Helmut Kohl – Eine politische Biographie.* München: Pantheon-Verlag.

Schwarz, Patrik (Hrsg.) (2011) *Angela Merkel. Die Unerwartete; wie Deutschlands erste Kanzlerin mit der Zeit geht.* Hamburg: Edel.

Sears, David O., Leonie Huddy und Robert Jervis (Hrsg.) (2003) *Oxford Handbook of Political Psychology.* Oxford: Oxford University Press.

Seelow, Gunnar (2013) *Strategische Rüstungskontrolle und deutsche Außenpolitik in der Ära Helmut Schmidt. Unter Mitarbeit von Helmut Schmidt.* Baden-Baden: Nomos.

Siddi, Marco (2018) A Contested Hegemon? Germany's Leadership in EU Relations with Russia. *German Politics* 29(1), 97-114.

Smith, Steve (1980) Allison and the Cuban Missile Crisis: A Review of the Bureaucratic Politics Model of Foreign Policy Decision-Making. *Millennium* 9(1), 21-40.

Spiegel Online. (2016) Österreichisches ‚Wort des Jahres': Bundespräsidentenstichwahlwiederholungsverschiebung. Abrufbar unter: https://bit.ly/2Kv7mqS (letzter Zugriff: 17.5.2018).

Spohr, Kristina (2013) Helmut Schmidt and the Shaping of Western Security in the Late 1970s. The Guadeloupe Summit of 1979. *The International History Review* 37(1), 167-192.

Staack, Michael (2000) *Handelsstaat Deutschland. Deutsche Außenpolitik in einem neuen internationalen System.* Paderborn: Schöningh.

Stahl, Bernhard (2012) Taumeln im Mehr der Möglichkeiten: Die deutsche Außenpolitik und Libyen. *Zeitschrift für Außen- und Sicherheitspolitik* 5(4), 575-603.

Stein, Janice Gross (2002) Psychological Explanations of International Conflict. In Walter Carlsnaes, Thomas Risse und Beth A. Simmons (Hrsg.) *Handbook of International Relations.* London et al.: Sage, 292-308.

Storjohann, Petra. (2012) Der Einsatz verschiedener Korpusmethoden und -verfahren zur Qualitäts- und Konsistenzsicherung am Beispiel der Ermittlung und Dokumentation von Synonymen und Antonymen. *Lexicographica* 28(1), 121-140.

Stüwe, Klaus (2006) Informales Regieren. Die Kanzlerschaften Gerhard Schröders und Helmut Kohls im Vergleich. *Zeitschrift für Parlamentsfragen* 37(3), 544-559.

Sykes, Patricia L. (2000) *Presidents and Prime Ministers: Conviction Politics in the Anglo-American Tradition.* Lawrence: University Press of Kansas.

Szatkowski, Tim (2017) Die Libyenpolitik der Regierung Kohl und Genscher bis zum Attentat auf die Diskothek „La Belle" (1982-1986). *Historisch-Politische Mitteilungen* 24(1), 109-150.

Tagesspiegel (2001) Der Gegenschlag: Deutschland bietet Hilfe an, 9. Oktober. Abrufbar unter https://www.tagesspiegel.de/politik/der-gegenschlag-deutschland-bi etet-hilfe-an/262218.html (letzter Zugriff: 27.2.2020).

Tetlock, Philip E., und Charles McGuire (1986) Cognitive Perspectives on Foreign Policy. In Samuel Long (Hrsg.) *Political Behavior Annual, Volume I.* London: Westview Press, 147-179.

Thies, Cameron G., und Marijke Breuning (2012) Integrating Foreign Policy Analysis and International Relations through Role Theory. *Foreign Policy Analysis* 8(1), 1-4.

Thies, Jochen (2006) Deutschland kann nicht Friedensmacht sein: eine erste außenpolitische Bilanz des Frank-Walter Steinmeier. *Die Neue Gesellschaft/Frankfurter Hefte* 53(11), 21-24.

Tils, Ralf (2011) *Strategische Regierungssteuerung. Schröder und Blair im Vergleich.* Wiesbaden: VS Verlag.

Twain, Mark (1985a) *Die Arglosen im Ausland – Bummel durch Europa.* München: Carl Hanser Verlag.

Twain, Mark (1985b) *Gesammelte Werke: Bummel durch Europa.* Band 4. Frankfurt am Main: Insel.

U.S. Department of Veteran Affairs (2015) Common Reactions After Trauma. Abrufbar unter: https://www.ptsd.va.gov/understand/isitptsd/common_reactions.as p (letzter Zugriff: 10.7.2019).

Ummen, Robert (1997) Die „Aktion Goldfinger". Zwist zwischen Bonn und Frankfurt - Fast alle Länder befinden sich auf Euro-Kurs. *Die Welt.* Abrufbar unter: https://www.welt.de/print-welt/article645985/Die-Aktion-Goldfinger.html (letzter Zugriff: 2.12.2019).

Van Esch, Femke (2012) Why Germany Wanted EMU: The Role of Helmut Kohl's Belief System and the Fall of the Berlin Wall. *German Politics* 21(1), 34-52.

Van Esch, Femke, und Marij Swinkels (2015) How Europe's Political Leaders Made Sense of the Euro Crisis: The Influence of Pressure and Personality. *West European Politics* 38(6), 1203-1225.

Vertzberger, Yaacov Y.I. (1990) *The World in their Minds: Information Processing, Cognition, and Perception in Foreign Policy Decision Making.* Stanford: Stanford University Press.

Waechter, Matthias (2011) *Helmut Schmidt und Valéry Giscard d'Estaing. Auf der Suche nach Stabilität in der Krise der 70er Jahre.* Bremen: Edition Temmen.

Wagener, Martin (2004) Auf dem Weg zu einer „normalen" Macht? Die Entsendung deutscher Streitkräfte in der Ära Schröder. In Sebastian Harnisch et al. (Hrsg.) *Deutsche Sicherheitspolitik: Eine Bilanz der Regierung Schröder.* Baden-Baden: Nomos, 89-118.

Walker, Stephen G. (2003) Operational Code Analysis as a Scientific Research Program. A Cautionary Tale. In Colin Elman und Miriam F. Elman (Hrsg.) *Progress in International Relations Theory. Appraising the Field.* Cambridge und London: MIT Press, 245-276.

Walker, Stephen G. (2004) *Forecasting the Political Behavior of Leaders with the Verbs in Context System of Operational Code Analysis.* Hilliard: Social Science Automation.

Walker, Stephen G., und Mark Schafer (2000) The Political Universe of Lyndon B. Johnson and His Advisors. Diagnostic and Strategic Propensities in Their Operational Codes. *Political Psychology* 21(3) 529-543.

Walker, Stephen G., Mark Schafer und Michael D. Young (1998) Systematic Procedures for Operational Code Analysis: Measuring and Modeling Jimmy Carter's Operational Code. *International Studies Quarterly* 42(1), 175-190.

Weber, Kathrin (2013) Neue Wege: Willy Brandt und die Ostpolitik. NDR. Abrufbar unter: https://www.ndr.de/geschichte/koepfe/Neue-Wege-Willy-Brandt-und-die-Ostpolitik,ostpolitik101.html (letzter Zugriff: 2.12.2019).

Weber, Max (1994) The Profession and Vocation of Politics. In Peter Lassmann und Ronald Speirs (Hrsg.) *Political Writings.* Cambridge: Cambridge University Press, 309-369.

Weidenfeld, Werner (1991) Sein europapolitisches Denken. In Werner Filmer und Heribert Schwan (Hrsg.) *Helmut Kohl.* Düsseldorf et al.: Econ, 286-291.

Wenke, Apt, und Kai Priesack (2019) KI und Arbeit – Chance und Risiko zugleich. In Volker Wittpahl (Hrsg.) *Künstliche Intelligenz.* Berlin und Heidelberg: Springer Vieweg, 221-238.

Werkhäuser, Nina (2009) Bundeswehr im Kosovo-Krieg: Zum erstem Mal im Kampfeinsatz. *Deutsche Welle.* Abrufbar unter: https://www.dw.com/de/bundeswehr-im-kosovo-krieg-zum-erstem-mal-im-kampfeinsatz/a-4119017 (letzter Zugriff: 2.12.2019).

Wiedemeyer, Wolfgang (1991) Das Bad in der Menge. In Werner Filmer und Heribert Schwan (Hrsg.) *Helmut Kohl.* Düsseldorf et al.: Econ, 164-167.

Wiegrefe, Klaus (2005) *Das Zerwürfnis. Helmut Schmidt, Jimmy Carter und die Krise der deutsch-amerikanischen Beziehungen.* Berlin: Propyläen.

Wilkens, Andreas (2010) Willy Brandt und die europäische Einigung. In Mareike König (Hrsg.) *Die Bundesrepublik Deutschland und die europäische Einigung 1949-2000.* Stuttgart: Steiner, 167-184.

Winter, David G. (1973) *The Power Motive.* New York: The Free Press.

Wintzer, Joachim (2011) Zwischen Mauerbau und NATO-Doppelbeschluss. Der Außen- und Sicherheitspolitiker Gerhard Schröder. *Historisch-Politische Mitteilungen* 18(1), 139-160.

Wirsching, Andreas (2010) Hans-Dietrich Genscher: liberale Außenpolitik zwischen Kontinuität und Wandel. In Birgit Bublies-Godau et al. (Hrsg.) *Jahrbuch zur Liberalismus-Forschung, 22. Jahrgang 2000.* Baden-Baden: Nomos, 67-77.

Wirth, Michael (2007) *Die deutsch-französischen Beziehungen während der Kanzlerschaft von Helmut Schmidt (1974-1982). „Bonne entente" oder öffentlichkeitswirksame Zweckbeziehung?* Berlin: wvb.

Wolffsohn, Michael (1986) *West Germany's Foreign Policy in the Era of Brandt and Schmidt, 1969-1982. An Introduction.* Frankfurt am Main et al.: Peter Lang.

Wolffsohn, Michael (2018) *Friedenskanzler? Willy Brandt zwischen Krieg und Terror.* Unter Mitarbeit von Thomas Brechenmacher, Lisa Wreschniok und Till Rüger. München: DTV.

Yoder, Jennifer A. (2011) An Intersectional Approach to Angela Merkel's Foreign Policy. *German Politics* 20(3), 360-375.

Zagorski, Andrei (2015) Neue deutsche Außenpolitik – Russische Sichtweisen. *Zeitschrift für Außen- und Sicherheitspolitik* 8(S1), 427-435.

Ziller, Robert et al. (1977) Self-Other Orientations and Political Behavior. In Margaret G. Hermann (Hrsg.) *A Psychological Examination of Political Leaders.* New York: Free Press, 174-204.

Zinsmeister, Heike (2015) Chancen und Grenzen automatischer Annotation. *Zeitschrift für Germanistische Linguistik* 43(1), 84-111.